(Post-)Jugoslawien

Insa Braun / Ivana Drmić /
Yannic Federer / Fabienne Gilbertz (Hrsg.)

(Post-)Jugoslawien

Kriegsverbrechen und Tribunale in Literatur, Film und Medien

PETER LANG
EDITION

Bibliografische Information der Deutschen Nationalbibliothek
Die Deutsche Nationalbibliothek verzeichnet diese Publikation in der Deutschen Nationalbibliografie; detaillierte bibliografische Daten sind im Internet über http://dnb.d-nb.de abrufbar.

Umschlagabbildung:
‚Audio-Visual Control Center' eines Gerichtssaals des International Criminal Tribunal for the former Yugoslavia (ICTY).
Abdruck mit freundlicher Genehmigung des ICTY.

Gedruckt auf alterungsbeständigem, säurefreiem Papier.

ISBN 978-3-631-64878-0 (Print)
E-ISBN 978-3-653-03908-5 (E-Book)
DOI 10.3726/978-3-653-03908-5

Peter Lang Edition ist ein Imprint der Peter Lang GmbH.

Peter Lang – Frankfurt am Main · Bern · Bruxelles · New York · Oxford · Warszawa · Wien

www.peterlang.com

Vorwort

Der Zerfall des jugoslawischen Vielvölkerstaates, der spätestens 1991 mit dem Zehntagekrieg in Slowenien unübersehbar wurde und der in den folgenden Jahren eine Reihe von blutigen Bürgerkriegen in Kroatien, in Bosnien und im Kosovo nach sich zog, gehört ohne Zweifel zu den dunkelsten Kapiteln der neueren europäischen Geschichte. Mit einer Brutalität, die am Ende des 20. Jahrhunderts nicht mehr für möglich gehalten wurde, eroberte der Krieg die Agenda der europäischen Politik zurück. Diese Rückkehr geschah zwar an der vermeintlichen Peripherie Europas und wurde in der öffentlichen Wahrnehmung zum Teil durch die revolutionären Ereignisse in Deutschland, in Ostmitteleuropa und in der sich auflösenden Sowjetunion verdeckt. Die kriegerische Gewalt, die sich zu Beginn des Konflikts bis zur slowenisch-österreichischen Grenze erstreckte, wirkte jedoch vor dem Hintergrund dieser zumeist friedlichen Umwälzungen umso beunruhigender.

Die vielen Opfer, die die kriegerischen Auseinandersetzungen im ehemaligen Jugoslawien gefordert haben, betrafen und betreffen alle am Krieg beteiligten Parteien und Ethnien. Die Eruption und die Eskalation der Gewalt setzten eine Fluchtbewegung aus den Bürgerkriegsgebieten in Gang, deren Auswirkungen bis heute die europäischen Gesellschaften und deren kollektives Gedächtnis bestimmen. Mit einer gewissen Regelmäßigkeit tauchen die während des jugoslawischen Bürgerkriegs begangenen Kriegsverbrechen und Gräueltaten im Bewusstsein der Öffentlichkeit wieder auf, etwa, wenn am 11. Juli eines jeden Jahres der Opfer des Massakers von Srebrenica von 1995 gedacht wird. Auch die Berichte über die Arbeit des Internationalen Strafgerichtshofs für das ehemalige Jugoslawien (ICTY) in Den Haag rücken, zumindest bei spektakulären Verhaftungen, bei der Eröffnung oder beim Abschluss von Prozessen, die in den 1990er Jahren begangenen Kriegsverbrechen für eine kurze Zeit in den Fokus öffentlicher Aufmerksamkeit.

Zahlreiche Schriftsteller, Philosophen und Intellektuelle haben den Jugoslawienkrieg und die in diesem Krieg begangenen Kriegsverbrechen zum Gegenstand publizistischer Texte und literarischer Werke gemacht. Sie tragen damit auf ihre Weise zur Aufarbeitung der kriegerischen Ereignisse im ehemaligen Jugoslawien bei und, so ist zu hoffen, zur Aussöhnung zwischen den damaligen Konfliktparteien. Die Zugänge und Ansätze der Texte sind dabei so unterschiedlich wie die Herkunftsgeschichte ihrer Autoren. Die deutschsprachigen Texte von Peter Handke, Norbert Gstrein und Juli Zeh etwa zielen auf die literarische Darstellung eines Gesehenen und Erfahrenen ab, das als ein Fremdes und Anderes die Reise der Schreibenden in die betroffene Region zur Voraussetzung hat.

Demgegenüber berichten und erzählen Autorinnen wie Slavenka Drakulić und Dubravka Ugrešić und Autoren wie Miljenko Jergović und Dževad Karahasan über ihre vom Krieg und vom Nationalismus gezeichneten Heimatländer. Die Texte dieser Autorinnen und Autoren unterscheiden sich wiederum von den Darstellungen jener Schriftstellerinnen und Schriftsteller, die im ehemaligen Jugoslawien geboren bzw. aufgewachsen sind und sich später in deutscher Sprache mit dem Krieg beschäftigt haben. Hier sind die Texte von Saša Stanišić, Marica Bodrožić und Melinda Nadj Abonji zu nennen, die inzwischen einen wichtigen Teil der deutschsprachigen Literatur ausmachen.

Die Vielschichtigkeit dieser ‚postjugoslawischen Konstellation' hat Nachwuchswissenschaftlerinnen und Nachwuchswissenschaftler aus verschiedenen Fächern und Disziplinen zusammengeführt, um die literarischen, filmischen und publizistischen Aspekte dieser Konstellation und ebenso Fragen nach der Aufarbeitung von Kriegsverbrechen einer genaueren Analyse zu unterziehen. Die Beiträge des vorliegenden Bandes basieren auf den Ergebnissen der Tagung *(Post-) Jugoslawien. Kriegsverbrechen und Tribunale in Literatur, Film und Medien*, die im April 2012 an der Rheinischen Friedrich-Wilhelms-Universität Bonn stattgefunden hat. Ein Ausgangspunkt dieser Tagung waren die Seminare zum Jugoslawienkrieg, die ich in intensivem Austausch mit vielen der hier versammelten Beiträgerinnen und Beiträgern an der Universität Bonn veranstalten konnte. Nicht zuletzt waren es die gemeinsamen Exkursionen zum Internationalen Strafgerichtshof für das ehemalige Jugoslawien (ICTY) nach Den Haag, die die Planung und Durchführung der Tagung durch das Herausgeberteam befördert haben.

Die Tagung hat seinerzeit ein bemerkenswertes Echo in den regionalen und überregionalen Medien gefunden, und so ist dem vorliegenden Band sehr zu wünschen, dass er eine ähnliche Aufmerksamkeit erfährt.

Berlin, im November 2013

Prof. Dr. Jürgen Brokoff

Inhaltsverzeichnis

Insa Braun / Yannic Federer

Einleitung

Als sich im Laufe der 1980er Jahre der Verteilungskampf zwischen den jugoslawischen Teilrepubliken verschärfte und die föderative Republik zunehmend ihre Bindungskraft verlor, erstarkte auf serbischem Boden der Nationalismus. Bereits am 15. Mai 1982, vier Jahre vor dem berüchtigten Memorandum der Serbischen Akademie der Wissenschaften und Künste (SANU), warnten 21 Priester und Mönche in der serbisch-orthodoxen Kirchenzeitung „Pravoslavlje“ vor einem angeblich geplanten Genozid an den serbischen Kosovaren. Weitere Artikel folgten, serbische Schriftsteller und Wissenschaftler heizten die Stimmung weiter an, bis sich Slobodan Milošević, Chef der kommunistischen Partei in Serbien, 1987 an die Spitze des neuen serbischen Nationalismus setzte. Wenig später war Milošević serbischer Präsident, die jugoslawische Teilrepublik Montenegro und die vormals autonomen Provinzen Vojvodina und Kosovo gleichgeschaltet und der jugoslawische Bundesstaat mit dem dadurch vorhandenen serbischen Stimmgewicht blockiert. Nachdem in Slowenien das 1990 in die Regierung gewählte Mitte-Rechts-Bündnis die Abspaltung von Jugoslawien vorantrieb und die kroatischen Nationalisten unter Franjo Tuđman das politische Klima zusätzlich eskalieren ließen, war der blutige Zerfall Jugoslawiens nur noch eine Frage der Zeit.[1]

In einem bemerkenswerten Aufsatz des Philosophen Slavoj Žižek wird ein bedeutender Teil der Schuld am serbischen Nationalismus einer serbischen Literatur zugeschrieben, welche die späteren Gräuel herbeigeschrieben habe. Gleiches gelte für die nationalistischen Strömungen der anderen ehemaligen jugoslawischen Teilrepubliken. Letztlich dürfte dies Žižeks Philosophenkollegen Plato zu später Genugtuung gereichen, denn, so schreibt Žižek:

> Platos Ruhm leidet unter seiner Forderung, die Dichter aus der Stadt zu werfen – ein eher vernünftiger Rat aus Sicht dieser post-jugoslawischen Erfahrung, wo ethnische Säuberung durch die kühnsten Träume der Dichter vorbereitet worden ist. Sicher, Milošević „manipulierte“ die Nationalgefühle – aber es waren die Dichter, die ihm das Material lieferten, das zur Manipulation führte. Sie – die ernsthaften Dichter, nicht die korrupten Politiker – stehen am Ursprung von all dem, als sie in den 70ern

---

1 Cf. Sundhaussen, Holm: *Der Zerfall Jugoslawiens und dessen Folgen.* (24.07.2008). http://www.bpb.de/apuz/31042/der-zerfall-jugoslawiens-und-dessen-folgen?p=all#fr-footnodeid_11 (02.09.2013).

> und frühen 80ern die Saat des aggressiven Nationalismus säten, und das nicht nur in Serbien, sondern auch in den anderen ex-jugoslawischen Republiken. Wir in Post-Jugoslawien hatten anstelle des militärisch-industriellen Komplexes den *poetisch-industriellen*, der von den beiden Zwillingsfiguren Radovan Karadžić und Ratko Mladić personifiziert wird.[2]

Radovan Karadžić, erster Präsident der noch während des Bosnienkrieges gegründeten Republik der bosnischen Serben, der Republika Srpska, und Ratko Mladić, Befehlshaber der bosnisch-serbischen Armee während des Bosnienkrieges, stehen beide bis zum heutigen Tage wegen Völkermord, Verbrechen gegen die Menschlichkeit und Kriegsverbrechen in Den Haag vor Gericht. Beiden wird unter anderem vorgeworfen, als Teil eines ‚joint criminal enterprise' für das Massaker von Srebrenica verantwortlich zu sein.[3] Für Žižek ist Karadžić nun aber nicht nur als Politiker und Oberbefehlshaber der bosnisch-serbischen Armee, sondern auch als Dichter in die Geschehnisse vor und während der postjugoslawischen Kriege[4] verwickelt. Karadžićs Dichtung solle ernst genommen werden, fordert Žižek, „da sie den Schlüssel für das Verständnis bereithält, wie ethnische Säuberung funktioniert".[5] Wenn Žižek also Karadžićs Verse zitiert („Volk! In meinem Glauben ist nichts verboten, / Es gibt Liebe und Getränke / Und Blicke in die Sonne, so viel ihr wollt / Denn diese Gottheit verbietet euch nichts."), tut er dies, um auf die „Aufhebung moralischer Verbote" hinzuweisen, welche dem „heutigen ‚postmodernen' Nationalismus" inhärent sei.[6] Dass Literatur den postjugoslawischen Kriegen der 1990er den Nährboden bereitet hat, ist für Žižek natürlich nicht nur anhand literarischer Produktion solcher Autoren zu beobachten, denen das Blutvergießen persönlich angelastet wird. Er sieht dies

---

2 Žižek, Slavoj: „‚In meinem Glauben ist nichts verboten'. Metamorphosen des Radovan Karadžić". In: Koschorke, Albrecht / Kaminskij, Konstantin (Hrsg.): *Despoten dichten. Sprachkunst und Gewalt*, Konstanz University Press: Konstanz 2011, S. 327-337. Hier: S. 328.

3 Cf. Communications Service of the International Criminal Tribunal for the Former Yugoslavia: *Case information sheet. (IT-09-92) Ratko Mladić.* (kein Veröffentlichungsdatum). http://www.icty.org/x/cases/mladic/cis/en/cis_mladic_en.pdf (02.09.2013); Communications Service of the International Criminal Tribunal for the Former Yugoslavia: *Case information sheet. (IT-95-5/18) Radovan Karadžić.* (kein Veröffentlichungsdatum). http://www.icty.org/x/cases/karadzic/cis/en/cis_karadzic_en.pdf (02.09.2013).

4 Zum Begriff der postjugoslawischen Kriege vgl. Sundhaussen, Holm: *Der Zerfall Jugoslawiens und dessen Folgen*. Die Kriege, die den Zerfall Jugoslawiens in den 90er Jahren begleitet haben, wurden terminologisch sehr unterschiedlich gefasst und dabei auch oft auf den Singular des „Jugoslawienkrieges" reduziert. Die Herausgeber dieses Bandes haben darauf verzichtet, ihren Beiträgern eine einheitliche Terminologie vorzugeben.

5 Žižek, Slavoj: „‚In meinem Glauben ist nichts verboten'", S. 328f.

6 Ibid., S. 329.

beispielsweise auch in dem 1847 vom montenegrinischen Bischof Petar II. Petrović-Negoš veröffentlichten epischen Drama „Der Rosenkranz“, das, so Žižek, „einen mythischen Status besitzt und als grundlegender Text der serbischen Nationalidentität angesehen wird“, indem es die „triumphale Vernichtung aller muslimischen Montenegriner als formale[] Initiation der serbischen Nationalstaatlichkeit“ darstellt.[7]

Wenn es stimmt, dass die Kriege während des jugoslawischen Zusammenbruchs als mittelbare oder unmittelbare Auswüchse literarischer Gewaltphantasien zu sehen sind, wenn es also wahr ist, dass Literatur in den Krieg führen kann, so ist zu fragen, ob Literatur nicht auch zum Gegenteil in der Lage ist, ob Literatur nicht auch aus verhärteten Konfliktlinien, Opfer-Täter-Dichotomien und nationalistisch-militaristischen Narrativen herausführen kann. Ist Literatur fähig, in einer brüchigen Nachkriegssituation die Versöhnung zu befördern oder überhaupt erst herzustellen? Was geschieht, wenn Literatur, gewissermaßen auf einer darüber liegenden Ebene, die politischen, juridischen und sozioökonomischen Anstrengungen in der Überwindung solcher Konflikte bespiegelt und vielleicht auch zu kritisieren wagt? Ist jede Literatur, die sich der Aufarbeitung und Befriedung verschrieben zu haben vorgibt, auch tatsächlich der Aufarbeitung und Befriedung verpflichtet, oder arbeiten bestimmte Texte trotz ausgestelltem Friedenswillen, ob subkutan und verdeckt, oder offen und unverschleiert, für die Interessen nur *einer* der ehemaligen Kriegsparteien? Und wie lässt sich all dies auf andere Diskursträger, etwa auf Spielfilme und journalistische Massenmedien, übertragen, bei denen sich diese Fragen nicht minder drängend stellen?

Betrachtet man die internationalisierten Zusammenhänge, denen nicht nur das Kriegsgeschehen, sondern auch die Konsolidierung des Friedens und die strafrechtliche Verfolgung von Kriegsverbrechen und Verbrechen gegen die Menschlichkeit durch den Internationalen Strafgerichtshof für das ehemalige Jugoslawien (ICTY) in Den Haag unterliegen, verwundert es kaum, dass auch die literarischen, filmischen und journalistischen Diskursivierungen des Krieges und der Nachkriegssituation nationale Grenzen und Sprachräume übersteigen. Diesem Umstand ist es geschuldet, dass sich die hier versammelten Beiträge nicht ausschließlich auf literarische Texte, Spielfilme und Theaterproduktionen aus dem ehemaligen Jugoslawien konzentrieren, sondern sich ebenso mit deutschsprachiger Gegenwartsliteratur, westeuropäischen Filmproduktionen und der US-amerikanischen Berichterstattung beschäftigen und diese auf ihren Umgang mit den postjugoslawischen Kriegen und der postjugoslawischen Nachkriegssituation befragen.

7 Ibid., S. 330-332.

Obwohl das ICTY in Den Haag in erster Linie für die Aufklärung der postjugoslawischen Kriege durch die internationale Gemeinschaft steht, ist es gleichzeitig auch der einzige Ort, an dem das zerfallene Jugoslawien noch im Ansatz zu existieren scheint. Den Haag sei zur jugoslawischen Hauptstadt geworden, so beschreibt es etwa DŽEVAD KARAHASAN im Interview mit IVANA DRMIĆ und GRISCHKA GRAUERT: „In Den Haag funktioniert Jugoslawien bestens. Beschuldigte aus Serbien, Kroatien und Bosnien verstehen sich dort glänzend. Beispielsweise bewirten sie sich gegenseitig. Der einzige Ort der Welt, in dem die Sprache der Südslawen als BKS, als Bosno-Kroato-Serbisch, bezeichnet wird, ist Den Haag." Die Sprache wird damit auf zweifache Weise zum zentralen Moment am ICTY in Den Haag: Sie ist nicht nur Mittel der Rechtsprechung, Medium der performativen Generierung und Umsetzung von Recht. Sie ist auch insofern am Werk, als Den Haag die zentrifugalen Kräfte Postjugoslawiens einzufangen scheint, indem eine gemeinsame jugoslawische Sprache wiedergefunden wird, die es sogar mutmaßlichen Kriegsverbrechern unterschiedlicher Parteien erlaubt, sich wieder zu verstehen – und zwar „glänzend".

Mit dem Thema der sprachlichen Gerechtigkeit setzt sich FABIENNE GILBERTZ in ihrem Beitrag zu Peter Handkes ‚Jugoslawien-Texten' auseinander. Nicht nur in Deutschland wurde Handkes Parteinahme für Serbien kontrovers diskutiert. Dževad Karahasan wertete sie etwa als ein Zeichen dafür, dass er sich „blind einer Ideologie ausgeliefert"[8] habe. Handkes ‚Jugoslawien-Texten' hängt sicherlich an, dass sie auf eine späte Gerechtigkeit für Serbien abzielen. Dennoch erweist sich der Blick auf diese Texte als zu eingeschränkt, wenn sie ausschließlich im Rahmen dieser Kontroverse und nicht im Zusammenhang mit seiner schon früh entwickelten Sprachskepsis und -kritik gelesen werden. Durch den Krieg und die damit einhergehende Gewalt sei zum einen das Sprechvermögen der Betroffenen zerstört worden, zum anderen habe die massenmediale Berichterstattung die Sprache für ihre Zwecke missbraucht, so Handke. Zwar sieht er darin seine Skepsis gegenüber Sprache als menschlichem Kommunikationsmittel bestätigt, und versucht infolgedessen, ein neues Kommunikationsmodell zu entwerfen, das er der westlichen massenmedialen Berichterstattung entgegensetzt. Fabienne Gilbertz' Beitrag ist aber in der Lage, diese handkesche Sprachskepsis weniger im unmittelbaren Kriegsgeschehen begründet zu sehen, als vielmehr als ein kontinuierliches poetologisches Konzept in Handkes Gesamtwerk.

---

8 Hintermeier, Hannes: *Dieser Prozess macht nichts wieder gut.* (23.07.2008). http://www.faz.net/aktuell/feuilleton/karadzic-ein-opfer-dieser-prozess-macht-nichts-wieder-gut-1665144.html (04.11.2013).

Situationen von gescheiterter Kommunikation erkennt DANIEL WARWEL auch in Juli Zehs Roman „Die Stille ist ein Geräusch“, den er einer poststrukturalistischen Lektüre unterzieht. So wie der französische (Post-)Strukturalist Roland Barthes in seinem Aufsatz „Das Reich der Zeichen“ nicht Japan, sondern allein das Zeichensystem ‚Japan‘ zu beschreiben versucht, so schildere auch Zeh nichts anderes als das Zeichensystem ‚Bosnien‘. Charakteristisch für dieses Zeichensystem ist jedoch, dass es im Zerfall begriffen ist, da die einzelnen Zeichen unlesbar geworden sind. Ähnlich wie bei Handke ist es der Krieg, der die saussuresche Bindung von *signifiant* und *signifié* zerstört hat, die eine Lesbarkeit der Zeichen vormals möglich machte. Zusätzliche Ambivalenz gewinnt der Text durch seine ethnographisch anmutende Perspektive auf Bosnien, die notwendig Referenz voraussetzt. Im Kern ist damit nichts anderes gemeint, als dass literarische Texte auf außersprachliche Phänomene zu verweisen im Stande sind. Folgt man aber Paul de Man, ist genau dies insbesondere im Bezug auf literarische Texte äußerst kritisch zu betrachten, was Daniel Warwel anhand von Zehs Roman „Die Stille ist ein Geräusch“ problematisiert.

MADLEN KAZMIERCZAK widmet sich anschließend nicht mehr der Perspektive der einreisenden, sondern der ausgereisten Beobachter, indem sie die Figur der Migrantin in Werken der deutschsprachigen Autorinnen Melinda Nadj Abonji und Marica Bodrožić betrachtet. Die besondere Position des ‚Dazwischen‘ macht die Perspektive dieser Figuren produktiv, denn sie sind gleichermaßen Betroffene und Außenstehende. Dies befähigt sie einerseits, Kritik an den Regimen zu üben, welchen sie den Rücken gekehrt haben, und andererseits, ähnliche nationalistische Mechanismen in den Ankunftsgesellschaften zu dekonstruieren. Zu diesem Nationalismus der Ankunftsgesellschaften gehört maßgeblich der so genannte ‚Balkanismus‘-Diskurs, der sich laut Maria Todorova seit dem 18. und 19. Jahrhundert entwickelt und im 20. Jahrhundert schließlich verhärtet habe. Innerhalb dieses Diskurses wird der Balkan als etwas Fremdes, Exotisches und Wildes betrachtet und zu einem unzivilisierten *alter ego* der westeuropäischen Staaten stilisiert. Nicht zuletzt während der postjugoslawischen Kriege brandeten diese Vorurteile wieder auf und wurden von der Literatur genauso konstruiert und mitgeschrieben, wie sie von ihr auch dekonstruiert und enttarnt wurden. In den Romanen von Melinda Nadj Abonji und Marica Bodrožić wird die Figur der Migrantin in diesem Spannungsfeld zum diskursiven Knotenpunkt, an dem sich rassistische Konstruktionen entschleiern und unterminieren lassen.

Um solche nationalistisch geprägten Vorurteile zu bekämpfen und Verallgemeinerungen zu vermeiden, helfe es, so Hannah Arendt in ihrem Buch über den Totalitarismus, sich unvoreingenommen der Wirklichkeit zu stellen. Dies fasst sie zusammen unter dem Begriff des „Begreifens“, dem sich auch die kroatische Autorin Slavenka Drakulić in ihrem Werk „Keiner war dabei. Kriegsverbrechen auf dem Balkan vor Gericht“ verschreibt. INSA BRAUN untersucht sowohl Drakulićs Text als auch Arendts Prozessbericht „Eichmann in Jerusalem. Ein Bericht von der Banalität des Bösen“ in Hinblick auf diesen Anspruch des Begreifens. Beiden Texten liegt der Versuch zu Grunde, sich den Tätern als Individuen zu nähern und diese im Kontext ihrer familiären Verhältnisse, ihres Werdegangs, ihrer Aussagen vor Gericht und ihrer Taten zu betrachten. Drakulić, die sich bewusst in die Tradition Arendts stellt, hält ihre Porträts der Täter einem Kollektivismus entgegen, den sowohl der sozialistische Staat Titos als auch die nationalistischen Gruppierungen in den postjugoslawischen Kriegen propagiert hatten. Doch liegt auch in dem Versuch, diese Täter darzustellen, ein nicht nur dem Medium geschuldeter Hang zur Inszenierung derselben. Letztlich dient dies jedoch nicht der nationalistischen Hetze, sondern der Aufarbeitung der postjugoslawischen Kriege und einem Durchbrechen des Schweigens über Gräueltaten, die nur, indem sie zur Sprache kommen, aufgearbeitet werden können.

Die kroatische Schriftstellerin Dubravka Ugrešić machte diese Aufarbeitung des Krieges ebenfalls zum Programm ihres poetischen Schaffens. Als sie 1992 in einem Artikel in der Wochenzeitung „Die Zeit“ gegen die Propagierung nationalistischer Täter- und Opferstereotype anschrieb und diese als fingiert entlarvte, begann in Kroatien eine solche Hetze gegen sie, dass sie das Land verlassen musste. Fortan beschäftigt sich die Autorin auch literarisch mit ihrer Schwellenexistenz im Exil, der daraus resultierenden Orientierungslosigkeit und der Erinnerung an die verlorene Heimat. CAROLINE HAUPT untersucht die literarische Inszenierung dieser Erinnerungsarbeit in Ugrešićs Roman „Das Museum der bedingungslosen Kapitulation“, in dem die Ich-Erzählerin mit Hilfe von Erinnerungsstücken ihre Vergangenheit in Kroatien wieder aufleben lässt. Zum einen entfalten sich in diesem Roman Erinnerungsmotive in eng verwobenen Beziehungen zu einander, zum anderen liefert der Text auch viele intertextuelle Bezüge, die im Kontext des Themas ‚Erinnerung‘ auch auf museale Präsentationsformen verweisen.

Dass die Aufarbeitung des Krieges und damit der Vergangenheit nicht für jeden notwendig ist, um weiterleben zu können, veranschaulicht der Film „Sturm“ von Hans-Christian Schmid aus dem Jahr 2009. YANNIC FEDERER weist auf die im Film dargestellten dichotomisch angelegten Handlungsstrategien hin, die anhand zweier Liebesbeziehungen dargestellt und gegeneinander verhandelt werden: Während das eine Paar die im Krieg entstandenen Traumata verdrängt und sich auf die Gegenwart und Zukunft konzentrieren will, geht das andere zunächst davon aus, dass die Aufarbeitung der Vergangenheit, insbesondere die rechtliche durch das ICTY, notwendige Bedingung für die Zukunft sei. Diese Positionen verschieben sich jedoch innerhalb der Partnerschaften. Zugleich werden im Verlauf des Filmes die diametral entgegengesetzten Handlungsoptionen von Vergangenheitsbewältigung gegenüber Zukunftsgestaltung auf weitere Ebenen transponiert. Sie lassen sich beschreiben als eine Dichotomie von Gerechtigkeitsstreben gegenüber Realpolitik, oder, im Rückgriff auf die Terminologie des französischen Philosophen Michel Foucault, als eine Konkurrenzsituation von Souveränitätsprinzip und Gouvernementalität. Von hier aus wird deutlich, dass der Film „Sturm" im Kern die prekäre Qualität des Völkerrechts zwischen juridischem Anspruch und politischer Durchsetzung thematisiert, die letztlich in der konflikthaften Frage gipfelt, ob dem einzelnen Opfer in der juridischen Aufarbeitung Gerechtigkeit widerfahren, oder ob es eher um das große Ganze und dessen politische Gestaltung gehen soll.

Anders als Hans-Christian Schmids Film „Sturm" richten sich der Film „Snow" der bosnischen Regisseurin Aida Begić und das Theaterstück „Igra Plakanja" („The Crying Game") des bosnischen Autors Almir Imsirević ausschließlich auf den privaten Bereich ihrer Figuren. Hier werden weder juridische, noch politische, sondern allein zwischenmenschliche Konflikte zwischen Tätern und Opfern dargestellt. MERITA ZEKOVIĆ hebt in Anlehnung an die Theorie von Stephan L. Esquith die Bedeutung so genannter „cultural re-enactments" hervor, welche in Form der Rezeption solcher Kunstwerke zu einer Transformation des Konfliktpotentials zwischen verfeindeten Bevölkerungsgruppen führen können. Beiden hier näher betrachteten Werken ist gemeinsam, dass sie eine neue Perspektive auf gängige Täter-Opfer-Stereotype entwickeln und die Täter als Menschen und nicht als Ungeheuer darstellen. Erst dieser Blick ermöglicht es, den wechselseitigen Hass zu bekämpfen und das Opfer nicht nur in sich selbst, sondern auch in dem Gegenüber zu erkennen. Diese Fähigkeit sei eine der Kunst eigene, da sie mit fiktionalen und symbolischen Bildern arbeiten könne, die die Rezipienten nicht in ihrer Wirklichkeit angreife und dennoch zum Nachdenken und Reflektieren anrege, wie Merita Zeković herausstellt.

Während sich der Film „Sturm" sowohl mit der privaten als auch mit der juridisch-politischen Perspektive auseinandersetzt, das Theaterstück „Igra Plakanja" („The Crying Game") und der Film „Snow" sich auf den privaten Bereich der Opfer und Täter konzentrieren, liegt das Hauptaugenmerk des Beitrags von IVANA DRMIĆ auf der politisch-medialen Aufarbeitung der postjugoslawischen Kriege durch die amerikanischen Printmedien. Im Fokus des Beitrags stehen zwei Analysezeiträume (1991 und 1995), in denen die Berichterstattung der „Washington Post" und der „New York Times" näher betrachtet werden. Im Jahr 1991 wurden die USA noch von dem republikanischen Präsidenten Bush regiert, während 1995 bereits der demokratische Präsident Clinton im Amt war. Der vorliegende Beitrag stellt die These auf, dass die postjugoslawischen Kriege in den USA für die innenpolitischen Kräftekonstellationen der konkurrierenden Parteien instrumentalisiert wurden und dies durch das Mitwirken der Medien. Die beiden ausgewählten Printmedien unterscheiden sich dabei in der Art ihrer Berichterstattung: Während die „Washington Post“ tendenziell einem sachlicheren Duktus folgte, konzentrierte sich die „New York Times“ stärker auf die Darstellung einzelner Kriegsopfer und der emotionalisierenden Darstellung ihrer Geschichten.

Wenn es nun stimmt, dass, wie es Slavoj Žižek darstellt, blutige Auseinandersetzungen und Kriege diskursiv vorbereitet und herbeiphantasiert werden, so wird in den hier versammelten Beiträgen deutlich, dass nach Beendigung solcher organisierter Gewalt die diskursive Gestaltung der Nachkriegssituation von keinesfalls geringerer Bedeutung ist. Diesen Diskursen, ob es sich dabei um den Leitartikel der „New York Times“, um den Roman einer Melinda Nadj Abonji, oder aber um den Film einer Aida Begić handelt, gehen die vorliegenden Untersuchungen nach, indem sie intertextuelle Referenzen, gemeinsame Muster und divergierende Programmatiken herausstellen. Auf diese Weise soll der vorliegende Band einen Beitrag zu einem interdisziplinären Forschungsfeld leisten, das sich mit den Diskursen und der Diskursivität der postjugoslawischen Nachkriegssituation in ihrer globalen Vernetzung beschäftigt.

Dieses Vorhaben hätte ohne die Mitwirkung zahlreicher hilfsbereiter und tatkräftiger Unterstützer nicht umgesetzt werden können. Ohne jede Einzelne und jeden Einzelnen von ihnen nennen zu können, möchten wir dennoch einige ganz besonders hervorheben. Der Dank der Herausgeber gilt Herrn Prof. Dr. Jürgen Fohrmann für die Finanzierung, sowie Herrn Prof. Dr. Jürgen Brokoff und Frau Dr. Andrea Schütte für die Initiierung dieses Projektes und die vielfältige Unterstützung bei der Entstehung des Bandes. Zu Dank verpflichtet sind die Herausgeber auch Herrn Prof. Dr. Dževad Karahasan, der nicht nur als Schriftsteller, sondern auch als Literaturwissenschaftler wertvolle Anregungen lieferte und der sich trotz seines aktuellen Romanprojektes die Zeit nahm, uns ein ausführliches Interview zu geben. Weiterer Dank gilt Heike Fitzler für ihre umfangreiche organisatorische Unterstützung und Christina Meyer, die uns bei juristischen Fragen mit hilfreichen Ratschlägen zur Seite stand. Insbesondere danken die Herausgeber außerdem den Beiträgerinnen und Beiträgern, ohne deren rege Beteiligung sowohl an unserem Forschungskolloquium im April 2012 als auch bei der Entwicklung dieses Bandes unser Vorhaben nicht zu realisieren gewesen wäre.

Literatur

Communications Service of the International Criminal Tribunal for the Former Yugoslavia: *Case information sheet. (IT-09-92) Ratko Mladić.* (kein Veröffentlichungsdatum). http://www.icty.org/x/cases/mladic/cis/en/cis_mladic_en.pdf (02.09.2013).

Communications Service of the International Criminal Tribunal for the Former Yugoslavia: *Case information sheet. (IT-95-5/18) Radovan Karadžić.* (kein Veröffentlichungsdatum). http://www.icty.org/x/cases/karadzic/cis/en/cis_karadzic_en.pdf (02.09.2013).

Hintermeier, Hannes: *Dieser Prozess macht nichts wieder gut.* (23.07.2008). http://www.faz.net/aktuell/feuilleton/karadzic-ein-opfer-dieser-prozess-macht-nichts-wieder-gut-1665144.html (04.11.2013).

Sundhaussen, Holm: *Der Zerfall Jugoslawiens und dessen Folgen* (24.07.2008). http://www.bpb.de/apuz/31042/der-zerfall-jugoslawiens-und-dessen-folgen?p=all#fr-footnodeid_11 (02.09.2013).

Žižek, Slavoj: „‚In meinem Glauben ist nichts verboten'. Metamorphosen des Radovan Karadžić". In: Koschorke, Albrecht / Kaminskij, Konstantin (Hrsg.): *Despoten dichten. Sprachkunst und Gewalt*, Konstanz University Press: Konstanz 2011, S. 327-337. Hier: S. 328.

Fabienne Gilbertz

Sprachliche Gerechtigkeit für Serbien? Peter Handkes ‚Jugoslawien-Texte' im Kontext seiner Sprachkritik

Peter Handkes so genannten ‚Jugoslawien-Texten'[1] wurde von Kritikern wie Bewunderern oftmals eine Sonderstellung im Gesamtwerk des Autors zugewiesen; nicht selten hat man versucht, sie als ‚Ausrutscher' oder ‚Entgleisung' vom restlichen Werk zu unterscheiden.[2] Handkes strittige Äußerungen zu den Kriegsgeschehnissen im ehemaligen Jugoslawien, seine Parteinahme für das serbische Volk und die scharfe Kritik an der medialen Kriegsberichterstattung, welche im Mittelpunkt dieser Texte stehen, können jedoch nicht isoliert betrachtet werden. Sie nehmen vielmehr einen spezifischen Platz innerhalb des Handke'schen Oeuvres und seiner seit den sechziger Jahren entwickelten Sprachkritik ein.

1. Sprachkritik in den frühen Essays

Bereits in den frühen Essays „Zur Tagung der Gruppe 47 in den USA"[3] (1966) und „Ich bin ein Bewohner des Elfenbeinturms"[4] (1967) formuliert Handke poe-

---

1 Zu den so genannten ‚Jugoslawien-Texten' gehören folgende Veröffentlichungen Peter Handkes: „Abschied des Träumers vom Neunten Land" (1991); „Noch einmal vom Neunten Land" (1993); „Eine Winterliche Reise zu den Flüssen Donau, Save, Morawa und Drina oder Gerechtigkeit für Serbien" (1996); „Sommerlicher Nachtrag zu einer Winterlichen Reise" (1996); „Die Fahrt im Einbaum oder das Stück zum Film vom Krieg" (1999); „Unter Tränen fragend" (2000); „Rund um das große Tribunal" (2003); „Die Tablas von Daimiel" (2005); „Die Kuckucke von Velika Hoča" (2009); „Die Geschichte des Dragoljub Milanović" (2011). Der vorliegende Beitrag bezieht sich auf die Reiseberichte aus den Jahren 1996 und 2000.

2 Ein Sammelband vereint sechzehn kritische Stellungnahmen zu Handkes Reiseberichten: Zülch, Tilman (Hrsg.): *Die Angst des Dichters vor der Wirklichkeit. 16 Antworten auf Peter Handkes Winterreise nach Serbien*. Steidl: Göttingen 1996.

3 Der Essay wurde zunächst in der Zeitschrift „Konkret" vom Juni 1966 veröffentlicht, 1972 dann im Sammelband „Ich bin ein Bewohner des Elfenbeinturms" abgedruckt. Hier wird im Folgenden zitiert nach: Handke, Peter: „Zur Tagung der Gruppe 47 in den

tologische Standpunkte, die auch für sein späteres Werk gültig bleiben. Der Autor wendet sich dort gegen einen unbedachten, unreflektierten Sprachgebrauch, der auf Form- und Begriffskonventionen beruht. In dem letztgenannten Essay unterscheidet Handke die noch unbekannte, neuartige Methode, die für jeden Text gefunden werden soll, von der Manier, welche als schon einmal verwendete Methode „nur Bekanntes vermittelt, bekannte Gedanken, bekannte Gefühle, bekannte Methoden, das heißt: bekannte Gedanken und Gefühle, weil die Methoden bekannt sind".[5] Während die Manier lediglich in der Lage ist, „eine sehr einfache, aufzählbare, datierbare, pauschale Wirklichkeit"[6] zu zeigen, müsste die Methode „alles bisher Geklärte wieder in Frage stellen, sie müßte zeigen, daß es *noch* eine Möglichkeit der Darstellung der Wirklichkeit gibt".[7] Der Dichter verlangt von der modernen Literatur aber nicht nur unverbrauchte Formen, sondern darüber hinaus unverbrauchte Begriffe. In „Zur Tagung der Gruppe 47 in den USA" wirft er der Gruppe 47 und der von ihr verfassten Literatur ein falsches Realismus-Verständnis vor, welches sich nur für die beschriebenen Dinge, nicht aber für die Angemessenheit der beschreibenden Sprache interessiere:

> In dieser neu aufkommenden Art von Literatur werden die Dinge beschrieben, ohne daß man über die Sprache nachdenkt, es sei denn, in germanistischen Kategorien der Wortwahl usw. Und die Kritik mißt die Wahrheit der Literatur nicht daran, daß die Wörter stimmen, mit denen man die Gegenstände beschreibt, sondern daran, ob die Gegenstände „der Wirklichkeit entsprechen". So werden die Worte für die Gegenstände als die Gegenstände selbst genommen. Man denkt über die Gegenstände nach, die man „Wirklichkeit" nennt, aber nicht über die Worte, die doch eigentlich die Wirklichkeit der Literatur sind.[8]

Handke zufolge wird die Sprache, in Anlehnung an Jean-Paul Sartres Glas-Metapher[9], „nur [...] benützt, um zu beschreiben, ohne daß aber in der Sprache selber sich etwas rührt. Die Sprache bleibt tot, ohne Bewegung, dient nur als

---

USA". In: *Meine Ortstafeln. Meine Zeittafeln. 1967-2007*. Suhrkamp: Frankfurt am Main 2007, S. 47-52.

4 Der Essay wurde jedoch erst 1972 in dem gleichnamigen Sammelband publiziert. Die folgenden Zitate sind entnommen aus: Handke, Peter: „Ich bin ein Bewohner des Elfenbeinturms". In: *Meine Ortstafeln. Meine Zeittafeln. 1967-2007*. Suhrkamp: Frankfurt am Main 2007, S. 37-46.

5 Handke, Peter: „Elfenbeinturm", S. 41.

6 Ibid., S. 42.

7 Ibid., S. 39.

8 Handke, Peter: „Gruppe 47", S. 47f.

9 In seinem Essay „Zur Tagung der Gruppe 47 in den USA" erläutert Handke den „komische[n] Vergleich Jean-Paul Sartres, der die Sprache, mit der Prosa geschrieben werde, mit dem Glas vergleicht: man glaubt also naiv, durch die Sprache auf die Gegenstände durchschauen zu können wie durch das sprichwörtliche Glas." Cf. ibid., S. 48.

Namensschild für die Dinge. Die Dinge werden reportiert, nicht bewegt."[10] Es geht dem Dichter nicht darum, die Dinge durch konventionalisierte, und somit abstrakte Begriffe darzustellen, sondern auf die „prinzipielle Kluft zwischen dem sinnlich Erlebtem und den Wörtern"[11] aufmerksam zu machen. Das Bewusstsein für die Differenz zwischen dem Wahrgenommenen und den Möglichkeiten sprachlicher Darstellung führt im Werk Peter Handkes vielfach zu einer extremen Form der Begriffsstutzigkeit.[12] Einige der Handke'schen Figuren sind ob ihrer gesteigerten Sprachsensibilität nicht mehr in der Lage, das Erlebte mit Begriffen zu fassen; Christoph Kappes zitiert beispielhaft die Sprachskepsis Filip Kobals aus „Die Wiederholung": „Möchte ich von einer Palme erzählen, die mir, als ich vor ihr stand, ein Erlebnis war, so kommt mir das Fremdwort ‚Palme' dazwischen, mit dem der Baum selbst, samt Schuppenstamm und klatschenden Fächern, mir entschwindet."[13] Hier scheint zwischen den Zeilen das – nicht erreichbare – Ideal eines unmittelbaren, weil begriffslosen Wahrnehmens durch.

---

10 Ibid.

11 Kappes, Christoph: *Schreibgebärden. Zur Poetik und Sprache bei Thomas Bernhard, Peter Handke und Botho Strauß*. Königshausen&Neumann: Würzburg 2006, S. 28. Kappes zeigt, dass Handke schon in seinem ersten Roman „Die Hornissen" eine Sensibilität für diese Kluft zwischen Erlebtem und sprachlicher Darstellung demonstriert: „Hier werden das sinnlich Wahrnehmbare und Erfahrbare skeptisch der Sprache gegenübergestellt. Einem Abschnitt, überschrieben mit *Die Geräusche*, der ein auf akustische Wahrnehmungen reduziertes Geschehen schildert, folgt wenig später der Abschnitt *Die Namen der Geräusche* der skrupulös und akribisch die Möglichkeiten entsprechender Bezeichnungen dieser Wahrnehmungen in konzentrischen Kreisen um die stoffliche Qualität der Dinge abschreitet. Durch die Vielzahl möglicher Benennungen versucht Handke eine sinnlich wahrgenommene Wirklichkeit für eine Vielzahl von Deutungs- und Bedeutungsmöglichkeiten offen zu halten [...]. Mit der Gegenüberstellung von *Die Geräusche* und *Die Namen der Geräusche* macht Handke die Wirklichkeit zwischen Sinnlichkeit und Sprachlichkeit kritisch bewußt und unterstreicht deren Differenz, die nicht mit einem Wort, mit einem Begriff zu tilgen ist." Ibid., S. 77.

12 Unter Begriffsstutzigkeit wird in Handkes Werken die Unfähigkeit zur sprachlichen Abstraktion verstanden. Als Begriffsstutziger par excellence kann ein in „Die Wiederholung" beschriebener Mann gelten, der nicht in der Lage ist, Witze zu verstehen: „Er verstand wohl, was da erzählt wurde, aber er begriff nicht, was daran der Witz sein sollte. Es fehlte ihm aller Sinn für die Doppeldeutigkeiten und Anspielungen, und so nahm er die Erzählungen der anderen ganz wörtlich [...]." Handke, Peter: *Die Wiederholung*. Suhrkamp: Frankfurt am Main 1999, S. 60.

13 Ibid., S. 252.

2. Sprachkritik bei Hugo von Hofmannsthal und Francis Ponge

Die von Handke in seinem Frühwerk entwickelte sprachkritische Grundhaltung ist zudem durch zwei literarische Vorbilder geprägt: durch seinen Landsmann Hugo von Hofmannsthal und den französischen Dichter Francis Ponge. Man kann davon ausgehen, dass Handke den sprachskeptischen Text „Ein Brief" von Hugo von Hofmannsthal kennt, in welchem dem Briefeschreiber Lord Chandos „die Fähigkeit abhanden [kommt], über irgend etwas zusammenhängend zu denken oder zu sprechen".[14] Wie das als ‚Chandos-Brief' bekannte Prosastück handelt auch Handkes Frühwerk[15] oftmals vom Einsturz eines Wahrnehmungssystems, welches „das ganze Dasein als eine große Einheit"[16] postulierte, und der darauf folgenden Unmöglichkeit, die Welt „mit dem vereinfachenden Blick der Gewohnheit zu erfassen".[17] Die Unfähigkeit, die in Teile zerfallenen Dinge „mit einem Begriff [zu] umspannen"[18], d.h. Signifikat und Signifikant zusammenzubringen, ist für Lord Chandos gleichbedeutend mit dem Verlust des Urteilsvermögens: „[D]ie abstrakten Worte, deren sich doch die Zunge naturgemäß bedienen muß, um irgendwelches Urtheil an den Tag zu geben, zerfielen mir im Munde wie modrige Pilze."[19] Wie bereits für die frühen Handke'schen Essays festgestellt, ist sich auch Chandos der prinzipiellen Differenz zwischen den Dingen und der sprachlichen Darstellung dieser Dinge bewusst. Aus diesem Bewusstsein speist sich für den Briefeschreiber eine skeptische Haltung gegenüber sprachlichen Urteilen, welche für Handkes ‚Jugoslawien-Texte' programmatisch

---

14 Hofmannsthal, Hugo von: „Ein Brief". In: Id.: *Sämtliche Werke*. Bd. 31: Erfundene Gespräche und Briefe. Hrsg. v. Ritter, Ellen. S. Fischer: Frankfurt am Main 1991, S. 45-55. Hier: S. 48.

15 In seiner umfassenden Untersuchung „Versuch einer Ankunft" analysiert Alexander Huber die Wahrnehmungsweisen der Handke'schen Protagonisten und stellt für das Frühwerk des Schriftstellers fest: „Zwischen Ich und Welt herrscht Dissonanz. Die Ordnung der Dinge ist verlorengegangen. Wirklichkeit ist, wie das wahrnehmende Ich, ein Fragment. Handkes Protagonisten erleben die Fremdheit der Welt und die Entfremdung des Subjekts, nicht materialistisch, sondern existentiell: als Verlust des Zusammenhangs." Huber, Alexander: *Versuch einer Ankunft. Peter Handkes Ästhetik der Differenz*. Königshausen&Neumann: Würzburg 2005, S. 24. Ein Paradebeispiel ist Josef Bloch, der Protagonist aus Handkes bekannter Erzählung „Die Angst des Tormanns beim Elfmeter". Bloch verliert ohne ersichtlichen Grund die Fähigkeit, seine Umgebung als zusammenhängende Einheit wahrzunehmen und wird schließlich aufgrund dieser Wahrnehmungsstörung zum Mörder. Cf. Handke, Peter: *Die Angst des Tormanns beim Elfmeter*. Suhrkamp: Frankfurt am Main ²⁸2012.

16 Hofmannsthal, Hugo von: „Ein Brief", S. 47.

17 Ibid., S. 49.

18 Ibid.

19 Ibid., S. 48f.

werden wird. Die abstrakten Urteile stehen in der Wahrnehmung Chandos' den „stummen Dingen“[20] gegenüber; deren Charakterisierung als „Unbenanntes und auch wohl kaum Benennbares“[21] lassen sie für den Protagonisten zu einem „Gefäß [s]einer Offenbarung“[22], zu Objekten einer nicht mit Worten beschreibbaren, epiphanen[23] Erfahrung werden. Die Wertschätzung solcher im Alltag präsenten, jedoch meist „mit selbstverständlicher Gleichgültigkeit“[24] übersehenen Gegenstände, entspricht Handkes Suche nach noch nicht „vom Sinn besetzten Orte[n]“[25], nach unverbrauchten Methoden der Darstellung.

Handkes Ablehnung einer auf begrifflichen Konventionen beruhenden Sprache ist auch durch den französischen Dichter Francis Ponge beeinflusst, dessen „Le Carnet du bois de pins“ im Jahr 1982 von Peter Handke unter dem Titel „Das Notizbuch vom Kiefernwald“ ins Deutsche übersetzt wurde. Ponge formuliert dort die Maxime vom „Große[n] Recht des Objekts“[26], welche sich auf eine dem wahrgenommenen Gegenstand gerecht werdende Verschriftlichung bezieht. Ponge sieht seine schriftstellerische Arbeit in „einer ständigen Berichtigung [s]eines Ausdrucks (ohne den a-priori-Vorsatz von der Form dieses Ausdrucks) zugunsten des rohen Objekts“.[27] Es geht dem Autor darum, den wahrgenommenen Gegenstand in der Schrift möglichst unvoreingenommen und somit authentisch darzustellen; dieser Authentizität kann sich nur eine Sprache nähern, die sprachlichen Klischees und Konventionen ausweicht. Demgemäß kommt Ponges Konzept Handkes Forderung nach einem bedachtsamen Sprachgebrauch sehr nahe.[28] Die „Gerechtigkeit für Serbien“, die Handke im Untertitel seines

20 Ibid., S. 54. Diese Formulierung wird Handke in seinem ersten Reisebericht wiederholen, ohne sie als Hofmannsthal-Zitat zu kennzeichnen.

21 Ibid., S. 50.

22 Ibid.

23 Cf. zum Motiv der Epiphanie in Handkes Werk: Huber, Alexander: *Versuch einer Ankunft*, ab S. 75.

24 Hofmannsthal, Hugo von: „Ein Brief“, S. 50.

25 Handke, Peter: *Das Gewicht der Welt. Ein Journal (November 1975 - März 1977)*. Residenz: Salzburg 1977, S. 276.

26 Ponge, Francis / Handke, Peter (Übers.): *Das Notizbuch vom Kiefernwald und La Mounine*. Suhrkamp: Frankfurt am Main ²1995, S. 7.

27 Ibid.

28 Alexander Huber weist darauf hin, dass Handke in seinen Texten wiederholt Ponges Maxime aufgreift „ohne Roß und Reiter zu nennen“. Huber, Alexander: *Versuch einer Ankunft*, S. 279. Es sei vollständigkeitshalber erwähnt, dass Handke das Poetische als „das Gegenteil von jeder Eigenmächtigkeit“ erachtet und sich somit von Ponges Skepsis gegenüber der poetischen Sprache abgrenzt. Cf. Handke, Peter: *Gestern unterwegs. Aufzeichnungen November 1987 bis Juli 1990*. Suhrkamp: Frankfurt am Main 2007, S. 183. Handke notiert dementsprechend: „Ein poetischer Satz heißt: einem Gegenstand gerecht

ersten Reiseberichts fordert, kann in diesem Sinne als eine auf Francis Ponge zurückgehende sprachliche Gerechtigkeit gedeutet werden.

3. Sprachkritik vor dem Hintergrund des Krieges

Die Problematik des unreflektierten Sprachgebrauchs offenbart sich für Handke insbesondere an „politisch bedeutungsgeladene[n]"[29] Namen und Begriffen, welche er für seine literarische Arbeit ausschließt:

> Die Wörter Hitler, Auschwitz, Lübke, Berlin, Johnson, Napalmbomben sind mir schon zu bedeutungsgeladen, zu politisch, als daß ich sie, als Wörter, literarisch noch unbefangen gebrauchen könnte. Wenn ich diese Wörter in einem literarischen Text lese, gleich in welchem Zusammenhang, bleiben sie für mich unwirksam, sind für mich ärgerlich literarisch geworden, lassen mich weder zum Denken kommen noch assoziieren.[30]

Eine ähnliche, wenn auch anders gelagerte Kritik formuliert Handke auch in „Zur Tagung der Gruppe 47 in den USA", wenn er auf die literarische Omnipräsenz des „berüchtigten Ort[es] A."[31] verweist. Der Autor erachtet die unbedachte Nennung von Orten wie Auschwitz in literarischen Texten als moralische Verwerfung: „Ihn [...] bedenkenlos in jede Wald- und Wiesengeschichte einzuflechten, in einem unzureichenden Stil, mit untauglichen Mitteln, mit gedankenloser Sprache, das ist unmoralisch."[32] In diesem Sinn vertritt Handke die Ansicht, „daß formale Fragen, eigentlich moralische Fragen sind"[33] und fordert dementsprechend, dass man als Autor „die Fehlerquellen in der Sprache" durchschauen und aufzeigen müsse; die „stilistische Aufgabe" des Schriftstellers würde somit „eine gesellschaftliche".[34]

Diesen stilistisch-gesellschaftlichen Auftrag übernimmt Handke nicht erst seit seiner Stellungnahmen anlässlich der Kriege im ehemaligen Jugoslawien. Die Forschung hat mehrfach darauf hingewiesen, dass sich Handkes Sprachkri-

---

werden". Cf. Handke, Peter: *Die Geschichte des Bleistifts*. Residenz: Salzburg 1982, S. 169. Auf die Unterschiede zwischen Handkes und Ponges Sprachverständnis kann aus Platzgründen nicht näher eingegangen werden; nichtsdestoweniger sind die Ansätze der beiden Autoren dahingehend vereinbar, dass sie keine radikale Sprachskepsis formulieren, sondern lediglich Abstand von vorgefertigten sprachlichen Schemata nehmen und nach ungebrauchten Ausdrucksformen suchen.

29 Handke, Peter: „Elfenbeinturm", S. 42.

30 Ibid., S. 42f.

31 Handke, Peter: „Gruppe 47", S. 52.

32 Ibid.

33 Ibid.

34 Ibid., S. 48.

tik vor dem Hintergrund des Zweiten Weltkriegs und der nationalsozialistischen Sprachideologie gebildet habe.[35] Für den Dichter ist die Sprache seit jeher „das erste Opfer des Krieges“[36] und wird schon in seinem Frühwerk als solches dargestellt. Dabei ist die Sprache nicht nur durch die Möglichkeit ideologischen Missbrauchs gefährdet, sondern zudem und vor allem durch das sinnlose Wesen des Krieges. Die Syntax und Semantik der Sprache „stiften unweigerlich Sinn oder ermöglichen zumindest, dem Dargestellten einen Sinn abzugewinnen“[37]; in dem im Jahr 1967 veröffentlichten Sprechstück „Kaspar“ erklärt der allmählich an die Sprache herangeführte Protagonist: „Alles was ich beim Namen nennen kann, ist nicht mehr unheimlich“.[38] Die Gewalt und Zerstörungskraft des Krieges aber widersprechen in ihrer Sinnlosigkeit dem zusammenhangstiftenden, zivilisatorischen Wesen der Sprache und verweigern sich einem alltäglichen, selbstverständlichen Sprachgebrauch. Handke thematisiert die Frage nach der prinzipiellen Angemessenheit von Wörtern und Begriffen angesichts der Sinnlosigkeit des Krieges bereits 1972 in seiner Erzählung „Wunschloses Unglück“[39], in der die Auflösung des „im Dritten Reich ideologisch abgesicherte[n] ‚Sinnzusammenhang[s]‘“[40] die Mutter des Protagonisten „zu einer Begriffsstutzigen“[41] macht. Aber auch Werke einer späteren Schaffensphase, wie der 1986 entstandene Roman „Die Wiederholung“ oder der 2010 publizierte Text „Immer noch Sturm“[42], thematisieren die Spannung zwischen sprachlicher Sinn- und Identitätsstiftung und der Absurdität des Kriegsgeschehens.[43]

In seiner Rede zur Verleihung des Georg-Büchner-Preises erklärt Handke, dass er „von der begriffsauflösenden und damit zukunftsmächtigen Kraft des poetischen Denkens“[44] überzeugt sei und dieses ihn „in eine andere Landschaft,

---

35 Cf. Kappes, Christoph: *Schreibgebärden*, S. 14f.

36 Handke, Peter: *Unter Tränen fragend. Nachträgliche Aufzeichnungen von zwei Jugoslawien-Durchquerungen im Krieg, März und April 1999*. Suhrkamp: Frankfurt am Main 2000, S. 23.

37 Kappes, Christoph: *Schreibgebärden*, S. 10.

38 Handke, Peter: *Kaspar*. Suhrkamp: Frankfurt am Main 1968, S. 42.

39 Handke, Peter: *Wunschloses Unglück. Erzählung*. Suhrkamp: Frankfurt am Main [11]2001.

40 Kappes, Christoph: *Schreibgebärden*, S. 118.

41 Ibid.

42 Handke, Peter: *Immer noch Sturm*. Suhrkamp: Berlin 2010.

43 Ein immer wiederkehrendes Thema in Handkes Werken ist die Verfolgung der slowenischen Minderheit in Kärnten während der Zeit des Nationalsozialismus, welche sich für den Schriftsteller insbesondere in der Unterdrückung der slowenischen Sprache äußert. Die Sprache als Kriegsopfer ist u.a. in „Die Wiederholung“ und „Immer noch Sturm“ ein zentrales Motiv.

44 Handke, Peter: „Die Geborgenheit der Schädeldecke“. In: *Meine Ortstafeln. Meine Zeittafeln. 1967-2007*. Suhrkamp: Frankfurt am Main 2007, S. 67-72. Hier: S. 70.

in der es noch keine Erleichterungen und Totalitätsansprüche durch Begriffe gibt"[45], führe. Die „andere Landschaft" ist eine Sprachlandschaft, die frei von formalen und begrifflichen „Darstellungsklischees"[46] ist und durch den Gebrauch von neuen Methoden versucht, „die noch nicht *vom Sinn besetzten Orte* [...] ausfindig und dingfest zu machen".[47] Dieser Anspruch, den Handke von Anfang an nicht nur an die eigene literarische Produktion stellt, bleibt bis zum heutigen Tage bestehen und kann an vielen seiner späteren Texte beobachtet werden.[48] Dass das Konzept der „anderen Landschaft" aber auch für die umstrittenen, oftmals aus dem Gesamtwerk des Autors ausgegliederten ‚Jugoslawien-Texte' gilt, wurde bisher kaum anerkannt. Es wird zu zeigen sein, inwiefern die Reiseberichte im Kontext der hier skizzierten Sprachkritik zu lesen sind und dass die von Handke geforderte „Gerechtigkeit für Serbien", in der Nachfolge Ponges, als eine sprachliche gedeutet werden muss.

4. Sprachskepsis in den Jugoslawien-Texten

4.1 Verlust des (sprachlichen) Zusammenhangs

Auf seinen Reisen beobachtet der Erzähler vielfach, dass die Kriegsgeschehnisse bei den Überlebenden nicht nur körperliche Verletzungen, sondern auch psychische Schäden hinterlassen haben. Besonders eindrücklich werden die Sprachstörungen der Augen- und Ohrenzeugen beschrieben. In dem ersten Teil des Berichts „Unter Tränen fragend" trifft der Reisende im Jahr 1999 in einer Hotelbar auf Boris Iljenko, einen Belgrader Bekannten, der sich als Direktor des jugoslawischen Kulturinstituts seit Jahren für den kulturellen und sprachlichen Austausch mit dem Ausland engagiert. Diesem sprachbegabten, kulturaffinen Menschen kommt während des Krieges seine Fremdsprachenkompetenz abhanden; der Erzähler deutet diese Form des Sprachverlusts als psychosomatische Reaktion auf die anhaltende Bombardierung Belgrads – der Sprechrhythmus scheint

---

45 Ibid.

46 Handke, Peter: „Elfenbeinturm", S. 45.

47 Zelle, Carsten: „Parteinahme für die Dinge. Peter Handkes Poetik einer literarischen Phänomenologie (am Beispiel seiner Journale, 1975-1982)". In: *Euphorion. Zeitschrift für Literaturgeschichte* 97, 2003, S. 99-117. Hier: S. 104.

48 Beispielhaft kann hier der „Versuch über den Stillen Ort" genannt werden, in dem ein alltäglicher Gebrauchsgegenstand, die Toilette, aus seinen üblichen (begrifflichen) Zuschreibungen entbunden und einer veränderten Wahrnehmung zugänglich gemacht wird. Cf. Handke, Peter: *Versuch über den Stillen Ort*. Suhrkamp: Berlin 2012.

sich an den des „Bombenkriegs“[49] angepasst zu haben. Der Redefluss des Freundes weicht einem Stammeln, das die durch die Explosionen bewirkte Zerstörung der Stadt widerspiegelt und in einer befremdlichen Disharmonie zu dem kräftigen Körperbau und der Lebenserfahrung des Sechzigjährigen steht. Bemerkenswert ist zudem, dass Boris, durch den Verlust gerade der *Fremd*sprachen, an der Kommunikation mit Außenstehenden und somit an der Ausübung des für ihn identitätsbildenden Amts gehindert wird.

Einen Monat später macht der Reisende selbst die Erfahrung, was es heißt, Ohrenzeuge der Bombardierungen zu werden:

> Licht aus. Noch immer nichts. Dann die Bomben – so unvermittelt, und so raumsprengend (und zugleich den Raum vernichtend), so handgreiflich und niederknüppelnd, daß dazu Wörtchen wie „jäh“ oder „plötzlich“ betulich und langatmig wirken. Und so Luftschlag auf -schlag, die ganze liebe Nacht. Gewöhnung unmöglich. Und klar, daß die, welche dem Getöse Tag um Tag ausgesetzt sind, zu Stotterern werden müssen, nicht bloß die Kinder. Eine Journalistin vom jugoslawischen TV, mir von einer früheren Reise als fast zu beredt in Erinnerung, vor einigen Tagen, bei einem Anruf aus Österreich, wo sie mit ihren Kindern zwischendurch Zuflucht oder Erholung bei einer Landsmännin gesucht hat: sie bringt kaum mehr ein Wort heraus; aus der sonst durch nichts von ihrem Redefluß abzubringenden Sprecherin ist nach acht Bombenwochen eine schwere Stotterin geworden, ohne Klagen dabei; spürbar das Stottern selber als eine Art der Klage[...].[50]

Die jeglichen Sinnzusammenhang vernichtende Gewalt ist mit sprachlichen Mitteln nicht beschreibbar, geschweige denn vermittelbar; alltägliche Begriffe offenbaren sich als der Situation nicht angemessene Abstraktionen. Wie bereits für den ‚Chandos-Brief‘ festgestellt, werden auch hier das seit de Saussure geltende semiotische System von Signifikat und Signifikant und damit die Selbstverständlichkeit des alltäglichen Sprachgebrauchs außer Kraft gesetzt. Es ist bezeichnend, dass die von Handke dargestellten Stammler und Stotterer vor Kriegsausbruch überaus eloquente Menschen waren, deren beruflicher Alltag einen souveränen Umgang mit verschiedenen Sprachen voraussetzte – der Sprachverlust impliziert einen Identitätsverlust. Dass die Identitätskrise notwendig mit einer Sprachkrise einhergehen muss, leuchtet ein, wenn man die Sprache als das bedeutendste ordnungsstiftende System anerkennt: Der Mensch ist erst durch seine Sprache in der Lage, sinnhafte Zusammenhänge herzustellen und sich selbst als einheitliche Identität in koordinative oder subordinative Beziehungen zur Umwelt zu stellen. Hier werden die Sprachbezüge des Ichs zu seiner Umgebung durch die Bombeneinschläge zerstört; der Versuch, die Geschehnisse durch Versprachlichung in bestehende, sinngebende Kategorien einzuordnen, sie

49 Handke, Peter: *Unter Tränen fragend*, S. 42.

50 Ibid., S. 148f.

„mit einem Begriff [zu] umspannen“[51], muss an der Sinnlosigkeit der Kriegswirklichkeit scheitern.

4.2 Ideal der stummen Kommunikation

Der Unmöglichkeit einer adäquaten sprachlichen Vermittlung entsprechend, werden die Serben fast durchgehend als ein zurückhaltendes, ja schweigsames Volk dargestellt; dieses zum Teil pathologische, zum Teil bewusste Schweigen wird in den Handke'schen Reiseberichten auf den eben beschriebenen, durch den Krieg verursachten Zusammenhangs- und Identitätsverlust der Kriegsüberlebenden zurückgeführt. Als der Reisende in Višegrad ein von serbischen Flüchtlingen bewohntes Hotel betritt, erwartet ihn zunächst nichts als Stille. Der Erzähler vernimmt keinen Ton, nicht einmal den ursprünglichsten und zugleich natürlichsten aller Laute: Ein „Kinderschreien“[52] kann als genuinste und unmittelbarste Form der Äußerung gelten. Wenn der Erzähler sich also fragt, ob die serbischen Kinder „das Schreien verlernt“[53] haben, dann rührt er an den Kern der menschlichen Ausdrucksfähigkeit. Dieses Scheitern der Kommunikation offenbart sich nicht nur in dem Schweigen des Senders, sondern auch in der Taubheit des Empfängers: Die einzige Person, die sich nicht vor den Augen des Reisenden versteckt, scheint sich mit den Händen die Ohren zuzuhalten. Hier drückt eine körperliche Geste aus, was die alte Frau verbal nicht vermitteln kann oder will. Diese „für Bosnien jetzt gleichsam typische“[54] Haltung verweist auf eine generelle Tendenz zur Kommunikationsverweigerung der Kriegsüberlebenden.

Während das Hotel auf den Reisenden wie ausgestorben wirkt, ist paradoxerweise der Friedhof der belebteste Ort der Stadt: Der Gang zu den Gräbern der im Krieg Verstorbenen ist die einzige Form des gesellschaftlichen Zusammenseins in Višegrad. Dennoch betont der Erzähler die kollektive Vereinzelung der Trauernden: Das Weinen bei den Gedenksteinen ertöne zwar vielstimmig, aber von Stein zu Stein voneinander abgesetzt – jeder einzelne der vielen Friedhofsbesucher ist in seiner Trauer alleine. Der Schmerz wird von den Hinterbliebenen zwar verbal artikuliert, doch der so genannte „Totenbahrenmonolog“[55] ist „fast

---

51 Hofmannsthal, Hugo von: „Ein Brief“, S. 49.

52 Handke, Peter: „Sommerlicher Nachtrag zu einer winterlichen Reise“. In: Id.: *Abschied des Träumers vom Neunten Land. Eine Winterliche Reise zu den Flüssen Donau, Save, Morawa und Drina oder Gerechtigkeit für Serbien. Sommerlicher Nachtrag zu einer Winterlichen Reise.* Suhrkamp: Frankfurt am Main 1998, S. 163-250. Hier: S. 190.

53 Ibid.

54 Ibid.

55 Ibid., S. 205.

lautlos"[56] und richtet sich, dem Beobachter zufolge, an niemanden, nicht einmal an den eigentlich angeredeten Leichnam.

Geglückte Kommunikation findet bezeichnenderweise fast ausschließlich auf non-verbaler Ebene statt und funktioniert über Blicke und Gesten. Besonders deutlich wird diese Form der Verständigung anlässlich einer Begegnung des Reisenden mit einem mazedonischen Lastwagenfahrer. Der Erzähler berichtet von einer geistigen Verbundenheit, die nicht verbal formuliert werden kann und muss; ein Blick, so wird hier angedeutet, vermittelt mehr, als die Sprache auszudrücken vermag:

> [Ich hörte] die Kassette aus seinem Transistor, eine ziemlich leise gestellte orientalische, fast schon arabische Musik, wie sie hier einst mit tausend anderen Weisen mitgespielt hatte und inzwischen sozusagen aus dem Luftraum verbannt war; und der Blick des Mannes und der meine begegneten einander, momentlang, lang genug, daß das, was sich zwischen uns ereignete, mehr war als bloß ein gemeinsamer Gedanke, etwas Tieferes: ein gemeinsames Gedächtnis; [...] und es zuckte nur ein Phantomschmerz durch die Luft, ein gewaltiger, mit Sicherheit nicht bloß persönlicher.[57]

Das Scheitern der begrifflichen Sprache vor der Realität des Krieges betrifft jedoch nicht nur die von Handke beschriebenen Serben; es scheint auch auf den Reisenden selber überzugehen und spiegelt sich im Erzählvorgang. In Srebreni-

56 Ibid., S. 206.

57 Handke, Peter: „Eine Winterliche Reise zu den Flüssen Donau, Save, Morawa und Drina oder Gerechtigkeit für Serbien". In: Id.: *Abschied des Träumers vom Neunten Land. Eine Winterliche Reise zu den Flüssen Donau, Save, Morawa und Drina oder Gerechtigkeit für Serbien. Sommerlicher Nachtrag zu einer Winterlichen Reise*. Suhrkamp: Frankfurt am Main 1998, S. 33-161. Hier: S. 139. Hier kann eine Parallele zu einem weiteren, weniger rezipierten Text Hugo von Hofmannsthals gezogen werden: die über mehrere Jahre entstandenen Briefe des Zurückgekehrten, auf die Handke in einem frühen Essay zur Jugoslawien-Thematik explizit verweist. Hofmannsthals aus dem Krieg Zurückgekehrter wünscht sich ein Modell der stummen Kommunikation: Das Innerste eines Menschen soll nicht durch sinnentleerte Reden offenbar werden, sondern durch „sein Dastehen, sein Gesicht, sein Thun und Treiben". Hofmannsthal, Hugo von: „Die Briefe des Zurückgekehrten". In: Id.: *Sämtliche Werke*. Bd. 31: Erfundene Gespräche und Briefe, S. 151-174. Hier: S. 160. Es sei zudem darauf hingewiesen, dass sowohl Hofmannsthals Texte, als auch Handkes Essay „Abschied des Träumers vom Neunten Land" kurz vor dem Ausbruch eines Krieges verfasst wurden. Cf. dazu: Handke, Peter: „Abschied des Träumers vom Neunten Land". In: Id.: *Abschied des Träumers vom Neunten Land. Eine Winterliche Reise zu den Flüssen Donau, Save, Morawa und Drina oder Gerechtigkeit für Serbien. Sommerlicher Nachtrag zu einer Winterlichen Reise*. Suhrkamp: Frankfurt am Main 1998, S. 5-32. Hier: S. 12.

ca angekommen wird der Erzähler schließlich mit einem „Problem des Weitererzählens“[58] konfrontiert. Es scheint,

> als werde an Orten wie S. nacherlebbar so etwas wie das islamische oder überhaupt orientalische Verbot der Bilder, oder zumindest ein von gewissen Erscheinungen ausgehender Bilder-Verweis, ein Abweisen, jedenfalls der großen, der ausgemalten, der zu Ende geschilderten, der monumentalen und panoramischen Bilder, ein Abweisen, das dafür aber Raum gäbe oder ließe für noch und noch Miniaturen, als Bilder kaum mehr zu entziffernden, auch kaum mehr etwas bedeutenden – ein solches Kleinstbild zusätzlich verknüpft mit dem andern zu einer bloßen, bloßen?, im ganzen vielleicht doch das eine und andere besagenden „Arabeske“. Ja, Arabeske.[59]

Die Sprache scheint schon allein vor dem Namen der Stadt zu versagen, der zwar wunderschön klangvoll ist, jedoch gleichsam als Synonym für die dort geschehenen Massaker fungiert. Der Erzähler meidet den Namen und nennt die Stadt nur noch abgekürzt „S.“.[60] Wie bereits dargestellt, erlauben es die Grausamkeiten des Krieges nicht mehr, die Wirklichkeit als Einheit zu erfassen; hier kann man durchaus eine Parallele zu dem im ‚Chandos-Brief‘ beschriebenen Verlust des Zusammenhangs ziehen. Die Realität als ganze ist nicht mehr beschreibbar, sie zerfällt in Kleinstbilder, die sich lediglich zu einer Arabeske verweben lassen. Als solche Arabeske möchte der Reisende seine Berichte verstanden wissen.

Da die Kriegsrealität nicht als zusammenhängende wahrnehmbar und darstellbar ist, wählt Handke eine andere Darstellungsmethode: Er unternimmt den Versuch, durch die Fokussierung auf einige in den Mittelpunkt der Erzählungen gerückte, vielleicht auf den ersten Blick nebensächliche Details, dennoch einen

58 Handke, Peter: „Sommerlicher Nachtrag“, S. 223.

59 Ibid., S. 223f.

60 Dieses Unvermögen, die Realität begrifflich zu fassen, wird auf der anderen Seite durch eine übertriebene sprachliche Grobheit kompensiert: „Und wir [...] überspielten bis spät in die Nacht hinein das Erlebte oder eher auf uns Eingestürmte oder Losgeprallte mit nichtendenwollendem Geblödel, mit Grobheiten, mit frischgelernten bosnischen Flüchen, ‚jebo te miš‘, die Maus soll dich ficken, ‚deine Mutter ist vom Birnbaum gefallen, und wenn du sie fickst, wird sie es nicht überstehen!‘, ‚dein Haus soll im CNN vorkommen!‘ (soll heißen: brennen, explodieren, usw.). Und das auch, weil es für den nächsten Tag gedacht war, zurück über die Grenze nach Bosnien zu fahren, an einer anderen Stelle, weiter die Drina abwärts, nach Srebrenica – was für ein klangvolles Wort, in das ‚Silberstädtchen‘, nach ‚Argentaria‘. Und doch wollte dieses ‚Srebrenica‘ uns kaum über die Lippen, und es war zu spüren, daß es meine beiden Serbenfreunde ganz und gar nicht dorthin zog; es mußte aber sein.“ Ibid., S. 219f. Die derben Sprüche, die aus den Männern herauszubrechen scheinen, dienen spürbar der Erleichterung; in ihrer Sinnentleerung verweisen sie auf kein Bezeichnetes und können als Ausdruck der eigentlichen Sprachlosigkeit gesehen werden.

Eindruck des Ganzen zu vermitteln. So werden beispielsweise das serbische Markttreiben oder eine orthodoxe Messfeier eingehend beschrieben. Handke möchte sich nicht in die mediale Tradition des klischeehaften „the witness said"[61] einreihen, sondern die Dinge für sich sprechen lassen. Nach dem Gespräch mit einer Augenzeugin, überkommt den Reisenden das Gefühl, dass

> allein die Stummheit, die wortlosen Haltungen und *die stummen Dinge*, das Beiwerk, zu uns hätten sprechen sollen (so wie zum Beispiel dort in dem Hotel „Višegrad" jene Holzkisten von einem Etagenabsatz zum nächsten, vormals, vor dem Krieg, gewiß für die Blumen da, jetzt aber nur noch gefüllt mit zu Schutt gewordener Erde, trocken und zugleich so festgeklumpt, daß da nicht das geringste Wachstum mehr vorstellbar war).[62]

Die Holzkisten als Metapher für das ehemals blühende und nun durch den Krieg ausgetrocknete, zerstörte Leben sind für Handke aussagekräftiger als die auf abstrakte Begriffe und Urteile angewiesenen Zeugenberichte der Kriegsüberlebenden.[63] Der Reisende formuliert hier ein Ideal der stummen Kommunikation, das es ermöglicht, im Schweigen das Unsagbare anklingen zu lassen. Diese Vorstellung eines schweigenden Erzählers wird gegen Ende des „Sommerlichen Nachtrags" offenbar, wenn der Reisende sein Gedächtnis zu den Tagen in Srebrenica befragt und keine Worte für die Massakerstätten findet.[64] Hier löst sich die Erzählung in ein Schweigen auf, das vielfach als ein Ausblenden von historischen Wahrheiten kritisiert wurde, jedoch die äußerste Konsequenz des stummen Kommunikationsmodells ist.

4.3 Begriffsstutzigkeit als sprachliche Gerechtigkeit

Das in den Reiseberichten dargestellte Kommunikationsmodell kann als Gegenentwurf zur massenmedialen Berichterstattung gelten. In einem Interview mit

---

61 Ibid., S. 211.

62 Ibid., S. 191. [Herv. d. V.] Der Begriff „die stummen Dinge" kann, wie bereits angedeutet, als Hofmannsthal-Zitat gelesen werden. Wie die Handke'schen Erzähler legt auch Lord Chandos, angesichts seines Unvermögens, das Wahrgenommene begrifflich zu fassen, einen großen Wert auf die Aussagekraft der „stummen Dinge". Cf. Hofmannsthal, Hugo von: „Ein Brief", S. 54. Handkes Tendenz, Gegenstände, aber auch alltägliche Szenen und menschliche Handlungen in eine symbolische Deutungssphäre zu überhöhen, konnte in ähnlicher Weise für den ‚Chandos-Brief' festgestellt werden.

63 Die Parenthese ist ein von Handke viel genutztes Stilmittel und weist auf den Status des Nebensächlichen der Holzkisten hin. Das Nebensächliche darf jedoch nicht mit dem Bedeutungslosen gleichgesetzt werden: Handke legt oftmals den Fokus der Betrachtung gerade auf das auf den ersten Blick Unscheinbare.

64 Hier sei an Handkes Kritik an der Omnipräsenz des „Pflichtwort[es]" ‚Auschwitz' erinnert. Handke, Peter: „Gruppe 47", S. 49.

dem slowenischen Verlagslektor Jože Horvat zur politischen Einflussnahme eines Schriftstellers befragt, erklärt Handke, dass er nie fähig war Aktualitäten zu denken, außer sie betrafen ihn unmittelbar selbst. „Ich weiß nicht“, bekennt er dort, „es gibt für mich keine Sprache dafür“.[65] Handke sieht sich nicht als engagierter Dichter, da er „keine politische Alternative weiß“[66] und er nur über seine eigene, ganz persönliche Erfahrungswelt zu schreiben in der Lage ist; für alles andere findet er keine Worte. Dass der Zusammenfall Jugoslawiens diese Erfahrungswelt nicht nur tangiert, sondern im Kern trifft, hängt eng mit der slowenischen Herkunft seiner Mutter zusammen. Gleich zu Beginn seines Essays „Abschied des Träumers vom neunten Land“ offenbart Handke: „Das Land Slowenien und die zwei Millionen Köpfe des slowenischen Volks [...] betrachte ich als eine der wenigen Sachen, welche bei mir zusammengehören mit dem Beiwort ‚mein‘; Sache nicht meines Besitzes, sondern Sache meines Lebens.“[67] Aus dieser persönlichen Betroffenheit heraus entsteht für Handke das Vermögen, über seine Reisen in das ehemalige Jugoslawien zu erzählen.

Anders als die Medien, für die die jugoslawischen Kriege ein Sujet unter vielen darstellt, versucht Handke den bereits im Voraus geformten Meinungsbildern und Begriffen auszuweichen und eine von dem üblichen Berichterstatter-Vokabular abweichende Darstellungsweise zu finden. Seiner in frühen Essays formulierten Sprachkritik und der Maxime Francis Ponges entsprechend, kritisiert er den in seinen Augen klischeehaften und somit wahrheitsverzerrenden Wortschatz der westeuropäischen Artikelschreiber, den er in die Tradition von Flauberts „Wörterbuch der Gemeinplätze“[68] stellt. Dem Brief des Lord Chandos folgend[69], prangert er insbesondere die sprachlichen (Vor-)Urteile an, welche den komplexen Kriegsereignissen nicht gerecht werden; viele Medienvertreter suchten vor Ort lediglich nach der Bestätigung einer bereits gebildeten Überzeugung und zeigten nur wenig Interesse für die Geschichten der Kriegsopfer: „Allzu schnell nämlich waren für die sogenannte Weltöffentlichkeit die Rollen des

65 Handke, Peter: *Noch einmal vom Neunten Land. Peter Handke im Gespräch mit Jože Horvat.* Wieser: Klagenfurt / Salzburg 1993, S. 93.

66 Handke, Peter: „Elfenbeinturm“, S. 44.

67 Handke, Peter: „Abschied des Träumers“, S. 7.

68 Handke, Peter: „Winterliche Reise“, S. 70.

69 In „Ein Brief“ heißt es: „Mit einem unerklärlichen Zorn, den ich nur mit Mühe notdürftig verbarg, erfüllte es mich, dergleichen zu hören, wie: diese Sache ist für den oder jenen gut oder schlecht ausgegangen; Sheriff N. ist ein böser, Prediger T. ein guter Mensch; Pächter M. ist zu bedauern, seine Söhne sind Verschwender [...]. Dies alles erschien mir so unbeweisbar, so lügenhaft, so löcherig wie nur möglich.“ Hofmannsthal, Hugo von: „Ein Brief“, S. 49.

Angreifers und des Angegriffenen, der reinen Opfer und der nackten Bösewichte, festgelegt und festgeschrieben worden."[70]

Er hingegen möchte „nicht vorsätzliche Gegenbilder zu den vielfach vorgestanzten Gucklöchern auf das Land"[71] kreieren, sondern „diese Geschichte einmal anders schreiben, und sei es auch bloß in Nuancen – die freilich viel dazutun könnten, die Völker aus ihrer gegenseitigen Bilderstarre zu erlösen?"[72] Diese „Bilderstarre" könnte auch als ‚Begriffsstarre' bezeichnet werden: Handke missfällt der inflationäre Gebrauch einiger Begriffe, die der Beliebigkeit zum Opfer fallen und somit für den Dichter unbrauchbar werden. Er möchte diese Starre lockern, indem er sich von den zur Konvention gewordenen Beschreibungsarten zu befreien versucht.

In der begrifflichen Überstrapazierung sieht Handke einen Missbrauch der Sprache und eine große Fehlleistung der Medien: Wenn es zunächst zur Sinnentleerung der Wörter kommt, werden diese in einem zweiten Schritt in neue Bedeutungssphären eingeführt und fixiert, sodass ein konnotationsfreier Gebrauch unmöglich wird. Im Hinblick auf die literarische Verarbeitung historischer Gegebenheiten ist an den Essay „Ich bin ein Bewohner des Elfenbeinturms" zu denken, in dem sich Handke fragt, ob die konkrete, individuell erfahrbare (Kriegs-)Wirklichkeit mit zur sprachlichen Konvention gewordenen Schlagwörtern überhaupt noch beschreibbar ist.[73]

5. Sprachliche Inszenierung und Missbrauch der Sprache

> „Das erste Opfer des Krieges ist die Wahrheit"? Nein, die Sprache. O Sprache.[74]

Dass sich diese Frage für Handke ganz besonders in Kriegs- und Nachkriegszeiten stellt, offenbart sich in seinen Reiseberichten. Dort drückt er seine Sprachkritik einerseits durch Sprachspiele und – meist abwertende – Wortkreationen[75],

70 Handke, Peter: „Winterliche Reise", S. 64. Cf. dazu auch eine Aussage Olgas, einer Serbin aus Bajina Bašta: „Zwar seien ab und zu Journalisten aus dem Westen aufgetaucht – was in diesem Fall auch Bosnien hieß –, aber die hatten alles schon im voraus gewußt, und dementsprechend waren auch ihre Fragen gewesen; keiner hatte sich für das Leben der Leute hier in der Grenzstadt auch nur ein klein wenig offen oder auch bloß neugierig gezeigt [...]." Ibid. S. 122.

71 Ibid., S. 77.

72 Ibid., S. 76.

73 Cf. Handke, Peter: „Elfenbeinturm", S. 42f.

74 Handke, Peter: *Unter Tränen fragend*, S. 23.

75 Handkes Beschreibungen der Medien sind in diesem Kontext besonders interessant, sind sie doch von Neologismen durchzogen: Die westlichen Berichterstatter sind „Fernfuchtler" (Handke, Peter: „Winterliche Reise", S. 148) und „Haßwortführer" (ibid., S. 151),

andererseits durch den Einsatz relativierender Satzzeichen aus. Ein solch kritischer Umgang mit sprachlichen Mitteln kann als Gegenentwurf zu der oft floskelhaften Alltagssprache durchaus fruchtbar, ja aufklärerisch wirken und vielleicht, mit Ponge gesprochen, den Dingen und Menschen gerechter werden. Die bewusste Setzung von Anführungs- und Fragezeichen sowie die den Text durchziehenden Neologismen könnten als bedeutsamer Hinweis auf eine Unzulänglichkeit und eine Verallgemeinerungstendenz der existierenden Sprache gedeutet werden, bestünde nicht die Gefahr, durch die Infragestellung bestimmter Begriffe die historische Wirklichkeit zu negieren. Wenn für Handke der Begriff ‚mutmaßlich' im Jahr 1996 „immer noch das richtige und rechtliche Beiwort"[76] für des Srebrenica-Massaker ist, wenn er die bosnischen Opfer als „Muslim-Tausende"[77] degradiert und sie nicht als wirklich leidend, sondern als „wohl wirklich leidend"[78] beschreibt, kommt dies weniger einer „Gerechtigkeit für Serbien"[79], denn einer Relativierung der Kriegsverbrechen gleich. In der Tat können, bei einer genaueren Analyse, Parallelen zwischen Handkes Ausdrucksweise und der Sprache des serbischen Nationalismus aufgezeigt werden: Nicht nur substituiert er die Bezeichnung ‚muslimisch' durch das historisch-diskriminierende Adjektiv „‚türkisch'"[80] und bedient sich einer belasteten Reinheitssemantik[81]; er übernimmt sogar die im sogenannten SANU-Memorandum der Serbischen Akademie der Wissenschaft und Künste festgeschriebenen Positionen, wenn er die serbischen Territorialansprüche als harmlosen, nie in die Tat umgesetzten Traum darstellt.[82] Wenn Handke am Ende seines winterlichen Reiseberichts vom „Ausrotten des serbischen Volkes"[83] spricht, zitiert er sogar das erwähnte Memorandum, welches einen physischen, politischen und kulturellen Genozid am serbischen Volk anprangert.[84] Auch wenn Handke dieses Zitat einem ehemaligen Partisanen in den Mund legt – Handke selbst also nur ‚Vermittler' dieser Worte ist – spricht die Tatsache, dass er dieses Zitat an das Ende seines Textes stellt, für sich.

---

welche „sprachfadenscheinige[]" (ibid., S. 50) und „miesliterarische" (Handke, Peter: „Sommerlicher Nachtrag", S. 199) Artikel schreiben.

76 Handke, Peter: „Sommerlicher Nachtrag", S. 241.

77 Ibid., S. 178.

78 Handke, Peter: „Winterliche Reise", S. 67.

79 Der Untertitel des ersten Reiseberichts lautet: „Gerechtigkeit für Serbien".

80 Handke, Peter: „Sommerlicher Nachtrag", S. 229.

81 Cf. ibid., S. 169 und S. 208.

82 Cf. Handke, Peter: „Winterliche Reise", S. 75.

83 Ibid., S. 161.

84 Cf. dazu: Kiernan, Ben: *Blood and soil. A world history of genocide and extermination from Sparta to Darfur*. Yale University Press: New Haven 2007, S. 590.

Die sprachliche Kommunikation ist in Handkes Reiseberichten – so wurde anhand der Beispiele deutlich – auf zwei Weisen gehemmt: Zum einen zerstört die Gewalt, mit der der Krieg in das Leben der Menschen tritt, auf traumatische und pathologische Art deren Sprechvermögen. Darüber hinaus wird die begriffliche Sprache als Medium des menschlichen Ausdrucks generell in Frage gestellt.

Handke inszeniert die Sprache jedoch nicht nur als Kriegs-, sondern auch als Missbrauchsopfer, indem er den westlichen Medien vorwirft, die begriffliche Sprache für ihre tendenziösen Darstellungszwecke zu beanspruchen. Der Dichter reklamiert für sich selbst einen differenzierteren, weil poetischen Umgang mit der Sprache; er möchte dem serbischen Volk durch seine Texte eine sprachliche Gerechtigkeit zukommen lassen. In diesem Sinne stehen die Reiseberichte nicht isoliert, sondern in der Kontinuität der Handke'schen Sprachkritik. Abschließend muss man feststellen, dass Handke den Leser zwar auf die sprachliche Unbedachtsamkeit des öffentlichen Kriegsdiskurses aufmerksam macht und anhand der massenmedialen Berichterstattung aufzeigt, „wie viele Dinge mit der Sprache gedreht werden können".[85] Er verkennt jedoch völlig, dass seine eigene Sprache eine ebenso „tückische"[86] ist und nicht „sensibler, empfindlicher, genauer"[87] verfährt als die von ihm angegriffene Mediensprache. Handke fordert eine sprachliche Gerechtigkeit für Serbien; tatsächlich macht er sich selbst eines sprachlichen Missbrauchs schuldig, indem er den Begriffen nicht, wie bereits im Frühwerk selbst gefordert, ausweicht, sondern sie den eigenen, tendenziösen Inszenierungsstrategien opfert.

Literatur

Handke, Peter: *Die Angst des Tormanns beim Elfmeter*. Suhrkamp: Frankfurt am Main [28]2012.

Handke, Peter: *Versuch über den Stillen Ort*. Suhrkamp: Berlin 2012.

Handke, Peter: *Immer noch Sturm*. Suhrkamp: Berlin 2010.

Handke, Peter: *Gestern unterwegs. Aufzeichnungen November 1987 bis Juli 1990*. Suhrkamp: Frankfurt am Main 2007.

Handke, Peter: „Die Geborgenheit der Schädeldecke". In: *Meine Ortstafeln. Meine Zeittafeln. 1967-2007*. Suhrkamp: Frankfurt am Main 2007, S. 67-72.

Handke, Peter: „Ich bin ein Bewohner des Elfenbeinturms". In: *Meine Ortstafeln. Meine Zeittafeln. 1967-2007*. Suhrkamp: Frankfurt am Main 2007, S. 37-46.

Handke, Peter: *Wunschloses Unglück. Erzählung*. Suhrkamp: Frankfurt am Main [11]2001.

---

85 Handke, Peter: „Gruppe 47", S. 48.

86 Ibid.

87 Handke, Peter: „Elfenbeinturm", S. 44.

Handke, Peter: *Unter Tränen fragend. Nachträgliche Aufzeichnungen von zwei Jugoslawien-Durchquerungen im Krieg, März und April 1999*. Suhrkamp: Frankfurt am Main 2000.

Handke, Peter: *Die Wiederholung*. Suhrkamp: Frankfurt am Main 1999.

Handke, Peter: „Abschied des Träumers vom Neunten Land". In: Id.: *Abschied des Träumers vom Neunten Land. Eine Winterliche Reise zu den Flüssen Donau, Save, Morawa und Drina oder Gerechtigkeit für Serbien. Sommerlicher Nachtrag zu einer Winterlichen Reise*. Suhrkamp: Frankfurt am Main 1998, S. 5-32.

Handke, Peter: „Eine Winterliche Reise zu den Flüssen Donau, Save, Morawa und Drina *oder* Gerechtigkeit für Serbien". In: Id.: *Abschied des Träumers vom Neunten Land. Eine Winterliche Reise zu den Flüssen Donau, Save, Morawa und Drina oder Gerechtigkeit für Serbien. Sommerlicher Nachtrag zu einer Winterlichen Reise*. Suhrkamp: Frankfurt am Main 1998, S. 33-161.

Handke, Peter: „Sommerlicher Nachtrag zu einer winterlichen Reise". In: Id.: *Abschied des Träumers vom Neunten Land. Eine Winterliche Reise zu den Flüssen Donau, Save, Morawa und Drina oder Gerechtigkeit für Serbien. Sommerlicher Nachtrag zu einer Winterlichen Reise*. Suhrkamp: Frankfurt am Main 1998, S. 163-250.

Handke, Peter: *Noch einmal vom Neunten Land. Peter Handke im Gespräch mit Jože Horvat*. Wieser: Klagenfurt / Salzburg 1993.

Handke, Peter: *Die Geschichte des Bleistifts*. Residenz: Salzburg 1982.

Handke, Peter: *Das Gewicht der Welt. Ein Journal (November 1975 - März 1977)*. Residenz: Salzburg 1977.

Handke, Peter: *Kaspar*. Suhrkamp: Frankfurt am Main 1968.

Hofmannsthal, Hugo von: „Die Briefe des Zurückgekehrten". In: Id.: *Sämtliche Werke*. Bd. 31: Erfundene Gespräche und Briefe. Hrsg. v. Ritter, Ellen. S. Fischer: Frankfurt am Main 1991, S. 151-174.

Hofmannsthal, Hugo von: „Ein Brief". In: Id.: *Sämtliche Werke*. Bd. 31: Erfundene Gespräche und Briefe. Hrsg. v. Ritter, Ellen. S. Fischer: Frankfurt am Main 1991, S. 45-55.

Huber, Alexander: *Versuch einer Ankunft. Peter Handkes Ästhetik der Differenz*. Königshausen&Neumann: Würzburg 2005.

Kappes, Christoph: *Schreibgebärden. Zur Poetik und Sprache bei Thomas Bernhard, Peter Handke und Botho Strauß*. Königshausen&Neumann: Würzburg 2006.

Kiernan, Ben: *Blood and soil. A world history of genocide and extermination from Sparta to Darfur*. Yale University Press: New Haven 2007.

Ponge, Francis / Handke, Peter (Übers.): *Das Notizbuch vom Kiefernwald und La Mounine*. Suhrkamp: Frankfurt am Main ²1995.

Zelle, Carsten: „Parteinahme für die Dinge. Peter Handkes Poetik einer literarischen Phänomenologie (am Beispiel seiner Journale, 1975-1982)". In: *Euphorion. Zeitschrift für Literaturgeschichte* 97, 2003, S. 99-117.

Zülch, Tilman (Hrsg.): *Die Angst des Dichters vor der Wirklichkeit. 16 Antworten auf Peter Handkes Winterreise nach Serbien*. Steidl: Göttingen 1996.

Daniel Warwel

Sign Seeing in Sarajevo: Zeichen und Referenz in Juli Zehs „Die Stille ist ein Geräusch“

> Ein Schriftsteller kann nicht mehr meinen, seine zwingende Berufung bestehe darin, der Welt draußen Nachrichten zukommen zu lassen. Die Nachrichten sind bekannt.[1]
>
> Susan Sontag

Die deutsche Schriftstellerin Juli Zeh unternahm im Sommer 2001 eine Reise durch Bosnien-Herzegowina. Mit ihrem Hund als Begleiter reiste sie über Kroatien durch verschiedene Städte und Regionen in Bosnien und führte ein Reisetagebuch, das sie später zu dem Text „Die Stille ist ein Geräusch“ montierte, der 2002 erschien.[2] Knapp sechs Jahre nach dem Ende des Bosnienkrieges verspürte sie das Bedürfnis, „etwas zur Auffüllung der Lücke zwischen westlichen, von Kriegsberichterstattung geprägten Vorstellungen und den eigentlichen Verhältnissen im Land beizutragen.“[3] Der Text ist in 24 Kapitel gegliedert und berichtet von verschiedenen Etappen und Begegnungen, beispielsweise in Jajce, Mostar, Tuzla, Srebrenica und natürlich Sarajevo. Parallel zum Text existiert eine Webseite, die Hintergründe des Krieges, der Geschichte des Landes und der Städte sowie Reisetipps zusammenträgt, allerdings kaum Informationen über Zehs konkrete Reise enthält (wie etwa eine Reiseroute).[4] Gespickt ist die Seite mit Zitaten aus „Die Stille ist ein Geräusch“.

Zeh positioniert sich mit „Die Stille ist ein Geräusch“ in dem Feld der postjugoslawischen Literatur, wo auch Peter Handke mit seinem kontroversen Text „Eine winterliche Reise zu den Flüssen Donau, Save, Morawa und Drina oder Gerechtigkeit für Serbien“ zu finden ist. Ohne Zeh dieselbe politisch umstrittene Position wie Handke nachsagen zu wollen, ist die Verwandtschaft der Perspektive der jeweiligen Texte dennoch augenscheinlich. Handke reiste im Oktober

---

1 Sontag, Susan: „Warten auf Godot in Sarajewo“. In: Id.: *Worauf es ankommt. Essays*, a. d. Amerik. übers. v. Jörg Trobitius. Fischer: Frankfurt am Main 2007, S. 386-416. Hier: S. 386.

2 Cf. Zeh, Juli: „Von der Heimlichkeit des Schreibens“. In: Id.: *Alles auf dem Rasen. Kein Roman*. btb: Frankfurt am Main ^{3}2008, S. 201-213. Hier: S. 208.

3 Ibid.

4 Cf. Zeh, Juli: *Die Stille ist ein Geräusch. Eine Fahrt durch Bosnien.* (kein Veröffentlichungsdatum). http://www.stille-ist-geraeusch.de (12.07.2013).

1995 nach Serbien (der Bosnienkrieg dauerte bis Dezember 1995), das Land, das als Aggressor und Provokateur des Jugoslawien- und Bosnienkrieges bezeichnet wurde, um eigene Erfahrungen zu machen und in seinem Text davon zu berichten. Zeh reiste hingegen Jahre nach dem Krieg nach Bosnien, jenes Land, welches weitläufig als größtes Opfer des Krieges gilt, ebenfalls um sich ein eigenes Bild zu machen – bzw. um sich überhaupt ein (Nachkriegs-)Bild zu machen, da die Berichterstattung über Bosnien nach dem Ende des Krieges rapide absank. Beide Autor_innen[5] sind deutschsprachig und schreiben aus einer westeuropäischen Perspektive heraus. Zeh scheint sich der perspektivischen Ähnlichkeit zu Handkes Text möglicherweise bewusst gewesen zu sein, erwähnt sie Handke und seine Reise in ihren Aufzeichnungen sogar, als sie sich in der Nähe von Srebrenica befindet – an derselben Stelle, an der Handke im Fluss Drina eine Kindersandale schwimmen sah: „Was haben sie ihn dafür gescholten."[6]

Obwohl ein tiefer gehender komparatistischer Vergleich der beiden Texte durchaus fruchtbar wäre, wird er an dieser Stelle nicht geschehen. Es bleibt zu vermerken, dass Zeh und Handke eine ähnliche Motivation für eine Reise und einen anschließenden Reisebericht gehabt haben: das Bild der Medienberichterstattung zu korrigieren – bzw. im Falle Zehs zu ergänzen. Beiden ließe sich also durchaus eine journalistische (oder eben anti-journalistische) Intention nachsagen.

Dies ist auch der Grund, aus dem Handke mit seinem Text hier Erwähnung findet. Während er in „Eine winterliche Reise" von Rankes Ziel „zu sagen, wie es eigentlich gewesen"[7], scheinbar ernsthaft zu verfolgen versucht, ist Zehs Projekt in „Die Stille ist ein Geräusch" nur bei oberflächlicher Betrachtung dasselbe wie Handkes. Handkes Text erschien zunächst am 5. und 6. sowie am 13. und 14 Januar 1996 in der „Süddeutschen Zeitung". Juli Zeh stellte Teile ihres Textes unter dem Titel „‚Ich sehe alles und nichts.' Aus dem Tagebuch einer Reise durch Bosnien-Herzegowina" erstmals im Rahmen der Tagung „Krieg in den

5 In diesem Aufsatz wird gendergerechte Sprache benutzt. Der verwendete Unterstrich ist bekannt als der *gender gap* und dient nicht nur zur Verbindung der maskulinen und femininen Form einzelner Wörter, sondern symbolisiert auch einen Raum für andere Geschlechtsidentitäten, die sich außerhalb dieser Binarität sehen.

6 Zeh, Juli: *Die Stille ist ein Geräusch. Eine Fahrt durch Bosnien.* Schöffling & Co.: Frankfurt am Main [3]2005, S. 231. Im Folgenden werden Zitate unter Verwendung der Sigle „SG" im Text nachgewiesen. Cf. außerdem die entsprechende Textstelle bei Handke, auf die verwiesen wird: Handke, Peter: *Eine winterliche Reise zu den Flüssen Donau, Save, Morawa und Drina oder Gerechtigkeit für Serbien.* Suhrkamp: Frankfurt am Main [3]1996, S. 121.

7 Ranke, Leopold von: *Geschichten der romanischen und germanischen Völker von 1494 bis 1535.* G. Reimer: Leipzig / Berlin 1824, S. VI.

Medien und die ‚Neue Weltordnung'" vor, die vom 30. November bis 2. Dezember 2001 in Bonn stattfand.[8] Sie betont weiterhin explizit: „Dieser Text war von Anfang an für die Öffentlichkeit bestimmt, ich besaß ein Anliegen und wollte etwas vermitteln."[9] Auch die Webseite steht in diesem Kontext.

Zeh scheint einer wie auch immer gearteten journalistischen Intention also nicht zu widersprechen; es ist allerdings ihr Text, der ihr widerspricht – oder zumindest ihr eigenes Anliegen unterläuft. Damit entspricht „Die Stille ist ein Geräusch" zumindest implizit der oben vorangestellten Deklaration Susan Sontags, die zu Beginn ihres Essays, der von der von ihr geleiteten Aufführung von Samuel Becketts „Warten auf Godot" während der Belagerung Sarajevos handelt, feststellt, dass die schriftstellerische Tätigkeit nichts mehr mit dem Verbreiten von Nachrichten – also einer journalistischen Domäne – zu tun hat. Somit steht Sontags poetische Auffassung derjenigen von Handke und vielleicht auch von Zeh diametral entgegen – zumindest jedoch widerspricht Sontag deutlich Handkes politischer Auffassung zum Bosnienkrieg.[10]

Dass die Absichten von Autor_innen nicht mit ihrem Text übereinstimmen, entspricht dem allseits bekannten Paradigma vom Tod des Autors. Es bekommt aber gerade im Bezug auf solche explizit formulierten Intentionen eine besondere Brisanz, sind es gerade solche Absichten, die medial die größte Aufmerksamkeit erregen und die damit als Paratexte bei der Interpretation des Werkes berücksichtigt werden können. Um eine solche Diskrepanz zwischen Vorsatz und tatsächlichem Text nachweisen zu können, ist es sinnvoll, den Text zunächst losgelöst von ihnen zu betrachten. Die erarbeiteten Ergebnisse können infolgedessen mit diesen Intentionen kurzgeschlossen werden, auch um etwaige Rückschlüsse auf eine postjugoslawische Literatur im Allgemeinen zuzulassen.

Diese Untersuchung wird sich im Folgenden also auf eine Analyse von „Die Stille ist ein Geräusch" konzentrieren und etwaige Autor_innenintentionen unberücksichtigt lassen – zumal ohnehin davon ausgegangen wird, dass diese bei jenem Text mit den Interpretationsergebnissen nicht (zwingend) übereinstimmen. Ausgangspunkt ist daher ein *close* bzw. *closer reading* des Textes, bei dem der Fokus auf die besondere Verwendung von Zeichen gelegt wird – sowohl deren Thematisierung im Text als auch deren Verwendung im Text selbst. Leitmo-

---

8 Cf. Preußer, Hans-Peter: „Perzeption und Urteilsvermögen. Eine Einleitung zu ‚Krieg in den Medien'". In: Id. (Hrsg.): *Krieg in den Medien*. Rodopi: Amsterdam / New York 2005, S. 9-34. Hier: S. 25.

9 Zeh, Juli: „Von der Heimlichkeit des Schreibens", S. 209.

10 In einem „SPIEGEL"-Interview befand Susan Sontag Handkes Aussagen zu Serbien als „grauenhaft [...], falsch, verheerend" und „entsetzlich", bewunderte ihn als Dichter jedoch weiterhin, cf. Schmitter, Elke: *Grauenhafte Aussagen*. (18.03.2002). http://www.spiegel.de/spiegel/print/d-21732035.html (12.07.2013).

tive und wiederkehrende Symbolik werden herausgearbeitet und in einem zweiten Schritt sollen die Techniken der Referenzerzeugung aufgezeigt und hinterfragt werden. Referenz in diesem Sinne meint den Bezug zu einer wie auch immer gearteten ‚realen', d.h. außerliterarischen Welt, verbunden mit der (strukturalistisch) geprägten Frage, wie diese zustande kommt und wozu sie dient. Verschränkt sind damit außerdem die Problematiken der Gattung, der Wahrscheinlichkeit und der Deixis. Drittens sollen die Überlegungen aus den vorangegangenen Stufen der Bearbeitung zusammengedacht werden, um auf kollidierende und konfligierende Zeichenkonzepte in „Die Stille ist ein Geräusch" hinzuweisen, die sich durch den Text ziehen und verhindern, dass der Text als bloßer Reisebericht gelesen werden kann. Zuletzt werden die Ergebnisse noch einmal zusammengefasst und es wird versucht, die Bedeutung zu präzisieren, die sie für die spezifische Interpretation dieses Textes, aber auch für den generellen Umgang mit postjugoslawischer Literatur haben.

I. „Stadt, Land, Fluss" im Reich der Zeichen

Das, was „Die Stille ist ein Geräusch" am meisten von anderen Reiseberichten unterscheidet, sind die sich durch den gesamten Text ziehenden Leitmotive, die fast alle Kommunikationssituationen, Situationen des Lesens und Interpretierens von Zeichen darstellen oder repräsentieren. Daher ist es an dieser Stelle sinnvoll, die Wichtigsten unter ihnen vorzustellen und zu interpretieren, um später gewisse Erzählstrategien und ihre Funktionen im Text aus ihnen zu extrahieren.

In zahlreichen Episoden wird auf die geradezu babylonische Sprachverwirrung der Erzählerin verwiesen, der sie in Bosnien gegenübersteht. Paradigmatisch ist dabei die Phantasiesprache „Endepol" – ein Akronym aus „Englisch, Deutsch, Polnisch" –, das als persönliche *lingua franca* ihrer Reise fungiert:

> Es besteht aus zehn englischen, hundert deutschen und einer Menge polnischer Wörter und kommt fast ohne Grammatik aus. Es gibt nur eine Zeit, die Gegenwart, und keine Personen. Dafür zeigende Bewegungen auf mich selbst, den Hund und den Autobus. (SG 19)

Die Kommunikation in der Pidginsprache Endepol scheitert jedoch häufig, „weil die Komponenten ‚En' und ‚De' ihre Wirkung verlieren."[11] (SG 39) Dementsprechend dient das Polnische, auf dessen Ähnlichkeit mit dem (Serbo-)Kro-

11 Das „United-Nations-Pidgin", also das Sprachengemisch der Mitarbeiter der UNO, EU und verschiedener NGOs, kann jedoch als Spiegelung des Endepol angesehen werden, mit dem Kommunikation möglich ist, cf. SG 202.

atischen[12] hingewiesen wird (cf. SG 38), als alleinige Verkehrssprache – unterstützt durch Gesten und Gebärden (cf. SG 18). Eigennamen wie der der Stadt Mostar sind oft jedoch gleichlautend in verschiedenen Sprachen. Dadurch kommt ihnen ein Sonderstatus zu: Man muss sie nicht übersetzen.

Trotzdem hilft das nicht bei der Kommunikation, denn: „Nichts hat mit dem eigenen Namen zu tun" (SG 46). Und so wird auch die Bedeutung des Namens der Stadt Jajce erraten, was von der Erzählerin ironisch kommentiert wird: „Ansonsten ist Jajce ein Scheißnest. Allein der Name: ‚Jaje' heißt ‚Ei'. Ich soll raten. Ich murmle etwas von Neuanfang, von Keimzelle einer neuen Ära. Oder so." (SG 28) Die Bedeutung des Namens wird also volksetymologisch und unter Hilfestellung von Phrasen sprichwörtlich zusammengereimt. Besonders evident wird diese Problematik der Eigennamen anhand von Sarajevo, worauf schon der Kapitelname „Sa–ra–je–vo" hinweist, bei dem der Name der Stadt durch seine Zerteilung in Silben in seiner bloßen Lautlichkeit betont wird. Die eigentliche Verbindung des Namens mit der konkreten physischen Umgebung erscheint der Erzählerin als unglaubwürdig: „Ich [kann] nicht glauben, dass jedes Stück Boden, das meine Füße berühren, jede Mauer, jedes Fenster, jedes Blatt an jedem Baum ein kleines Stück dieses Namens tragen, ‚Sarajevo', der sie miteinander verbindet zu einer wirklichen Stadt." (SG 60f.) Die Erzählerin versucht daher gewaltsam den einzelnen Silben Bedeutung einzuhauchen, was ebenfalls misslingt: „Im Takt meiner Schritte flüstere ich den Namen, Sa-ra-je-vo, als könnte ich ihn auf diese Art ins Pflaster stampfen, wo er hingehört. Es klappt nicht. Er verliert noch den Rest seiner Bedeutung, wird zu etwas wie Do-re-mi-fa-sol." (SG 61) Damit scheitert die Verbindung zwischen dem sprachlichen Laut und der konkreten Umgebung, der er entsprechen soll. Der Widerstand des Zeichens wird zum Widerstand durch die Physis, die sich nicht mit dem Zeichen verbinden lässt.

Da der Erzählerin der Name „Sarajevo" unvollständig vorkommt, weil er nicht durch den Namen des die Stadt durchquerenden Flusses – eigentlich: die Miljacka – ergänzt werden kann, versucht sie ihn aufgrund seines Aussehens selbst zu taufen:

12 Die Aufspaltung des Serbokroatischen in das Serbische und das Kroatische diente im Kontext des Jugoslawienkrieges dem *nation building*; über die weitere Unterscheidung zwischen Kroatisch und Bosnisch kann die Erzählerin im Text nur lachen (cf. SG 241) und auch Susan Sontag beschreibt die absurden Konsequenzen, die diese Unterscheidung für ihre Inszenierung von „Warten auf Godot" während der Belagerung hatte – aber eben auch wie wichtig dieser Unterschied für die Einheimischen war, cf. Sontag, Susan: „Übersetzt werden". In: Id.: *Worauf es ankommt. Essays*, a. d. Amerik. übers. v. Jörg Trobitius. Fischer: Frankfurt am Main 2007, S. 431-448. Hier: S. 432-437.

> Der Fluss stinkt, ist schnell und braun und hat mit der Farbe des Himmels nichts zu tun. Er ist so hässlich, dass ich ihn Styx nennen will, ohnehin drängt sich kein anderer Name auf. Sarajevo an der – ? Sarajevo am – ? Bei der Gelegenheit erinnere ich mich daran, dem Grün der Neretva einen Namen zu suchen. (SG 60)

Das zu bildende Namenskompositum scheitert aufgrund des zur Leerstelle werdenden, nicht im Bewusstsein präsenten Namen des Flusses[13] – und verbindet gleichzeitig das Motiv der Eigennamen mit dem der Flüsse bzw. Flussbeschreibungen (cf. z.B. auch SG 231). Vor allem die Suche nach der richtigen Beschreibung des Grüntones des Flusses Neretva ist von zentraler Bedeutung; sie ist Teil einer Reihe von Leitfragen, die die Erzählerin während ihrer Reise immer wieder sich und anderen stellt und die damit zu Leitmotiven werden: „Wo wachsen die Melonen. Wie grün ist der Neretva-Fluss. Warum war hier Krieg. Wer hasst hier wen und wie sehr." (SG 67) Ergänzt wird dieser Fragenkatalog später noch durch Frage 5: „Warum gibt es keinen McDonald's?" (SG 70), Frage 6: „Warum gehen in Sarajevo alle Uhren falsch, und heißt es, dass ich mir aussuchen kann, wie spät es ist?" (SG 116), und möglicherweise noch durch Frage 7: „Wer oder was sind eigentlich die Bogomilen?" (SG 149) Zu bemerken ist jedoch der Unterschied zwischen den fünf ersten und den drei ergänzten Fragen: Erstere sind keine richtigen Fragen, deshalb enden sie auch nicht mit Fragezeichen wie die späteren. Vielmehr ähneln sie Rätseln, zu denen es keine richtige Lösung gibt; am Ende der Reise bemerkt die Erzählerin, dass alle ihre Fragen unbeantwortet blieben (cf. SG 263), obwohl es zweifelsohne diverse Versuche der Beantwortung bzw. konkrete Antworten gab (cf. SG 82, 107, 144, 157, 177, 256)[14], und so bleibt zu bemerken: „Fragenstellen macht Spaß, solange man nicht nach Antworten sucht." (SG 234)

Neben den mysteriösen Melonen kommt es zu zahlreichen Erwähnungen von Früchten wie Feigen, Äpfeln, Granatäpfeln, Kiwis, Mandarinen, Orangen oder Weintrauben.[15] Sie stehen oft in ähnlich symbolträchtigen Kontexten wie die Melonen – so lässt sich das Pflücken der Feigen vom Baum mit anschließendem Verspeisen sowohl in einem sexuell konnotierten als auch einem biblischen Kontext lesen (cf. SG 161f.). Weiterhin bemerkenswert sind die zahlreichen Begegnungen und Interpretationen von Schildern aller Art, die oft einen ironischen Tonfall haben, z.B. wenn sich die Erzählerin der Absurdität eines Schildes bewusst wird, das das Verbot von Maschinengewehren anzeigt (cf. SG

13 Andere Komposita („Moslemenklavebihać", „Belagertessarajevo") wiederum ähneln Verballhornungen, da sie mit ihrem phrasenhaften Kontext verschmelzen, cf. SG 11, 255.

14 Oder die Fragen werden als obsolet betrachtet: „Wasser, denke ich, hat doch gar keine Farbe." (SG 263) Eine Bemerkung, die sich im Zusammenhang mit der angeblichen Unmöglichkeit des Messens der Wassermenge eines Flusses sehen lässt (cf. SG 71).

15 Cf. beispielsweise SG 25, 29, 37, 159, 161, 163, 175, 185, 187, 189, 195, 218.

78) oder wenn sie zu einem Schild mit einer durchgestrichenen Frau in kurzer Hose und kurzärmeligen Oberteil bemerkt: „Ausnahmsweise ist der Hund erlaubt, ich dafür nicht.“ (SG 164) Die Missinterpretation ähnlicher Wegweiser kann allerdings auch ernste Konsequenzen haben, beispielsweise als ein auf den Boden gelegtes „H“ keinen Hubschrauberlandeplatz bedeutet, sondern ein missinterpretiertes „M“ für Minengefahr (cf. SG 147).

Der Fokus, der hier auf die Zeichen- und Kommunikationssituation bei der Beschreibung des Landes und der Kultur eines anderen Volkes gelegt wird, lässt sich gut mit einem anderen Text kontrastieren – Roland Barthes' Schrift über Japan „Das Reich der Zeichen“. Es lassen sich einige Parallelen zwischen den beiden Texten ziehen. Barthes beschreibt das Resultat seiner Tätigkeit wie folgt: „Was wir in der Betrachtung des Orients anstreben können, sind keine anderen Symbole, keine andere Metaphysik, keine andere Weisheit [...], sondern die Möglichkeit einer Differenz, einer Mutation, einer Revolution im Charakter der Symbolsysteme.“[16] Durch die Beschreibung Japans wird die Leere der Sprache spürbar, eine Situation „in der eine gewisse Zerrüttung der Person eintritt, eine Umwälzung der alten Lektüren, eine Erschütterung des Sinns, der zerrissen und bis zur unersetzlichen Leere erschöpft wird [...].“[17] Diese Erfahrungen scheint auch die Erzählerin in „Die Stille ist ein Geräusch“ zu machen, wenn die Kommunikation misslingt, sich Zeichen ihrer Bedeutung entleeren, nur noch missinterpretiert werden und auch nicht mit neuer Bedeutung gefüllt werden können, sodass sie letztendlich bemerkt: „Die neu gewonnene Bedeutung kann sich nicht niederlassen und kreist in Warteschleifen über den Dächern.“ (SG 115)

Einige japanische Texte lassen Barthes eine Landschaft wahrnehmen, „die unsere Sprache (die Sprache, deren Besitzer wir sind) um keinen Preis erahnen oder entdecken könnte.“[18] So sind dann auch die von Zeh geschilderten Landschaftserfahrungen in erster Linie sprachliche, da sie nicht über das Semiotische hinausgehen und man „lernen [muss], Symbole zu lieben“ (SG 182), sich also mit dieser Art der Erfahrung abzufinden. Über das Hören bzw. Wahrnehmen einer unbekannten Sprache schreibt Barthes: „[Sie] zieht mich in ihre künstliche Leere hinein, die allein für mich existiert: Ich lebe in einem Zwischenraum, der frei von jeder vollen Bedeutung ist“[19], was wiederum analog zu den Kommunikationssituationen in „Die Stille ist ein Geräusch“ zu sehen ist – beispielsweise das Versagen von Endepol – und woraus in letzter Konsequenz resultiert: „An-

16 Barthes, Roland: *Das Reich der Zeichen*, a. d. Franz. übers. v. Michael Bischoff. Suhrkamp: Frankfurt am Main 1981, S. 13f.

17 Ibid., S. 16.

18 Ibid., S. 20.

19 Ibid., S. 22.

gesichts einer leeren Grenze bin ich, ohne jede Idee von Größe, ohne metaphysischen Bezug, unbegrenzt."[20]

Besonders wichtig für den Vergleich mit „Die Stille ist ein Geräusch" ist die Bemerkung, die Barthes direkt zu Beginn seines Textes macht:

> Wenn ich mir ein fiktives Volk ausdenken will, kann ich ihm einen erfundenen Namen geben, kann es erläuternd als Romangegenstand behandeln, eine neue *Garabagne* gründen, um kein wirkliches Land in meiner Phantasie zu kompromittieren (aber dann kompromittiere ich eben diese Phantasie in den Zeichen der Literatur). Ich kann auch ohne jeden Anspruch, eine Realität darzustellen oder zu analysieren (gerade dies tut der westliche Diskurs mit Vorliebe), irgendwo in der Welt (*dort*) eine gewisse Anzahl von Zügen (ein Wort mit graphischem und sprachlichem Bezug) aufnehmen und aus diesen Zügen ein System bilden. Und dieses System werde ich *Japan* nennen.[21]

Diese Passage kann geradezu als Gebrauchsanweisung für „Die Stille ist ein Geräusch" gelesen werden. Zeh schreibt nicht nur über das real existierende Land Bosnien, sondern reflektiert auch über das System Bosnien, vielmehr: das Zeichensystem Bosnien. Dass die Erzählerin sich Menschen und ihre Leben gerne ausdenkt, sagt sie an einer Stelle zwar nur über die Deutschen (cf. SG 55), doch sollte diese Aussage misstrauisch gegen jedwede Art von bewusst oder unbewusst vorgetäuschter Authentizität machen. Und so bemerkt sie auch in einer hitzigen Diskussion mit der immer wieder auftauchenden Journalistin: „Noch eine halbe Minute Gelächter und ich hätte behauptet, Serben, Moslems und Kroaten seien eine Erfindung Westeuropas." (SG 143)

Diese (west-)eurozentristische Perspektive kritisiert auch Barthes und umreißt damit ein grundlegendes Problem der Ethnographie: dass nicht neutral bzw. objektiv beschrieben werden kann. Aussagen über ein anderes Volk bzw. Land sind vielmehr in erster Linie Aussagen über denjenigen, der sie trifft. Außerdem ist die ethnographische Perspektive auch in Hinblick auf die Reproduktion rassistischer Stereotype zu sehen, wovon sich beide Texte freizumachen versuchen, indem sie eben über das Zeichensystem schreiben – was bei dem einen mehr, bei dem anderen weniger gut funktioniert.[22] Obwohl „Die Stille ist ein

20 Ibid., S. 147.

21 Ibid., S. 13.

22 Es gibt in „Die Stille ist ein Geräusch" durchaus problematische Passagen, die man gerade in Hinblick auf das Reproduzieren von Stereotypen kritisch lesen sollte. So werden als rassistisch geltende Begriffe für Sinti und Roma und People of Color benutzt (cf. SG 41, 252), stereotype Beschreibungen von Muslim_innen, Japaner_innen und auch Serb_innen angeführt (cf. SG 124, 204, 208) sowie der „Ehrentitel" Squaw vergeben (cf. SG 111). Obwohl diese Passagen nicht sehr häufig und oft unter dem Zitatcharakter z.B. eines Kinderliedes stehen, sollte man auf sie hinweisen, um sie zu kritisieren. Außerdem

Geräusch" auf einer Tiefenebene also ein Text über das Scheitern des Zeichensystems Bosnien ist, beruht diese Erkenntnis doch auf der oberflächlichen Annahme, dass zwischen sprachlichem Zeichen und unserer Realität eine bestehende Verbindung existiert. Dieses Paradox der Referenz gilt es zunächst zu beschreiben und dann aufzulösen.

II. „Here and there [...], imagine the signs": Referenz und Deixis

Roman Jakobson beschreibt die Fähigkeit eines sprachlichen Zeichens, auf seinen Kontext zu verweisen, möglicherweise sogar auf etwas Außersprachliches, kurz: die Fähigkeit Referenz zu besitzen, als eine der grundlegenden Funktionen von Sprache, die in jedem sprachlichen Zeichen – jedoch unterschiedlich hierarchisiert – vorkommen.[23] Demnach ist sie auch ein integraler Bestandteil der literarischen Sprache und damit von Literatur. War Jakobson allerdings noch formalistisch-strukturalistisch geprägt, wird diese Selbstverständlichkeit der Möglichkeit bzw. Existenz einer unhinterfragbaren Referenz im Poststrukturalismus angezweifelt. Der Literaturwissenschaftler Paul de Man bezeichnet die Referenz als erst einmal an die ontologisch-phänomenale Welt und damit an die Ästhetik gebunden, wohingegen die von ihm gestärkte Rhetorik in ihren Ausprägungen wie den Tropen eher einen Zugang von Seiten der Theorie nahe legt.[24] Er präzisiert jedoch später: Die Referenz (bzw. ihr spezieller Fall der Konvergenz), bei de Man auch als die Verbindung zwischen *signifiant* und *signifié* aufgefasst,

> ist eher eine rhetorische als eine ästhetische Funktion der Sprache, ein identifizierbarer Tropus (Paranomasie), der auf der Ebene des Bezeichnenden funktioniert und der als solcher keine Entscheidung über die Natur der Welt beinhaltet – trotz seines gewaltigen Potentials, die gegenteilige Illusion hervorzurufen.[25]

Das bedeutet jedoch nicht, dass die Referenz bzw. die referentielle Funktion von Sprache als Illusion abgetan wird:

---

rufen sie an dieser Stelle des Textes und seiner Perspektive bestimmte Charakteristika auf: die rassistisch-ethnographischen Dimensionen der europäischen Reiseliteratur.

23 Cf. Jakobson, Roman: „Linguistik und Poetik". In: Holenstein, Elmar / Schelbert, Tarcisius (Hrsg.): *Roman Jakobson: Poetik. Ausgewählte Aufsätze 1921-1971.* Suhrkamp: Frankfurt am Main 1979, S. 83-121. Hier: S. 88f.

24 Man, Paul de: „Der Widerstand gegen die Theorie". In: Kimmich, Dorothee / Renner, Rolf G. / Stiegler, Bernd (Hrsg.): *Texte zur Literaturtheorie der Gegenwart.* Reclam: Stuttgart 2008, S. 318-330. Hier: S. 321.

25 Ibid., S. 322.

> Weder in einer reinen Semiotik noch in anderen linguistisch orientierten Theorien wird die referentielle Funktion der Sprache geleugnet; was vielmehr in Frage gestellt wird, ist ihre Tauglichkeit als Modell der natürlichen oder phänomenalen Erkenntnis. Literatur ist Fiktion nicht nur darum, weil sie sich irgendwie weigerte, „Realität“ anzuerkennen, sondern weil nicht a priori feststeht, daß Sprache gemäß den Prinzipien (oder diesen *ähnlichen*) der phänomenalen Welt funktioniert. Es ist daher nicht a priori ausgemacht, daß Literatur eine glaubwürdige Informationsquelle über irgend etwas ist, außer über ihre eigene Sprache.[26]

Zu de Mans finaler Konsequenz im Bezug auf „Die Stille ist ein Geräusch“ wurde bereits hingewiesen: Der Text gewährt nicht so sehr Erkenntnisse über den Krieg oder das Land Bosnien – vielmehr über die Zeichensysteme bzw. ihre Sprache. Dieses Ergebnis beinhaltet jedoch eine bisher ungenannte Voraussetzung: dass es sich bei „Die Stille ist ein Geräusch“ um Literatur handelt. Ohne an dieser Stelle den altehrwürdigen Diskurs der Frage, was Literatur eigentlich sei, aufrollen zu wollen, sei doch auf ihre Problematik kurz hingewiesen, da insbesondere de Man mit dem Begriff der Literarizität operiert – also dem, was in Anschluss an den Formalismus Literatur zu Literatur macht.

Zentral für den Formalismus ist die von Viktor Šklovskij in seinem programmatischen Essay „Kunst als Kunstgriff“ postulierte Wechselwirkung zwischen Verfremdung und Komplizierung: „Dabei benutzt die Kunst zwei Kunstgriffe: die Verfremdung der Dinge und die Komplizierung der Form, um die Wahrnehmung zu erschweren und ihre Dauer zu verlängern.“[27] Laut den Formalist_innen transformiert und intensiviert die literarische Sprache die Alltagssprache – weicht also von ihr ab.[28] Diese sprachliche Verschiebung ist von enormer Bedeutung und macht laut Šklovskij in seiner Differenzqualität den Kern ästhetischer Wahrnehmnung aus[29]; in der Abweichung liegt laut Terry Eagleton allerdings auch das Problem: Sie impliziert eine mehr oder weniger klar umrissene Norm der Alltagssprache, von der sich die literarische Sprache absetzen kann. Außerdem wäre es zumindest denkbar, sich im Alltag ‚literarisch‘ – also abweichend – auszudrücken oder beispielsweise einen Roman zu schreiben, der explizit versucht, die Alltagssprache zu kopieren. Die Sphären der literarischen und der nichtliterarischen Sprache lassen sich dementsprechend nur sehr schwer aufrecht erhalten.[30] Die Literarizität ist nach Eagleton, wenn überhaupt, nur vom

---

26 Ibid., S. 323f.

27 Šklovskij, Viktor: „Kunst als Kunstgriff“. In: Id.: *Theorie der Prosa*, hrsg. u. a. d. Russ. übers. v. Gisela Drohla. Fischer: Frankfurt am Main 1984, S. 7-24. Hier: S. 13.

28 Cf. Eagleton, Terry: *Literary Theory. An Introduction*. Blackwell: Oxford [6]2013, S. 2.

29 Cf. Erlich, Victor: *Russischer Formalismus*, a. d. Engl. übers. v. Marlene Lohner. Suhrkamp: Frankfurt am Main 1973, S. 196f.

30 Cf. Eagleton, Terry: *Literary Theory*, S. 4.

linguistisch-sprachlichen Hintergrund abhängig und damit temporär, da dieser dynamisch ist. Literatur wird damit positions- und kontextabhängig. Deshalb lässt sich Literatur nicht über das Konzept der Literaturhaftigkeit bzw. Literarizität bestimmen – Literatur und ihre Definition wird immer leer bleiben.[31] Allerdings lässt Terry Eagleton in seinem Aufsatz „What is Literature?" die von den Formalisten angesprochene Selbstreferentialität von literarischer Sprache nicht ganz fallen, sie bleibt eine mögliche Eigenschaft von Literatur; das Konzentrieren auf die Art des Sprechens statt auf die Realität dessen, über das gesprochen wird.[32]

Das Konzept des Literaturbegriffes ist also ein sehr fragiles, weswegen es sich durchaus lohnt, noch einmal auf bestimmte Gattungsbegriffe einzugehen, da diese stabiler sind. „Die Stille ist ein Geräusch" wird zumindest auf den ersten Blick unzweifelhaft als authentischer Bericht einer Bosnienreise gelesen. Nicht, dass dieses Ereignis hier in irgendeiner Art und Weise angezweifelt würde, als Leser_innen sind wir jedoch gewillt, über die literarischen Überformungen hinwegzusehen, die uns in einem anderen Kontext – vielleicht in einem Reiseführer – irritieren würden. Jene Fokussierung lässt sich gut in Verbindung bringen mit Philippe Lejeunes Theorie der Autobiographie, die er in „Der autobiographische Pakt" darstellt. „Die Stille ist ein Geräusch" ist zwar keine vollständige Autobiographie, man könnte den Text jedoch aus bestimmten Gründen durchaus als ein Kapitel einer solchen lesen.

Für Lejeune ist die Autobiographie – ähnlich wie für Eagleton der Begriff der Literatur – keine Gattung mehr, die sich positiv durch Nennung bestimmter Eigenschaften bestimmen lässt, anhand derer wir erkennen können, ob es sich um einen autobiographischen Text handelt. Lejeune liefert zwar eine Definition der Autobiographie, der Vorgang ist jedoch ungleich komplexer.[33] Für Lejeune sind Roman und Autobiographie grundsätzlich gleich, bzw. jede Autobiographie ist ein Roman – sie wird nur nicht so gelesen. Die Autobiographie wird damit zu einem Rezeptionsmodus, der vom so genannten autobiographischen Pakt abhängt, der eine Identitätskongruenz voraussetzt, so Lejeune: „Damit es sich um eine Autobiographie [...] handelt, muß Identität zwischen dem *Autor*, dem *Erzähler* und dem *Protagonisten* bestehen."[34] Dies trifft auf „Die Stille ist ein Geräusch" zu. Immer wieder wird angedeutet, dass die Protagonistin auch gleich-

31 Cf. ibid., S. 8.

32 Cf. ibid., S. 7.

33 „Rückblickende Prosaerzählung einer tatsächlichen Person über ihre eigene Existenz, wenn sie den Nachdruck auf ihr persönliches Leben und insbesondere auf die Geschichte ihrer Persönlichkeit legt." Lejeune, Philippe: *Der autobiographische Pakt*, a. d. Franz. v. Wolfram Bayer u. Dieter Hornig. Suhrkamp: Frankfurt am Main 1994, S. 14.

34 Ibid., S. 15.

zeitig die Erzählerin ist, wenn z.B. das (zukünftige) Schreiben über das Geschehen thematisiert wird (cf. SG 76, 127, 156). Der Name der Autorin wird indirekt, aber doch explizit in imitiertem Englisch in deutscher Transkription genannt: „Dschuuli" (SG 202). Tatsächlich handelt es sich um die einzige Nennung des Namens im Text, für Lejeune reicht das allerdings schon aus, um die besagte Kongruenz herzustellen – es ist somit ausgeschlossen, dass der Text damit der Kategorie der Fiktion angehört.[35]

Nun handelt es sich bei „Die Stille ist ein Geräusch" trotzdem nicht um eine Autobiographie – zumindest nicht im herkömmlichen Sinne –, da nicht das gesamte Leben der Autorin/Protagonistin/Erzählerin geschildert wird, sondern nur eine kurze Episode daraus. In jedem Falle handelt es sich auch außerhalb der dennoch vorhandenen autobiographischen Dimensionen um einen referentiellen Text, da er unmittelbaren Bezug auf ‚unsere Realität' nimmt, indem er Kontexte voraussetzt (z.B. das historische Ereignis des Bosnienkrieges) oder auch Eigennamen wie „Bosnien", „Sarajevo" oder „Srebrenica" nennt. Für Lejeune sind autobiographische Texte immer auch referentielle Texte (wenngleich auch nicht umgekehrt):

> Sie erheben genauso wie der wissenschaftliche oder der historische Diskurs den Anspruch, eine Information über eine außerhalb des Textes liegende „Realität" zu bringen und sich somit der *Wahrheitsprobe* zu unterwerfen. Sie streben nicht nach bloßer Wahrscheinlichkeit, sondern nach Ähnlichkeit mit dem Wahren. Nicht nach dem „Realitätseffekt", sondern nach dem Bild des Wirklichen. Alle referentiellen Texte weisen somit das auf, was ich als einen impliziten oder expliziten *„Referenzpakt"* bezeichne, der eine Definition des anvisierten Wirklichkeitsfeldes und eine Aussage über die Modalitäten und den Grad der Ähnlichkeit, auf die der Text Anspruch erhebt, enthält.[36]

Der Referenzpakt eröffnet also analog zum autobiographischen Pakt einen weiteren Rezeptionsmodus: Unabhängig davon, ob und wie Referenz überhaupt möglich ist, lesen wir referentielle Texte in einem Modus des Als-Ob – als ob Referenz in diesen Texten möglich wäre. Auslöser für einen solchen Modus wären o.g. vorausgesetzte Kontexte und Nennung von Eigennamen. Lejeune bewertet damit auch das Konzept der Wahrscheinlichkeit als sekundär, das ansonsten zentral für fiktionale Texte ist.[37]

---

35 Cf. ibid., S. 32. Was nicht heißt, dass alle geschilderten Ereignisse wahr sein müssen, sie fallen nur – wenn sie es eben nicht mehr sind – in den Bereich der Lüge.

36 Ibid., S. 39f.

37 Cf. Culler, Jonathan: *Structural Poetics. Structuralism, linguistics and the study of literature*. Routledge: London / New York 2002, S. 153-187. Tzvetan Todorov weist allerdings darauf hin, dass die Wahrscheinlichkeit eines Werkes uns glauben macht, dass es den Gesetzen der Realität und nicht seinen eigenen unterliegt. Durch die Wahrschein-

Weiterhin wird Referenz vor allem durch Deixis erzeugt.[38] Deixis ist grundlegend für Referentialität, indem sie eine Unterscheidung erlaubt zwischen einem „hier“, das nicht ein „dort“ ist. Andererseits ist diese Unterscheidung alles andere als eindeutig, wie Wlad Godzich betont:

> What is interesting about this theory of deixis is that it appears to run counter to what seemed to be the very core of the problem. On the one hand, the indicational capability of deixis, its ability to indicate a here and now, had been taken as the very bedrock of referentiality. This is where language encountered the *resistance* of what it talked about, and thus it had cognitive value; it apprehended the world. On the other hand, once the mechanism at work in deixis was investigated and described, it turns out that deictics do not refer to anything tangible, to anything that has any resistance, as is clear from the very instability of the terms themselves (I becomes you when you address me, and here turns into there etc.).[39]

Godzich verneint jedoch nicht, dass Deiktika auf etwas verweisen; statt auf die angenommene Unterscheidung zwischen „hier“ und „dort“ nämlich auf die Sprache selbst: „Deictics are the means by which language makes itself into something that takes place and *something that can be referred to*, and it is from this inaugural act of reference that all other forms of reference will flow.“[40] Die Unterscheidung zwischen „hier“ und „dort“ ist essentiell für den Diskurs um den Bosnienkrieg; insbesondere für die Berichterstattung eines Heimkehrers, der „dort“ gewesen ist: „Zu merken, daß man es ihnen nie wirklich erklären kann – weder wie furchtbar es ‚dort‘ ist, noch wie unwohl man sich fühlt, zurück zu sein, wieder ‚hier‘. Daß die Welt für immer in ‚dort‘ und ‚hier‘ aufgeteilt ist.“[41]

Die Problematik der Deixis wird auch in „Die Stille ist ein Geräusch“ behandelt, am direktesten wohl bei der Beschreibung des Strukturaufbaus von Endepol: Die Grammatik wird (fast) durch Gesten ersetzt – und damit durch gestische Deiktika (cf. SG 19). Damit besteht Endepol letztendlich fast nur aus – nach Godzich – sprachlichem Widerstand, was vielleicht auch einen Grund für sein Scheitern ausmachen könnte. Die Erzählerin verweist weiterhin sprachlich

---

lichkeit wird also eine Referenz vorgetäuscht, cf. Todorov, Tzvetan: *Introduction à la littérature fantastique*, Éditions du Seuil: Paris 1970, S. 2f. Der referentielle Pakt ist absolut und global, er ist ein Entweder-Oder. Die Wahrscheinlichkeit eines Textes ist allerdings graduell unterschiedlich und kann den referentiellen Pakt dadurch womöglich verstärken, obwohl sie auf einer anderen systemischen Ebene liegt wie dieser.

38 Cf. Lejeune, Philippe: *Der autobiographische Pakt*, S. 22-25.

39 Godzich, Wlad: „Foreword. The Tiger on the Paper Mat“. In: Man, Paul de: *The Resistance to Theory*, University of Minnesota Press: Minneapolis / London ^{8}2009, S. IX-XVIII. Hier: S. XVI.

40 Ibid., S. XVIf.

41 Sontag, Susan: „‚Dort‘ und ‚hier‘“. In: Id.: *Worauf es ankommt. Essays*, a. d. Amerik. übers. v. Jörg Trobitius. Fischer: Frankfurt am Main 2007, S. 417-425. Hier: S. 418.

auf ihre Umgebung, als sie eine Stadtrundfahrt in einem Taxi unternimmt: „‚Da, da‘, sage ich, was praktischerweise auch gleich ‚Ja‘ bedeutet.“ (SG 43) Hier wandelt sich die Deixis durch die Sprachverwirrung in bloße Affirmation – ob die Kommunikation daran scheitert, wird allerdings nicht deutlich.

Das Paradox der Referentialität liegt also darin, dass sie objektiv gar nicht möglich ist, wir ihr Funktionieren jedoch trotzdem voraussetzen: Indem der Text als Literatur gelesen wird, versagen Verweise auf die phänomenale Welt, was in „Die Stille ist ein Geräusch“ auch nahe gelegt wird. Lesen wir den Text jedoch als referentiell-autobiographisch – was ebenfalls nahe gelegt wird –, interpretieren wir die Verweise automatisch als intakt und erlauben somit wiederum Aussagen über die phänomenale Welt. Dieser Widerspruch ist charakteristisch für eine postjugoslawische Literatur, die über die Realität(en) des Landes Jugoslawien vor und nach dem Krieg bzw. währenddessen zu berichten versucht, und führt wieder zurück zum Zeichenverständnis jedes einzelnen Textes. In dieser Hinsicht kann Monsieur Pescarans Ausspruch in „Die Stille ist ein Geräusch“ als Allegorie auf Deixis und Zeichen gelesen werden: „‚Here and there‘, sagt Monsieur Pescaran und zeigt: ‚imagine the signs: Dangerous zone, or: Watch out, sniper.‘“ (SG 120) Das Imaginieren von Deixis und Zeichen – und damit auch Referenz – ist Voraussetzung für die Vorstellung der *dangerous zone* Bosnien.

III. Spuren des Krieges, Symbole des Friedens

Nachdem die theoretische Komplexität des Referenzbegriffes aufgezeigt wurde, ist es sinnvoll, wieder zum Text zurückzukehren, um nach den Einzelbeispielen im ersten Kapitel durch exemplarische Analyse und Interpretation einiger Textstellen eine Systematik im poetologischen Zeichenverständnis in „Die Stille ist ein Geräusch“ herauszuarbeiten. Dass im Text gescheiterte Kommunikation bzw. Zeicheninterpretation thematisiert wird, wurde bereits einige Male benannt; folgende der ebenfalls zahlreichen Traumsequenzen der Erzählerin bietet sich allerdings noch einmal für eine allegorische Auslegung an:

> In der Nacht träume ich von der Angst, etwas zu verpassen, nichts zu verstehen, und von der Unbestimmtheit, die mich umgibt. Ich laufe durch ein Dorf, das sich zur Stadt dehnt, nicht enden will. Ich laufe und laufe, schwebe auch manchmal durch die Straßen, während die Gesichter der Menschen sich weder ähneln noch voneinander unterscheiden, eins geht ins nächste über. Nur einmal schaut eine junge Frau mit verwegener, sonnengebleichter Frisur mich an, so auffordernd, dass ich vor Schreck keine Wörter finde, mich für keine Sprache entscheiden kann und Babel verfluche. (SG 150)

Heraus stechen vor allem die ‚Angst, nichts zu verstehen' sowie die ‚Unbestimmtheit' – beides manifestiert sich in den Gesichtern der Menschen, die weder Ähnlichkeit noch Unterschiede aufweisen. Ein Blick in eines dieser Gesichter erzeugt eine Sprachlosigkeit bzw. die Unmöglichkeit angemessener Sprachwahl innerhalb der biblischen Konnotation Babels. Die Gesichter werden hier abermals zu Zeichen, die nicht gelesen werden können. Das sprachliche Zeichen ist – so Saussure – leer und erhält seine Bedeutung erst in Abgrenzung zu den anderen, es umgebenden Zeichen. Dies ist hier nicht mehr gegeben und das Lesen wird unmöglich. Schlimmer noch: Die Unlesbarkeit weitet sich aus auf das eigene Sprachvermögen der Protagonistin und bewirkt – unterstützt von der Unsicherheit bezüglich der zu wählenden Sprache – eine Sprachlosigkeit, da keines der eigenen Worte mehr passend erscheint. Sprach- und Zeichensystem versagen, die Sprachverwirrung von Babel ist auch eine Zeichenverwirrung.

Es ist wieder Monsieur Pescaran, der im Gespräch mit der Protagonistin wichtige Hinweise liefert: „Wir sind umzingelt von Symbolen. Es lohnt nicht, dagegen zu kämpfen", sowie „Das Böse reist um die Welt und macht hier und da Station. Wo es sich gezeigt hat, ist eine Zeitlang alles voller Zeichen." (SG 173) Nimmt man ihn dabei wörtlich, sind es die Symbole, also die Zeichen, die nach Peirce rein arbiträr sind und auf Konvention beruhen, die problematisch sind. Um die Kommunikation in diesem Ausmaße scheitern zu lassen, ist die arbiträre Verbindung zwischen *signifiant* und *signifié* nicht ausreichend – sie muss dafür zerstört werden. Und es deutet einiges darauf hin, dass der Krieg die alte Zeichenordnung zerstört hat.

„Der Krieg hat nicht nur Menschen getötet, sondern auch ihre Geschichten" (SG 84), sagt Goran, der Besitzer des Buchladens „Buybook" in Sarajevo, und der Leiter des Touristikbüros in Fojnica fügt später hinzu: „Der Krieg lässt dich den eigenen Namen verfluchen", denn er klammert sich an ihn. (SG 128) Die bosnischen Muslim_innen unterscheiden sich nämlich äußerlich nicht von den Kroat_innen und Serb_innen, im Krieg erkannte man sie daher vor allem an ihren Namen. Der eigene Name wird durch den Krieg zum Schibboleth. Trennt der Krieg die Verbindung zwischen *signifiant* und *signifié* auf, werden beide zu Spuren. Die *signifiants* bleiben sichtbar zurück, können aber keiner Bedeutung mehr zugeordnet werden und die *signifiés* können wie im Falle der Eigennamen andere Zeichen mit Fremdbedeutung versehen bzw. mit ihnen verschmelzen. Goran fügt zuletzt hinzu: „Das ist das Wichtigste. Sprachen, Wörter. Namen." (SG 128)

In einer anderen Traumsequenz träumt die Protagonistin vom echten Sarajevo, einer Idylle mit spürbarer historischer Bedeutung:

> Menschen unterhalten sich aufgeregt in den Gassen, sie haben wache, offene Gesichter. Mit einem Mal verstehe ich, dass dies das wahre Sarajevo ist. Ein Vorhang

> wurde beiseite gezogen, mit der Projektion der anderen, falschen Stadt darauf. Ich bin erleichtert, eine Last fällt von mir, etwas Schlechtes ist zu Ende gegangen. Lange schaue ich mich um und genieße die Echtheit des Ortes, sein Verwachsensein mit dem eigenen Namen, die Abwesenheit von Täuschungen, und ich bin froh keine Sekunde an das andere, falsche Sarajevo gedacht zu haben. (SG 95f.)

Anhand der Gesichter erkennt die Protagonistin, dass es sich um ein anderes Sarajevo handelt, ohne Täuschungen (konträr zur o.g. Traumsequenz): das Sarajevo vor dem Krieg – zumindest so, wie sie es sich vorstellt. Schon in Mostar gibt es ein ähnliches Motiv einer Doppelgängerstadt, die nachts mit Mostar die Plätze tauscht, in der „nichts [] mit dem eigenen Namen zu tun" hat (SG 46f.). Vor ihrer Ankunft in Sarajevo war sich die Protagonistin noch sicher: „Sarajevo [...] gibt es nicht" (SG 26), was ein Hinweis auf die kritisch zu betrachtende Kriegsberichterstattung sein kann – das Sarajevo der anderen. Gegen Ende beschreibt sie das Disparate der Stadt, indem sie fünf Menschen an fünf verschiedenen Orten in Sarajevo aussetzt. Vier von ihnen halten die Stadt für einen anderen Ort: Istanbul, Wien, Budapest, Warschau oder die Sächsische Schweiz. Allein der fünfte ist in der Lage, die Stadt als Sarajevo zu erkennen, denn er liest die Spuren des Krieges, die er aus den Medien kennt (z.B. die Sniper Alley, die Hauptverkehrsstraße) und realisiert: „Ach herrje, ich bin in Sarajevo." (SG 223) Es folgt die Allegorie der fünf Blinden, die verschiedene Teile eines Elefanten betasten, ihn als solchen aber nicht erkennen können: Das Ohr wird zum Kohlblatt, der Rüssel zur Schlange, das Bein zum Baum, der Stoßzahn zum Jagdhorn (cf. SG 223). Der Fünfte allerdings, „auf Knien, wühlt am Boden im warmen Fladen, Scheiße, flüstert er wieder und wieder, Scheiße. Vielleicht weint er dabei." (SG 223) Wenn sich die Protagonistin zuvor also fragt, aus was Sarajevo gebaut ist, denn „aus Steinen, Holz, Metall oder gar aus Menschen ist es nicht" (SG 61), möchte man antworten: Sarajevo ist aus Zeichen gemacht.

Noch einmal hervorzuheben ist das „enge Verwachsensein mit dem eigenen Namen" des Traum-Sarajevos, denn später heißt es im Text, als die Protagonistin ein Dorf namens „Panik" auf ihrer Karte findet: „Nichts habe hier mit dem eigenen Namen zu tun, notiere ich schlau vor ein paar Tagen", nur um dann allerdings hinzuzufügen: „Aber *nomen* ist eben doch *omen*. Würde ein Dorf namens Panik sonst am Grund eines Stausees enden?" (SG 214) Es ist hier der Wunsch nach einer ikonischen Zeichenordnung, der das Traum-Sarajevo so klar und anziehend macht und der in der zufälligen, arbiträren Umgebung des Dorfes Panik eine Ähnlichkeit mit seinem deutschen Namen zu finden versucht. Diese ikonische Zeichenordnung, in der eine begründete Ähnlichkeit zwischen *signifiant* und *signifié* besteht, ist im Text dem vom Krieg zerstörten Symbolsystem gegenübergestellt als eine Art semiotisches Paradies. In der Passage vor dem Feigenbaum wird dieses Konzept noch einmal anders ausgedrückt:

> In Gedanken versunken stehe ich vor einem Baum, dem grüne und violette Früchte aufgesteckt sind wie dicke Gummipfropfen. Als ich nach der ersten greife, fällt sie mir in die Hand. Misstrauisch lecke ich den weißen Saft, der aus der Bruchstelle dringt. Als Kind habe ich gelernt, dass Wolfsmilch giftig ist. Ich beiße in die weiche Schale, der Geschmack erinnert an etwas Unbekanntes. Ans Paradies. Ich habe mich noch nie an etwas Unbekanntes erinnert. Ich habe auch noch nie Feigen vom Baum gegessen. Als ich die Augen wieder öffne, sehe ich sie überall: Die Herzegowina ist voll von Feigenbäumen. Mit einem Schlag bin ich süchtig geworden nach etwas, das im Überfluss zur Verfügung steht. (SG 161f.)

Die Feige als biblisches Symbol wurde bereits zusammen mit anderen Früchten als eines der Leitmotive von „Die Stille ist ein Geräusch“ genannt. Sie wird hier zur Wunderfrucht, denn ihr Geschmack erzeugt Erinnerungen an etwas Unbekanntes, die als solche unmöglich sind, da Erinnerungen konkrete vergangene Ereignisse voraussetzen. Eine Erinnerung an etwas Unbekanntes könnte demnach ein Symbol für eine Zukunft sein, die durchaus positiv konnotiert ist: Der Saft ähnelt zwar auf den ersten Blick der giftigen Wolfsmilch, ist jedoch ungefährlich. Weiterhin macht der Geschmack der Feigen süchtig und sie sind im Überfluss vorhanden. Die Herzegowina ist voller Feigenbäume, namentlich erwähnte Pflanze im Garten Eden[42], und wird damit zum (Zeichen-)Paradies, das vielleicht eine bessere Zukunft verspricht, in der das Zeichensystem wieder intakt ist. Der übervolle Garten Eden Herzegowina kann als der vom Krieg gezeichneten *dangerous zone* Bosnien semiotisch gegenübergestellt angesehen werden. Ihr Zusammenschluss würde das semiologische Oxymoron Bosnien-Herzegowina bilden, ein Name, der zum Symbol der aufeinanderprallenden Zeichensysteme wird und gleichzeitig ein Land bezeichnet, das gar kein richtiges ist (cf. SG 102).

Die Situation ist im Text allerdings noch eine andere, denn die gestörte Zeichenordnung ist noch immer in Kraft: „Die Wahrheit liegt immer an der Oberfläche. Im Kern der Dinge ist nichts“ (SG 236), den Männern steht die Sprache „wie Sprechblasen vor den Mündern“ (SG 70), die gelesen und interpretiert werden müssen. In Srebrenica bleiben von „27.000 bosnischen und kroatischen Einwohnern in der Region [...] nach dem Krieg: Schrägstrich.“ (SG 233) Der Tod, der im Gegensatz zum Krieg keine Spuren hinterlässt (cf. SG 84), wird durch ein Zeichen ausgedrückt, das selbst für die Abwesenheit von Zeichen steht – ein Zeichen, das selbst wiederum von den Spuren des Krieges betroffen ist.

Aber auch die Symbole des Friedens helfen nicht viel, denn am Ende ihrer Reise stellt die Protagonistin fest, dass „der Frieden manchmal, rein optisch, dem Krieg zum Verwechseln ähnlich sieht. Zumindest bei Nacht. Andererseits: Alles erinnert an etwas.“ (SG 263) Krieg und Frieden sind damit – ähnlich wie

42 Cf. Gen 3,7.

der Begriff Literatur oder die Referenz – vom Standpunkt, der Perspektive und davon abhängig, wie die an der Oberfläche auftauchenden Zeichen gelesen werden. Hoffnung für die Heilung des Zeichensystems Bosnien besteht aber darin, dass alles an etwas erinnert, ähnlich wie der Geschmack der Feigen aus der Herzegowina, die zwar eine unbekannte aber immerhin eine Zukunft erahnen lassen, in der Veränderungen möglich sind. Außerdem bildet die Spur als Medientheorem die Grundlage sprachlicher Verständigung[43] – die Spuren des Krieges können also durchaus Basis eines Friedens werden, der über bloße Symbolhaftigkeit hinaus geht.

IV. „Wer A sagt“ – Fazit

Im Laufe der Analyse wurde zunächst anhand der Leitmotivik in „Die Stille ist ein Geräusch“ deutlich gemacht, dass Situationen der Symbolinterpretation, der gescheiterten Kommunikation und des schwer deutbaren Zeichenaufkommens so häufig im Text vorkommen, dass sie als das eigentliche Thema des Textes gelten können. Der Bericht einer Reise nach Bosnien wird dadurch zu einem Bericht durch das Zeichensystem Bosnien, das sich als solches fremd und unbekannt gibt. Der Vergleich mit Roland Barthes „Das Reich der Zeichen“ hat dies noch einmal unterstrichen, gleichzeitig aber auch auf die im Grunde ethnographische Perspektive des Textes hingewiesen. Diese beruht auf der grundsätzlichen Annahme der Möglichkeit von Referenz – beispielsweise, dass Texte auf die außersprachliche Welt verweisen können.

Im zweiten Schritt wurde das Phänomen der Referenz mit Theorie untermauert und kontextualisiert. Bleibt die referentielle Funktion seit Jakobson eine der sechs zentralen Funktionen von Sprache, kann ihre Funktionsweise doch im Anschluss an Paul de Man grundlegend in Frage gestellt werden. Vor allem, wenn es um literarische Texte geht, kann deren Sprache nur Erkenntnisse über sich selbst und nicht über die phänomenale Welt geben. Das führt zu dem, abermals an die Formalist_innen anknüpfenden, Begriff der Literarizität, da vorausgesetzt werden muss, dass es sich um Literatur handelt, um die Referenz in dieser Weise zurückweisen zu können. Letztendlich lesen wir also das als Literatur, was wir als solche lesen wollen. Dieses Urteil hängt zudem von unserem dynamischen sprachlichen Hintergrund ab sowie von unserer Perspektive auf Texte. Da sich Gattungsbegriffe häufig als stabiler als das Konstrukt „Literatur“ erweisen, wurden die autobiographischen Dimensionen von „Die Stille ist ein

43 Cf. Jäger, Ludwig: „Zeichen/Spuren. Skizze zum Problem der Sprachzeichenmedialität“. In: Stanitzek, Georg / Vosskamp, Wilhelm (Hrsg.): *Schnittstelle: Medien und kulturelle Kommunikation*. DuMont: Köln 2001, S. 17-31.

Geräusch“ untersucht, die laut Philippe Lejeune zu einem greifenden autobiographischen Pakt führen. Diesem Pakt steht außerdem noch der referentielle Pakt sehr nahe, der dazu führt, dass das Funktionieren von Referenz beim Lesen unangefochten vorausgesetzt wird. Die Deixis als der die Referenz produzierende, grundlegende Mechanismus der Sprache unterliegt einer Instabilität, die die Referenz abermals in Frage stellt. Durch den referentiellen Pakt scheint diese verweistechnische Fragilität allerdings nicht viel Bedeutung zu erlangen. Das führt zu dem Paradox, dass wir im Modus des Als-ob das Gelingen der Referenz imaginieren – unabhängig davon, ob sie überhaupt möglich ist, oder nicht.

Zuletzt wurde anhand einer Metaanalyse der Symbol- und Zeichenpräsenz in „Die Stille ist ein Geräusch“ ein übergeordnetes Zeichenverständnis herausgearbeitet, das sich poetisch im Text Ausdruck verleiht. Es gibt im Text zahlreiche Hinweise darauf, dass das frühere intakte Zeichensystem durch den Krieg zerstört wurde. Einst gab es eine feste, eindeutige Verbindung zwischen *signifiant* und *signifié*, die der Krieg auflöste und somit die Zeichen unlesbar bzw. uninterpretierbar machte. Die Einzelbestandteile blieben als Spuren des Krieges zurück. In der Traumsequenz des echten Sarajevos wird diese ruinöse Zeichenordnung kontrastiert und (sich) in einen Zustand der früheren ikonischen Eindeutigkeit zurückversetzt. Zudem gibt die paradiesische Herzegowina mit ihren Feigenbäumen das Heilsversprechen auf eine semiotisch intakte Zukunft.

Ob der Text Aussagen über das real existierende Bosnien zulässt, hängt davon ab, ob wir dem referentiellen Pakt folgen oder nicht. Folgen wir ihm nicht, ist es dennoch schwierig – wenngleich nicht unmöglich – für die funktionierende Referenz zu bürgen. Es ist zudem fraglich, ob ohne Referenz ein direkter oder indirekter journalistischer Anspruch erfüllt werden kann. Während das Referenzkonzept in Zehs Text ohnehin ein fragiles zu sein scheint, müsste dieser Frage beispielsweise bei Handke noch durch eine tiefgehende Textanalyse nachgegangen werden. Die Darstellung Bosniens als Zeichensystem eröffnet zudem einen Raum für Kritik an der Medienberichterstattung, die gerade im Kontext des Jugoslawien- und Bosnienkrieges Gegenstand wichtiger, kritischer Betrachtung wurde. Wenn ein Zeichensystem nicht mehr intakt ist, kann es auch nicht mehr einwandfrei interpretiert werden, was eine wie auch immer geartete ‚journalistische Wahrheit‘ obsolet werden lässt, da sie unauffindbar ist. Nur wenn dieser Zeichendiskurs mitreflektiert wird, kann diese erkenntnistheoretische Sackgasse überwunden werden – und literarische Texte scheinen sich besonders gut dafür zu eignen, da sie sich ihrer eigenen rhetorischen Qualität bewusst sind. Beim Gegen-den-Strich-Lesen von Zehs Text wird allerdings deutlich, dass diese Suche nach der Wahrheit eine Illusion bleiben muss.

Dementsprechend ist es sinnvoller, das Land Bosnien in „Die Stille ist ein Geräusch“ als ein poetisches Konstrukt zu lesen. Im Gespräch mit der Journalistin scheint die Protagonistin ironisch auf dieses Problem anzuspielen:

> „But literature“, fragt sie, „finds the truth? Or is it creating its own?“
>
> „Gute Frage“, sage ich. „Die Antwort darauf ist wie ein Haus mit zahlreichen Stockwerken, in denen viele gemischtethnische Familien aus Jas und Neins wohnen.“ [...]
>
> Eine Waffe haben die Schriftsteller: Etwas so auszudrücken, dass der andere glaubt, er hätte es ohne weiteres verstehen müssen. (SG 144)

Ob wir Rückschlüsse zulassen, hängt also wieder von unserer eigenen Position ab. Der poetologische Hinweis der Protagonistin hilft ebenfalls nicht bei der Vereindeutigung der Problematik und zeugt gar vom vorgetäuschten Symbolcharakter im Schreiben der Schriftstellerin. Die Fokussierung auf die semiologische Zeichenanalyse kann jedoch dazu beitragen, diese Instabilität zwar nicht zu beseitigen, sie aber wenigstens offen zu Tage treten zu lassen.

Das ist mit dieser Analyse exemplarisch versucht worden. Allerdings bedeutet dies auch, dass andere, wichtige Dimensionen des Textes nicht berücksichtigt werden konnten, wie beispielsweise die narrativen Strukturen, intertextuelle Bezüge, Darstellung von Räumen, erweiterte Leitmotivik oder die Vertiefung der Kritik des ethnographischen Habitus mithilfe der postkolonialen Theorie. Zusammen ergäben sie eine intersektionelle Karte des reichhaltigen Textes, die verschiedene Ebenen der Analyse darstellt, vergleicht und Verbindungen zwischen ihnen ziehen kann. Interessant wäre ebenfalls der Vergleich von anderen poetischen Darstellungen der einzelnen Staaten des ehemaligen Jugoslawiens abseits von Bosnien-Herzegowina. Nur so ließen sich übergeordnete zeichen- und erkenntnistheoretische Tendenzen einer möglichen postjugoslawischen Literatur feststellen – selbstverständlich nicht ohne zunächst die Bedingungen und Möglichkeiten einer solchen Literatur auszuformulieren und kritisch zu beleuchten.

Im Bezug auf ebendiese Literatur sind diese bisher hier vernachlässigten Dimensionen nicht unerheblich, z.B. gerade die postkoloniale Theorie sowie die Raumtheorie können besonders für die Arbeit an diesen Texten fruchtbar gemacht werden. Die Problematik der Referenz bleibt aber eine der spannendsten auf diesem Gebiet, das konnte an „Die Stille ist ein Geräusch“ exemplarisch sichtbar gemacht werden. Denn die Frage nach der Wahrheit in der Literatur und ob und wie sie mit der Realität zu tun hat, hat auch heute, im multiethnischen Haus, nichts von seiner Aktualität verloren.

Literatur

Barthes, Roland: *Das Reich der Zeichen*, a. d. Franz. übers. v. Michael Bischoff. Suhrkamp: Frankfurt am Main 1981.

Culler, Jonathan: *Structural Poetics. Structuralism, linguistics and the study of literature*. Routledge: London / New York 2002.

Eagleton, Terry: *Literary Theory. An Introduction*. Blackwell Publishing: Oxford [6]2013.

Erlich, Victor: *Russischer Formalismus*, a. d. Engl. übers. v. Marlene Lohner. Suhrkamp: Frankfurt am Main 1973.

Godzich, Wlad: „Foreword. The Tiger on the Paper Mat". In: Man, Paul de: *The Resistance to Theory*. University of Minnesota Press: Minneapolis / London [8]2009, S. IX-XVIII.

Handke, Peter: *Eine winterliche Reise zu den Flüssen Donau, Save, Morawa und Drina oder Gerechtigkeit für Serbien*. Suhrkamp: Frankfurt am Main [3]1996.

Jäger, Ludwig: „Zeichen/Spuren. Skizze zum Problem der Sprachzeichenmedialität". In: Stanitzek, Georg / Vosskamp, Wilhelm (Hrsg.): *Schnittstelle: Medien und kulturelle Kommunikation*. DuMont: Köln 2001, S. 17-31.

Jakobson, Roman: „Linguistik und Poetik". In: Holenstein, Elmar / Schelbert, Tarcisius (Hrsg.): Roman Jakobson: *Poetik. Ausgewählte Aufsätze 1921-1971*. Suhrkamp: Frankfurt am Main 1979, S. 83-121.

Lejeune, Philippe: *Der autobiographische Pakt*, a. d. Franz. v. Wolfram Bayer u. Dieter Hornig. Suhrkamp: Frankfurt am Main 1994.

Man, Paul de: „Der Widerstand gegen die Theorie". In: Kimmich, Dorothee / Renner, Rolf G. / Stiegler, Bernd (Hrsg.): *Texte zur Literaturtheorie der Gegenwart*. Reclam: Stuttgart 2008, S. 318-330.

Preußer, Hans-Peter: „Perzeption und Urteilsvermögen. Eine Einleitung zu ‚Krieg in den Medien'". In: Id. (Hrsg.): *Krieg in den Medien*. Rodopi: Amsterdam / New York 2005, S. 9-34.

Ranke, Leopold von: *Geschichten der romanischen und germanischen Völker von 1494 bis 1535*. G. Reimer: Leipzig / Berlin 1824.

Schmitter, Elke: *Grauenhafte Aussagen*. (18.03.2002). http://www.spiegel.de/spiegel/print/d-21732035.html. (12.07.2013).

Šklovskij, Viktor: „Kunst als Kunstgriff". In: Id.: *Theorie der Prosa*, hrsg. u. a. d. Russ. übers. v. Gisela Drohla. Fischer: Frankfurt am Main 1984, S. 7-24.

Sontag, Susan: „‚Dort' und ‚hier'" In: Id.: *Worauf es ankommt. Essays*, a. d. Amerik. übers. v. Jörg Trobitius. Fischer: Frankfurt am Main 2007, S. 417-425.

Sontag, Susan: „Übersetzt werden". In: Id.: *Worauf es ankommt. Essays*, a. d. Amerik. übers. v. Jörg Trobitius. Fischer: Frankfurt am Main 2007, S. 431-448.

Sontag, Susan: „Warten auf Godot in Sarajewo". In: Id.: *Worauf es ankommt. Essays*, a. d. Amerik. übers. v. Jörg Trobitius. Fischer: Frankfurt am Main 2007, S. 386-416.

Todorov, Tzvetan: *Introduction à la littérature fantastique*. Éditions du Seuil: Paris 1970.

Zeh, Juli: *Die Stille ist ein Geräusch. Eine Fahrt durch Bosnien*. Schöffling & Co.: Frankfurt am Main [3]2005.

Zeh, Juli: *Die Stille ist ein Geräusch. Eine Fahrt durch Bosnien*. (kein Veröffentlichungsdatum). http://www.stille-ist-geraeusch.de (12.07.2013).

Zeh, Juli: „Von der Heimlichkeit des Schreibens“. In: Id.: *Alles auf dem Rasen. Kein Roman.* btb: Frankfurt am Main [3]2008, S. 201-213.

Madlen Kazmierczak

„Balkankrieg ist die Spezialität eines Volkes" – Zum entlarvenden Blick der Figur der Migrantin auf den Jugoslawienkriegsdiskurs bei Melinda Nadj Abonji und Marica Bodrožić

Die Kriege im ehemaligen Jugoslawien in den 1990er Jahren waren und sind Gegenstand verschiedener Diskurse, nicht zuletzt auch des literarischen. In den Diskursen über die Jugoslawienkriege werden laut Maria Todorova alte Wahrnehmungsmuster über den Balkan aktualisiert[1], die sich im 18. und 19. Jahrhundert herausgebildet und während des Ersten Weltkrieges und der Kriege im Balkangebiet zu Beginn des frühen 20. Jahrhunderts „diskursiv verhärtet"[2] haben. Innerhalb dieses Diskurses, den Todorova als Balkanismus bezeichnet, werden dem Balkanraum Stereotype wie etwa das der Rückständigkeit, Irrationalität, Instabilität und des Chaos, des Wilden und Barbarischen zugeschrieben.[3] Während im Orientalismus laut Edward Said[4] Okzident und Orient als unvereinbare Gegensätze betrachtet werden, der Orient damit als das vollständige Andere des Westens gilt, nimmt der Balkan im Balkanismus eine besondere Brücken-Stellung zwischen dem Orient und dem Okzident ein, welche ihm die Eigenschaften „halbentwickelt", „halbkolonial", „halbzivilisiert" und „halborientalisch"[5] einbrachte. Der Balkan fungiere demnach als „anti-zivilisatorisches Alter ego" der westeuropäischen Staaten, als die „dunkle Seite" des Eigenen, indem er einerseits als zu Europa zugehörig betrachtet werde und andererseits als „Auffangbecken für die negativen Eigenschaften" Europas fungiere und damit der Konstruktion eines positiven Bildes des zivilisatorischen Westens diene. [6] Diese Sichtweise führe dabei zur Exotisierung des ‚Balkans' auf der einen Seite und zur Dämonisierung auf der anderen Seite.

1 Cf. Todorova, Maria: „Der Balkan als Analysekategorie: Grenzen, Raum, Zeit". In: *Geschichte und Gesellschaft. Mental Maps* 28(3), 2002, S. 470-492. Hier: S. 480.

2 Ibid., S. 471.

3 Cf. Todorova, Maria: *Imagining the Balkans*. Oxford University Press: New York 1997.

4 Cf. Said, Edward: *Orientalism*. Routledge & Kegan Paul: London 1978.

5 Todorova, Maria: „Der Balkan als Analysekategorie", S. 472.

6 Ibid., S. 473.

Obwohl Literatur an dieser Balkanisierung ‚mitschreibt' (im Kontext dieses Aufsatzes sind vor allem jene Texte interessant, die den Zerfall Jugoslawiens thematisieren)[7], gibt es durchaus auch literarische Texte, die den Balkanismus-Diskurs unterlaufen. Als Beispiel für eine Kriegsnarrativik, der es gelingt, balkanistische Beschreibungen zu dekonstruieren, führt Boris Previšić Saša Stanišićs Roman „Wie der Soldat das Grammofon repariert" (2006) an.[8] In Stanišićs Roman ist der Protagonist als Bewohner der bosnischen Stadt Višegrad unmittelbar von den kriegerischen Ereignissen betroffen, während Figuren in Texten von Peter Handke, Norbert Gstrein oder Juli Zeh – die Previšić ebenso in seiner Analyse zur gegenwärtigen Literatur über den Balkan berücksichtigt – vielmehr als (teilweise autobiografisch markierte) Beobachter, Kriegsberichterstatter und Reisende zu Zeugen des Kriegsgeschehens werden.

Zudem gibt es aber in der neueren Literatur zu den Jugoslawienkriegen zwischen diesen beiden Polen – externe Beobachterposition oder unmittelbare Zeugenschaft – noch eine weitere, davon abweichende Perspektive: und zwar die Sicht der Migranten auf das Kriegsgeschehen in der ehemaligen Heimat. Diesen Standort nehmen u.a. die literarischen Figuren in Marica Bodrožićs Roman „Kirschholz und alte Gefühle" (2012) sowie in Melinda Nadj Abonjis Roman „Tauben fliegen auf" (2010) ein. Die Besonderheit dieser Texte besteht darin, dass die Darstellung und Bewertung des Kriegsgeschehens durch die Protagonisten aus einer Perspektive des ‚Dazwischen' erfolgt, denn als Migranten aus Jugoslawien sind sie externe Beobachter des Kriegsgeschehens und gleichzeitig persönlich Betroffene aufgrund ihrer Herkunft. Dazu verfügen sie über historisches Wissen aus erster Hand. Der Blick auf den Krieg ist daher ein doppelter: Er richtet sich einerseits auf die politischen Momente des jugoslawischen Zerfalls und auf die Art und Weise, wie dieser von Seiten der Kriegstreiber, der jugoslawischen Bevölkerung und inländischen Medien kommuniziert wird. Hier handelt es sich also um den ‚aktuellen Kriegsdiskurs' in der Herkunftsgesell-

---

7 Dazu siehe die ausführlichen Analysen von Previšić, Boris: „Zwischen Diskursivität und Faktualität: Interkulturalität und literarische Imagination auf dem balkanischen Prüfstand des jugoslawischen Zerfalls". In: Heimböckel, Dieter et al. (Hrsg.): *Zwischen Provokation und Usurpation. Interkulturalität als (un-)vollendetes Projekt der Literatur- und Sprachwissenschaften*. Fink: München 2010, S. 191-203 und id.: „Poetik der Marginalität: Balkan Turn gefällig?" In: Schmitz, Helmut (Hrsg.): *Von der nationalen zur internationalen Literatur. Transkulturelle deutschsprachige Literatur und Kultur im Zeitalter globaler Migration*. (Amsterdamer Beiträge der neueren Germanistik 69). Rodopi: Amsterdam et al. 2009, S. 189-204.

8 Previšić, Boris: „Eine Frage der Perspektive: Der Balkankrieg in der deutschen Literatur". In: Zemanek, Evi et al. (Hrsg.): *Literatur der Jahrtausendwende. Themen, Schreibverfahren und Buchmarkt um 2000*. Transcript: Bielefeld 2008, S. 96.

schaft. Andererseits ist der Blick auf den ‚allgemeinen Balkan-Diskurs' innerhalb der Ankunftsgesellschaft gerichtet, wie ihn Todorova beschreibt. Dieser Balkan-Diskurs wird unter anderem wiederbelebt, wenn in der ‚westlichen' Öffentlichkeit und den Medien über den Krieg gesprochen wird. Mit dieser zweifachen Blickrichtung dekonstruieren die Texte zum einen die Ideologie der Kriegsführer, während sie zum anderen ähnliche rassistische und nationalistische Phänomene und Mechanismen in der Schweiz und in Deutschland offenlegen.

Bei der folgenden Analyse der Texte Bodrožićs und Abonjis sollen diese Besonderheiten bei der Beschreibung des Krieges aus der Sicht der Migranten in den Blick genommen sowie die Dekonstruktion des Nationalitäten- und Ethniendiskurses in Herkunfts- und Ankunftsgesellschaft untersucht werden. Zudem werden die Kritik an der Sprache aus der Perspektive der Mehrsprachigkeit und die generationell sowie historisch bedingten Differenzen in der Kriegswahrnehmung einzelner literarischer Figuren Gegenstände der Analyse sein.

1. Vor dem Hintergrund des Krieges: Marica Bodrožićs „Tito ist tot" und „Sterne erben, Sterne färben"

In den Texten Marica Bodrožićs ist der Krieg im ehemaligen Jugoslawien ein immer wiederkehrendes, jedoch kein offenkundiges Thema. Obwohl bereits ihr erster Erzählband „Tito ist tot" (2002) durch dessen Titel Assoziationen zum politischen Zerfall Jugoslawiens weckt, empfindet Marica Bodrožić die politische Dimension ihrer Texte nicht als vordergründig, wie sie in „Sterne erben, Sterne färben" (2007) gegen die geläufige Rezeption ihrer Texte einwendet.[9] Auch wenn in den 24 Erzählungen eher die Widersprüche zwischen dem idyllischen Erleben einer Kindheit in Dalmatien und der Migrantenwelt sowie der Bruch dieser „poetischen Erinnerungsbilder" durch Erzählungen von physischen und psychischen Bedrohungen, „archaischer Enge" und Aggressivität der Dorfgesellschaft im Vordergrund stehen, wird in einigen Erzählungen auch „das Schicksal des bald zerfallenden Landes" angedeutet.[10] Besonders in der Titel gebenden Erzählung „Tito ist tot" ist das Ableben des Staatsmannes Anlass für kindliche Reflexionen über Krieg, Führerkult, Diktatur und Repression. Der Tod

9 Cf. Bodrožić, Marica: *Sterne erben, Sterne färben. Meine Ankunft in Wörtern*. Suhrkamp: Frankfurt am Main 2007, S. 140.

10 Arnold, Heinz Ludwig: *Marica Bodrožić*. (kein Veröffentlichungsdatum). http://www.westoestlicherdiwan.de/bodrozic.pdf (23.04.2013).

des „Herrn Josip“[11] deutet einerseits die Auflösung Jugoslawiens an, denn „schon bald sollte wieder ein Krieg ausbrechen und nicht nur diejenigen trennen, die sich haßten, schlimmer: auch diejenigen, die sich liebten“.[12] Andererseits weckt die medial inszenierte Begräbnisfeier Titos die Erinnerungen des Großvaters an den Faschismus und den Zweiten Weltkrieg.[13] Die Ich-Erzählerin erinnert sich dagegen an die paradoxe Situation, dass es in dieser Zeit in ihrem Dorf Menschen gab, deren Herz auf beiden Seiten schlug – der jugoslawischen und der dalmatinischen – obwohl doch unter Tito jeder neutral geworden sei, „ohne Geschichte, ohne Biographie“.[14] An dieser auf den ersten Blick naiv wirkenden, dafür aber umso treffenderen Beobachtung der Ich-Erzählerin werden die strukturellen Bruchlinien dieses Systems deutlich.

In dem poetologisch-autobiografischen Prosatext „Sterne erben, Sterne färben“ erfolgt die Beschreibung des Krieges schließlich aus der Sicht der erwachsenen Migrantin. Bodrožić ergreift dabei weder eine Partei noch diskutiert sie einzelne Interessen und Konflikte in Jugoslawien. Stattdessen rückt der Diskurs über den Jugoslawien-Krieg sowohl der deutschen Medien als auch der jugoslawischen Politiker in den Blickpunkt:

> Vom deutschen Bildschirm aus sahen wir, wie unser einstiges Land vom Nebel der Kriegssprache belagert wurde, von plötzlich aus dem Nichts aufgekommenen Gewehren und Geschossen. Einen Feind zu haben, das gehörte jetzt zum guten Ton. [...] mit den Augen fingen wir an, an den Krieg und an die Bilder des Krieges zu glauben.[15]

Audiovisuelle Medien wie Kriegsfotografie und Fernsehberichterstattung suggerieren als faktuale Darstellungen Authentizität, doch Bodrožić betont, dass es sich bei den dargestellten Kriegsereignissen um Visualisierungen handele, die keine neutrale Dokumentation der Ereignisse garantieren könnten und an die es zu glauben gelte.

Überlegungen über Funktion und Rolle der Sprache im Hinblick auf die Kriegspropaganda nehmen bei Bodrožić breiten Raum ein. Wie die Diskurse auf die Realität zurückwirken bzw. das erzeugen, was wir unter Realität verstehen, wird in ihrem Bild von den „Biographien der Wörter“ deutlich: „Sie [die Wörter, MK] sind Echoräume unserer Ideen und Gedanken. Handlanger unserer Wirklichkeiten.“[16] Sie warnt vor dem Missbrauch der Wörter, die „durch Ge-

11 Bodrožić, Marica: „Tito ist tot“. In: Id.: *Tito ist tot*. Suhrkamp: Frankfurt am Main 2002, S. 7-16. Hier: S. 8.

12 Ibid., S. 10.

13 Cf. ibid., S. 9f.

14 Ibid., S. 14.

15 Bodrožić, Marica: *Sterne erben, Sterne färben*, S. 25f.

16 Ibid., S. 115.

brauch, durch das Benutzen an manchen Stellen verwundet worden“[17] seien. Für Bodrožić ist es evident, dass die Propaganda der Kriegstreiber im Bewusstsein der Menschen angekommen ist, da diese deren ideologische Sprache blind übernommen haben:

> Jene, die wir gekannt und geliebt hatten, zogen sich neue Gesichter an, mit richtigen Reißverschlüssen in den Augen. Sie lernten die Wörter der Macht, lernten ihren Willen in die Ohren der Mächtigen zu legen, lernten und lernten, alles lernten sie auswendig.[18]

Auffällig am westlichen Diskurs über den Krieg in Jugoslawien sei die an Migranten gerichtete Frage nach der nationalen Zugehörigkeit und die damit verbundene Schematisierung in Opfer und Täter: „Jeder wollte wissen, woher man denn nun komme, ob man zu den ‚bösen‘ Serben oder zu den ‚guten‘ Kroaten gehöre.“[19] Dieser starren binären Ordnung vom ‚Eigenen‘ und ‚Fremden‘ und der nationalen Logik entzieht sich die Autorin, indem sie deren Fiktionalität betont: „Wie unbesitzbar Nationalität ist, merkt jeder, der sich nur ein bißchen hinauswagt, weg aus seiner staubig kleinen, hinein in eine größere Welt. Das Größere ist immer das uns noch Unbekannte. Es ist nicht das Fremde. Das Fremde ist eine Erfindung der Ethnologen.“[20] Anhand der Charakterisierung ihrer Muttersprache – dem Serbokroatischen – radikalisiert Bodrožić ihre Vorstellung von der grundsätzlichen Hybridität von Herkunft und Sprache. Sie beschreibt ihre Sprache als hybrides Phänomen und dekonstruiert damit die essentialistischen Begriffe ‚Nation‘ und ‚Ethnie‘:

> War sie nicht immer schon etwas Hybrides, [...] aus Kreuzungen und Ahnungen bestehendes Gemisch aus dem dalmatinischen Dialekt, der Sehnsucht nach einem hochkroatischen Sprachfluidum, [...] aus herzegovinischen Wortendungen, Redensarten von hier, Redensarten von dort...[21]

2. Erinnerungen an die belagerte Stadt: Marica Bodrožićs „Kirschholz und alte Gefühle“

Auch für die Protagonistin Arjeta in Bodrožićs Roman „Kirschholz und alte Gefühle“ ist dieser hybride Charakter wesenhaft: „Alle Zeiten haben sich in mir vermischt, alle Städte, alle Sprachen.“[22] Sie ist zum Studieren nach Paris ausge-

---

17 Ibid.
18 Ibid., S. 25.
19 Ibid., S. 30.
20 Ibid., S. 56.
21 Ibid., S. 97.
22 Bodrožić, Marica: *Kirschholz und alte Gefühle*. Luchterhand: München 2012, S. 164.

wandert und erlebt aus der Ferne die Kriege in ihrer ehemaligen Heimat Jugoslawien. Arjeta hat sowohl aufgrund ihrer Erfahrung als Migrantin als auch aufgrund ihres weitverzweigten Familienstammbaumes (eine deutsche Großmutter und Verwandtschaft aus der Bukowina) einen differenzierten Blick auf die Konflikte in ihrem Herkunftsland, die von den Kriegsparteien mit nationalistischen Argumenten geschürt werden: „Später, als unsere Stadt belagert wurde, wunderten sich alle, dass wir je miteinander in Frieden hatten leben können."[23]

In Paris trifft Arjeta auf weitere Menschen, die sich im Exil oder im Transitären befinden und nach einer neuen Existenz in der Fremde suchen: Arik, Nadeshda und Silva stammen wie sie aus Jugoslawien, der Jude Mischa Weisband ist vor den deutschen Nationalsozialisten geflohen und Hiromi aus Japan ausgewandert.

Die erzählte Zeit erstreckt sich auf sieben Tage, denen jeweils ein eigenes Kapitel gewidmet ist. In dieser Zeit rekonstruiert Arjeta – dem Schöpfungsprozess gleich – in ihrer neuen Berliner Wohnung anhand von unsortierten Polaroids, die sie von ihrer Mutter in Plastiksäcken erhalten hat, ihren Lebensweg von einer Kindheit in Istrien über die Studienzeit in Paris bis hin zu den Anfängen in Berlin. Der Diskurs über das Erinnern und das Gedächtnis ist ein zentraler Gegenstand des Romans.

Die einzelnen extra-, intra- und metadiegetischen Erzählstränge sind über Erinnerungsnarrative miteinander verwoben, die erzählten Ereignisse in Paris und Berlin, die oftmals ohne Distanz im inneren Monolog wiedergegeben werden, wechseln übergangslos mit Alltagsszenen aus dem Krieg in Jugoslawien. So überlagern sich verschiedene zeitliche Ebenen im Roman: die ferne Vergangenheit in den 1980er Jahren, als Arjeta noch in Sarajevo lebte und ihre beiden Brüder durch die Detonation einer Mine verlor[24], die nahe Vergangenheit in Paris zu Beginn der 1990er Jahre, als sie den Krieg in Jugoslawien nur aus der Ferne durch die Erzählungen ihrer Eltern und durch die Medien erfuhr, die Zeit nach den Jugoslawienkriegen in Berlin Ende der 90er Jahre und schließlich die Gegenwart in Berlin, die die Rahmenhandlung des Romans ausmacht. Die verschiedenen zeitlichen Ebenen wechseln teilweise innerhalb eines Absatzes und die eigene Geschichte kann – unabhängig vom Standpunkt der Erzählerin – nicht mehr ohne den proleptischen oder analeptischen Bezug auf das Kriegsgeschehen erzählt werden. Von ihrer Vergangenheit in Jugoslawien seien nur noch Scherben übriggeblieben, die sich nicht mehr zusammenfügen ließen, so Arjeta, denn „[d]ie Scherben würden sich immer weigern, im alten Bild eingeschlossen

23 Ibid., S. 130.
24 Cf. ibid., S. 20.

zu sein".[25] Die Folgen des Krieges zeigen sich besonders deutlich an den Beschädigungen des Kleinen, Gewohnten und Alltäglichen[26] sowie an der Natur:

> Blut ist hier das Wasser, das überall fließt. Direkt in die Erde hinein. Blut aus Kinderfüßen. Direkt in die Kartoffelwurzeln. Blut aus Männerohren. Direkt in die Weinberge. Blut aus Frauenhänden. Direkt unter die Salatwurzeln. Blut aus den Fingern Namenloser. Direkt. Direkt. Direkt. [...] Man sagt, dass Pflanzen, Blumen und Bäume in Kriegszeiten sehr gut wachsen.[27]

Die einzige Stelle des Romans, an der neben den zahlreichen Alltagsbeschreibungen auch Fakten des Krieges genannt werden, wirkt besonders durch die einfache Multiplikation absurd und tragisch zugleich: „1425 Tage dauert die Belagerung, es ist die längste des 20. Jahrhunderts. Es fallen Granaten. Durchschnittlich 329 pro Tag. Das macht 486 825 Granaten."[28] Ansonsten gehören Schauermärchen wie jene von mit Totenköpfen Fußball spielenden Menschen und auf der Straße liegenden menschlichen Gehirnen, die Passanten in ihrem Hungerwahn für „Tomatenmasse"[29] halten, sowie der Kontrast zwischen dem sicheren Leben der Studentin in Paris und dem Kriegsalltag der im Heimatland zurückgebliebenen Angehörigen zu den Narrativen des Krieges. Ein parataktischer Satzbau und zahlreiche Ellipsen sind typisch für die Beschreibungen dieser tragischen Ereignisse:

> Meine Mutter und mein Vater sind in der Stadt geblieben. Keller. Ängste. Granaten. Hunger. Feuer. Flammen. Überall Flammen. Fensterlose Häuser. Ich hingegen darf in Paris spazieren gehen, kann auf das Konto bei der Crédit Lyonnais zurückgreifen. Ich habe mein Leben. Ich habe ein Stipendium. Ich bekomme Geld, weil die Kommission offensichtlich jemanden retten wollte, aber ich wäre ohnehin nach Paris gekommen, um das zu tun, was ich tat: zu studieren, Bücher zu lesen. Kurz, ich habe überlebt. Während die zu Hause Gebliebenen hungern. Und leiden. Und um ihr Leben bangen.[30]

Die Schilderung von traumatischen Kriegserlebnissen – wie z.B. der Übergriff der paramilitärischen Organisation Tiger auf Silva – erfolgt vornehmlich über Beschreibungen der versehrten Natur, während die agierenden Menschen in den Hintergrund treten. Die Bedrohlichkeit dieses Erlebnisses kündigen bereits zu Beginn der Szene der „stahlblaue Himmel" und die „messerscharfen Schatten"[31] an. Die zahlreichen Opfer des Massakers werden von Baggern in den Fluss ‚ent-

25 Ibid., S. 94.
26 Cf. ibid., S. 53.
27 Ibid., S. 49.
28 Ibid., S. 48.
29 Ibid., S. 50.
30 Ibid., S. 47.
31 Ibid., S. 80.

sorgt‘ und „als das Eis aufbrach, presste die Donau ihre Eingeweide aus dem Becken heraus. Der Fluss trat über die Ufer und die Toten wurden eins mit dem Land der Vorfahren“.[32] Anhand der Erzählung über den Gewaltakt an diesem Grenzfluss demonstriert der Roman die Willkürlichkeit der Grenzen von Nationalstaaten, denn der Fluss als geologisches Phänomen ist nicht an Grenzen, Sprachen und Länder gebunden und bleibt auch dann noch unverändert, wenn sich die Landesgrenzen verschoben haben: Die Donau sei „ein Fluss, an dem es ganz leicht passieren konnte, dass ein Mensch innerhalb eines einzigen Lebens zu einem anderen Land, einer anderen Nation, einem anderen Pass gezählt wurde“.[33]

Bodrožićs Roman problematisiert das Bedürfnis von Individuen, die kulturelle oder individuelle Identität an einer Nation festmachen zu wollen. Insbesondere die Mutter Arjetas, die bezeichnenderweise als Übersetzerin arbeitet, lehnt vehement jeglichen Nationalismus ab und betont,

> dass die ganze Region, in der einst [...] fünf Sprachen zum Alltag eines jeden Vollidioten gehört hatten, schlicht und ergreifend provinziell geworden sei. Vehement vertrat sie ihre Überzeugung, dass jede Politik, die auf den Nationalstaat als das Nonplusultra setzt, absoluter Unsinn sei, zum Scheitern verurteilt. In der Realität sei der Nationalstaat Fiktion unterster Kategorie...[34]

Der Mutter wird als Kontrahent die Figur Mateo gegenübergestellt, der sich vom einstigen Philosophen zum Nationalisten entwickelt und der es sich als Sprach- und Stammbaumreiniger zur Aufgabe gemacht hat, „das Eigene [...] mit allen Mitteln [zu] verteidigen“.[35] Durch die sarkastischen Verurteilungen und ironischen Beschreibungen der Mutter, deren gesamter Zorn über den Krieg sich an dieser Figur entlädt, werden seine beschränkten radikalen Ansichten und diejenigen seiner Anhänger entlarvt: „Und Gott war an ihrer Seite. Das wussten sie, ohne ihn zu fragen“.[36] Der ehemalige Liebhaber von Literatur wird zum „Verfechter der Reinheit“, der aus seinem Stammbaum all jene Verwandtschaftsbeziehungen eliminiert, die nicht mehr zu seiner nationalen Identität passen, und der diesen gereinigten Stammbaum „im Dorfwirtshaus wie ein Gedicht von Vergil“ rezitiert.[37]

Erinnern und Erzählen dienen Arjeta als Mittel zur Aufarbeitung der Vergangenheit und dem Schutz vor dem Vergessen. „Das Vergessen hat ein Tem-

32 Ibid., S. 91.
33 Ibid., S. 89.
34 Ibid., S. 9.
35 Ibid., S. 172.
36 Ibid., S. 178.
37 Ibid., S. 170.

po“[38], betont Arjeta, und dass ungewollte Erinnerungen an historische Ereignisse verdrängt werden, zeigt die Zerstörung antifaschistischer Denkmäler aus der Zeit Titos durch die jugoslawischen Nationalisten.[39] Dass der Prozess des Erinnerns jedoch nicht problemlos funktioniert, signalisiert der Roman bereits auf der ersten Seite, denn Arjeta wird immer wieder von geistigen Absencen heimgesucht, die „Risse im Bewusstsein“ und „Pausen im Gedächtnis“ verursachen.[40] Mit dem Erinnerungsprozess ist für die Protagonistin zudem das Sortieren verbunden[41], ein Vorgang, der über das bloße Sammeln und Ablegen hinausgehen soll. Dem gegenüber steht der Archivierungs- und Dokumentationswahn ihres Geliebten Arik, der Fotoalben zu jedem Menschen anfertigt, dem er begegnet ist. Eine Überhöhung erfährt diese unkommentierte, nur die Oberfläche abbildende Archivierung durch jene Fotos, die Arjeta mit Tageszeitungen in der Hand zeigen, in denen stereotype Kriegsfotografien abgebildet sind:

> Sogar das Datum der Zeitungen war zu erkennen, die ich in den Cafés las, auf den Titelseiten die Reportagen aus der belagerten Stadt, die Markthalle, schreiende Menschen, das Hotel Holiday Inn, Häuser mit Einschusslöchern, fliehende Kinder, eine betende Frau am Taubenplatz…[42]

3. Vom kriegerischen ‚Balkanvolk‘: Melinda Nadj Abonjis „Tauben fliegen auf“

Den Jugoslawienkrieg und dessen Folgen erleben die Protagonisten in Abonjis Roman „Tauben fliegen auf“ nur indirekt durch eine vermittelte Perspektive. Während direkte Gespräche über die Kriegsvorgänge unter den Familienmitgliedern vermieden werden, gelangt der Krieg durch Briefe, Telefonate mit Verwandten, durch Erzählungen von Flüchtlingen und die Berichterstattung der Medien ins Schweizer Wohnzimmer der Migrantenfamilie. Aus Angst, im Zuge des großen Flüchtlingsstroms als Ausländer noch stärker als bisher diskriminiert zu werden, verleugnen die Eltern der Ich-Erzählerin Ildiko ihre Herkunft und vermeiden jegliche öffentliche Stellungnahme zu den Kampfhandlungen der jüngeren Jugoslawienkriege. Die seltenen innerfamiliären Äußerungen über das kriegerische Geschehen in ihrem Heimatland haben oftmals metonymischen Charakter: „[W]eisst du, was das bedeutet, wenn nur noch der Friedhof

38 Ibid., S. 108.
39 Cf. ibid., S. 170.
40 Ibid., S. 7.
41 Cf. ibid., S. 165.
42 Ibid., S. 206.

wächst?"[43], lautet die rhetorische Frage des Vaters, die auf die Sinnlosigkeit des Kriegsgeschehens und auf seine Konsequenzen verweist. Das Bild vom Friedhof, der stetig wächst, rückt die abstrakte, schwer vorstellbare Opferzahl ins Bewusstsein und signalisiert gleichzeitig, dass der Roman auf jede sinnhafte Deutung des Krieges verzichtet.

Im Kontrast zur Elterngeneration vermittelt die zweite Generation der Migranten eine andere Perspektive auf den Krieg in der ehemaligen Heimat. Zu dieser zweiten Generation gehören die Schwestern Ildiko und Nomi, die ihre Position des Dazwischen als „hybride Mischwesen" erkennen und behaupten sie „könnten das Ganze beobachten, seien beteiligt und unbeteiligt" zugleich.[44] Die Beziehung zwischen den Eltern und ihren Töchtern verändert sich durch die indirekte Erfahrung des Krieges. Nahe Familienangehörige werden eingezogen oder müssen fliehen, aber die einzelnen Familienmitglieder im Schweizer Exil unterdrücken ihre Betroffenheit, um als assimilierte Migranten nicht negativ aufzufallen.[45]

Indem Abonji in ihrem Roman Stimmen aus vier Generationen zu Wort kommen lässt, erhält der Leser ein vielschichtiges, multiperspektivisches Bild von der wechselvollen Geschichte Jugoslawiens. Der Text verdeutlicht, dass die Wahrnehmung und Beurteilung des Krieges von der Generation und deren geschichtlichen Erfahrungen abhängig ist. So blicken besonders der Vater und die Großmutter der Protagonistin, die vom diktatorischen Regime Titos verfolgt wurden, mit einer antikommunistischen Haltung auf vergangene und gegenwärtige kriegerische Ereignisse. Der Text verschränkt erzählerisch generationenübergreifende Kriegstraumata: Die Figuren erinnern sich durch den aktuellen Krieg in Jugoslawien an die tragischen Ereignisse unter den Faschisten im Zweiten Weltkrieg und an die Enteignung und Unterdrückung durch die Kommunisten ab 1946.[46] So werden einzelne synchrone Geschichtsnarrative miteinander in Beziehung gesetzt und diachron abgeglichen, indem nach ihrem gemeinsamen, allgemeingültigen Charakter gefragt wird. Diese übereinandergeschichteten historischen Ereignisse erhalten durch den Bezug zum gegenwärtigen Kontext der jüngeren Jugoslawienkriege universalen Charakter, denn sie warnen vor der sinnlosen, sich aber ständig wiederholenden Zerstörung nationaler oder regionaler, kultureller und religiöser Gemeinschaften durch Kriege. Und so wird nun auch der neue Krieg als eine Wiederholung der Ereignisse im Zweiten Weltkrieg

---

43 Abonji, Melinda Nadj: *Tauben fliegen auf*. Jung und Jung: Salzburg / Wien 2010, S. 301.

44 Ibid., S. 211.

45 Cf. ibid., S. 92-95.

46 Cf. ibid., S. 254.

unter umgekehrten politischen Vorzeichen gedeutet.[47] Die Erzählungen Mamikas über die traumatischen Erfahrungen unter dem Faschismus und unter Titos kommunistischer Diktatur zeichnen zudem das Bild einer gewaltvollen, vom Wechsel totalitärer Machthaber geprägten Vojvodina, das sich kontrastiv zu dem nostalgischen Heimatbild Ildikos verhält.

Aus der extradiegetisch-homodiegetischen Erzählposition heraus (in der Zeit nach dem Jugoslawienkrieg) gehen die Vojvodiner Erlebnisse der Protagonistin aus Kindheit und Jugend in den 1970er und 1980er Jahren, die zweijährigen Rückreisen der Familie Kocsis in die Heimat, die Anfänge in der Schweiz, die spätere gemeinsame Arbeit im Familiencafé und die Wahrnehmung des Krieges in den frühen 1990er Jahren beinahe nahtlos ineinander über. Die hypertaktische Struktur des Textes, das historische Präsens, die sparsam eingesetzte Interpunktion und die enormen Satzlängen unterstützen den Eindruck dieses Verwobenseins von Erinnerungen. Dass der Krieg in diesem mehrschichtigen Erzählen jedoch stets präsent ist, zeigen zahlreiche eingeschobene Zukunftsvorausdeutungen in Konjunktiv II.[48] Wie schon in dem Roman „Kirschholz und alte Gefühle" stellt auch die Erzählerin in „Tauben fliegen auf" die Unzuverlässigkeit des Erinnerns in kurzen metafiktionalen Reflexionen heraus. Der Konstruktionscharakter von Erinnerung und Geschichte wird besonders deutlich an dem repetitiven Erzählen bedeutsamer Erlebnisse wie zum Beispiel der Ausreise der Geschwister aus Dalmatien.[49]

Trotz der homodiegetischen Erzählperspektive verweigert der Roman durch die Äußerungen verschiedener literarischer Figuren über ihre Kriegserlebnisse eine singuläre Sichtweise auf die Vergangenheit. Anhand der Schicksale unterschiedlicher Figuren aus der Schweiz, Kroatien, Serbien und der Vojvodina, durch verschiedene Stimmen und Gegenstimmen, erzeugt der literarische Text ein heterogenes Bild der Konflikte in der Ferne und demonstriert – wie auch der Roman Bodrožićs – die alltäglichen Auswirkungen der ideologischen und nationalistischen Trennungen. Da ist zum einen Dalibor, ein serbischer Flüchtling aus Kroatien, der als einziger Augenzeuge innerhalb des Romans direkt von der Gewalt und dem Trauma des Krieges berichtet:

> [W]eisst du, wie es ist, wenn du schiessen musst, und wenn du es nicht tust, wirst du erschossen? […] Weisst du, wie es ist, wenn du deinem besten Freund eine Kugel in den Kopf schiesst, und dann siehst du dir sein Gesicht in aller Ruhe an, ohne dass du nur das Geringste empfindest? Und dann erschlägst du sein Gesicht, das Gesicht

47 Cf. ibid., S. 250.
48 Cf. ibid., S. 67.
49 Cf. ibid., S. 216.

> deines besten Freundes im Traum, weil es dich verfolgt mit seiner Ruhe, seiner Stille, weil er dir sogar verzeiht…[50]

Dalibor ist zudem die einzige Person, mit der Ildiko offen über ihre Ängste und Befürchtungen angesichts des Krieges sprechen kann, obwohl sie vermeintlich verfeindeten Gruppen angehören. Die Liebesbeziehung zwischen dem serbischen desertierten Soldaten Dalibor und der einer ungarischen Minderheit angehörenden, emigrierten Ildiko symbolisiert eine Vereinigung über kulturelle und geographische Grenzen sowie unterschiedliche Sprachen hinweg, die jedoch aufgrund der traumatischen militärischen Erfahrungen Dalibors nur von kurzer Dauer ist.

Zum anderen erklärt der Vater Ildikos, der unter den Repressionen des kommunistischen Regimes gelitten hat, die Serben für schuldig an den Konflikten in seinem Herkunftsland: „[E]s ist doch klar, dass einschneidende Maßnahmen ergriffen werden müssen, um diese verdammten Kommunisten endlich zu vertreiben, die Kommunisten und die Serben, was ja ein und dasselbe ist!“[51]

Als drittes Beispiel sei die Serviererin Dragana genannt, eine Bosnierin aus Serbien, deren Sohn im belagerten Sarajevo eingeschlossen ist. Der Diskurs über die verfeindeten ‚Ethnien‘ hält Einzug in das Café der Migranten mit dem sprechenden Namen Mondial, als Dragana mit ihrer Kollegin Glorija in einen heftigen Streit gerät, bei dem sie sich gegenseitig mit den Namen Milošević und Tuđmann beschimpfen. Die Ich-Erzählerin greift diese Namen auf und beschreibt das Geschehen zwischen beiden Frauen als Streit zwischen den Politikern.[52] Mit den Effekten der Verfremdung und Ironisierung führt sie den Grund des Streits beider Frauen – das Zugehörigkeitsgefühl zu verschiedenen Nationen – ad absurdum. In Draganas Äußerungen vereinigen sich verschiedene Kritikpunkte: die Kritik an der Schweizer Regierung, die keine Maßnahmen ergreift[53], die Kritik an den serbischen Politikern, die propagieren „dass wir uns schon immer gehasst haben, die Serben, Kroaten und Muslime“[54] und die Kritik an den westlichen Medien, die mit einseitigen Schuldzuweisungen Stereotype im Jugoslawiendiskurs bedienen:

> [D]ie im Fernsehen […] haben doch keine Ahnung, was da los ist, alle sind schuld, Ildi, die Serben schiessen von den Bergen, Izetbegović opfert seine Menschen, damit er sagen kann, die Muslime sind Opfer und die Serben schuld an allem, und die Kroaten verbünden sich mit den Serben, wenn es ihnen gerade passt...[55]

---

50 Ibid., S. 263.
51 Ibid., S. 95f.
52 Cf. ibid., S. 222f.
53 Cf. ibid., S. 152.
54 Cf. ibid., S. 156.
55 Ibid., S. 151.

An dieser Textstelle wird außerdem deutlich, wie ‚Nation' und ‚Ethnie' zum diskursiv erzeugten Kriegsgegenstand erklärt werden. So wie auch Bodrožić den „antrainierte[n] nationale[n], geographische[n] Reflex" kritisiert, der die Menschen glauben lässt, sie bräuchten eine nationale Identität, für die man „sterben und töten" müsse[56], so führt auch Abonji die Unhaltbarkeit eindeutiger ethnischer Bestimmungen vor:

> [U]nd es ist absurd und absolut möglich, dass einer meiner Cousins desertiert, weil er als Ungar nicht in der jugoslawischen Volksarmee kämpfen will, es kann sein, dass ihn einer von Draganas Cousins erschiesst, weil er bei der jugoslawischen Volksarmee kämpft und Deserteure erschossen werden; es kann aber auch sein, dass einer von Draganas Cousins desertiert, weil er sich als Bosnier fühlt, als bosnischer Serbe nicht in der jugoslawischen Volksarmee kämpfen will; es kann sein, dass dann mein Cousin Draganas Cousin erschiesst, weil mein Cousin nicht desertiert ist, für die jugoslawische Volksarmee kämpft, um vielleicht sein eigenes Leben zu retten; aber möglicherweise werden beide erschossen, von einem Muslimen, einem Kroaten, einem Blindgänger [...] (Unsere Gäste, sind sie deutsche Schweizer oder schweizerische Deutsche?)...[57]

Neben diesem Kriegsdiskurs in der Herkunftsgesellschaft nimmt in Abonjis Roman die kritische Darstellung des Balkan-Diskurses in der Ankunftsgesellschaft einen großen Stellenwert ein. Balkanistische Stereotype werden in den Gesprächen der Schweizer Cafébesucher über den Jugoslawienkrieg aktualisiert. Die Männer im Café bezeichnen die Serben als „kriegerische Meute" und als „Nazis" und vergleichen sie mit „Hyänen".[58] Zur Beschreibung der politischen Flüchtlinge bedienen sie sich tradierter Vorurteile wie dem der Rückständigkeit und des Archaischen: „[D]as ist ja rohes Material, [...], wissen Sie, der homo balcanicus hat die Aufklärung einfach noch nicht durchgemacht".[59] So offenbart sich in den pseudopolitischen Caféhausgesprächen der Herren die ambivalente Einstellung zum Balkan – Dämonisierung einerseits, Exotisierung andererseits. Der Balkan sei eine „einzige Krise", ein „einheitslos[er] [...] Vielvölkerstaat", mit einer „interessanten Geschichte"[60]; und weiter heißt es, „die vom Balkan haben andere Hinterköpfe".[61] Eine Strategie des Textes, diese balkanistischen Stereotype zu entlarven, ist der parodistische Umgang mit ihnen: „Balkankrieg ist die Spezialität eines Volkes, ein hausgemachtes Produkt, das einem kriege-

56 Bodrožić, Marica: *Sterne erben, Sterne färben*, S. 56.
57 Abonji, Melinda Nadj: *Tauben fliegen auf*, S. 157f.
58 Ibid., S. 105.
59 Ibid., S. 108.
60 Ibid., S. 238.
61 Ibid., S. 241.

rischen Charakter entspringt"[62], spottet die Erzählerin. Dieser Balkan-Diskurs wird auch in „Kirschholz und alte Gefühle" unterlaufen, indem von einer Stadtbevölkerung berichtet wird, die den Begriff Zivilisation für sich einfordert und nur diejenigen für barbarisch erklärt, die ihren eigenen Wohnort bombardieren: „Diese Stadt ist keine Wildnis! Sie gehört zur ZI-VI-LI-SA-TION!"[63] Damit wird zwar die Verknüpfung zwischen ‚Barbaren', ‚Wilden' und dem ‚Balkan' hergestellt, aber nicht auf das Volk im Allgemeinen projiziert, sondern nur dem inhumanen Verhalten der Kriegstreibenden zugeschrieben: „Das hier ist EINE STADT, ihr Hurensöhne! Wir überlassen unsere Stadt nicht den Barbaren!"[64]

Abonjis Roman dagegen zeigt, dass sich die Diffamierung entlang ‚ethnischer' Zuschreibungen, die bereits in der Herkunftsgesellschaft aufgedeckt und kritisiert wurde, im westlichen, ‚zivilisierten' Einwanderungsland wiederholt. Jedoch nicht nur im Diskurs über die „Balkanesen"[65] in Jugoslawien, und damit in der Markierung des Fremden, sondern auch in Form konkreter rassistischer Übergriffe auf die Migrantenfamilie durch Institutionen (wie in der Szene, in der über die Einbürgerung der Familie abgestimmt wird)[66] und durch Einzelpersonen (z.B. als ein Unbekannter die Wände in der Toilette mit Fäkalien beschmutzt).[67] Während die Nationalisten im zerfallenden Jugoslawien gewaltvolle Trennungen herbeiführen und auch in militärischer Form die vermeintlich homogene eigene Kultur vor dem ‚Anderen' zu schützen vorgeben, argumentieren die Nationalisten in der Schweiz mit denselben ethnischen Zuschreibungen und propagieren die Notwendigkeit, die schweizerische Kultur vor den Einflüssen des ‚Fremden' zu verteidigen.

Die Analyse der Texte Abonjis und Bodrožićs konnte zeigen, wie diese durch die Vielstimmigkeit zum Thema Krieg, die Dekonstruktion der Kategorien ‚Nation' und ‚Ethnie' und die Reflexion über die Rolle von Sprache und Geschichte für die Wahrnehmung des Krieges dazu beitragen, balkanistische Stereotype zu unterlaufen. In einem weiteren Schritt aber decken ihre Texte durch den doppelten Blick der Migrantin, durch eine Innen- und Außenperspektive innerhalb derselben Figur, die entlarvenden Parallelen zwischen dem ‚Balkan' und dem ‚Westen' auf: Hier wie dort wirken rassistische Mechanismen und nationalistische Ideologien. Die analysierten Texte stellen weder die Frage nach den Schuldigen am Krieg noch versuchen sie, die Sinnhaftigkeit der Geschehnisse zu erklären, wodurch jegliche Täter-Opfer-Binaritäten vermieden werden.

---

62 Ibid., S. 234.

63 Bodrožić, Marica: *Kirschholz und alte Gefühle*, S. 26.

64 Ibid., S. 48f.

65 Abonji, Melinda Nadj: *Tauben fliegen auf*, S. 108.

66 Cf. ibid., S. 284.

67 Cf. ibid., S. 283.

Und auch eine Authentizität suggerierende Kriegsnarrativik wird zurückgewiesen: Ein Großteil der literarischen Figuren erfährt den Krieg nur indirekt und die Möglichkeit eines konsistenten, unverstellten, singulären Erinnerns an und Erzählens über den Krieg wird grundsätzlich verneint. So wird der Literatur – trotz der in allen Texten marginal auftauchenden Kritik an audiovisuellen Medien, journalistischer Berichterstattung und Kriegsfotografie – keine besondere Wahrheitsfindung zugeschrieben. Stattdessen liegt der Schwerpunkt in Abonjis und Bodrožićs Texten auf der Kritik an der Instrumentalisierung von Identitäten zu politischen oder kriegerischen Zwecken. Sie dekonstruieren die Vorstellung von einer so genannten nationalen Identität, indem sie ähnliche Schicksale von Menschen verschiedener Herkünfte und Sprachen gegenüberstellen und dadurch die Polarität vom ‚Eigenen' und ‚Fremden' – das wichtigste Argument der Krieg führenden Parteien – auflösen.

Literatur

Abonji, Melinda Nadj: *Tauben fliegen auf.* Jung und Jung: Salzburg / Wien 2010.

Arnold, Heinz Ludwig: *Marica Bodrožić.* (Kein Veröffentlichungsdatum). http://www.westoestlicherdiwan.de/bodrozic.pdf (23.04.2013).

Bodrožić, Marica: „Tito ist tot". In: Id.: *Tito ist tot.* Suhrkamp: Frankfurt am Main 2002, S. 7-16.

Bodrožić, Marica: *Kirschholz und alte Gefühle.* Luchterhand: München 2012.

Bodrožić, Marica: *Sterne erben, Sterne färben. Meine Ankunft in Wörtern.* Suhrkamp: Frankfurt am Main 2007.

Previšić, Boris: „Eine Frage der Perspektive: Der Balkankrieg in der deutschen Literatur". In: Zemanek, Evi et al. (Hrsg.): *Literatur der Jahrtausendwende. Themen, Schreibverfahren und Buchmarkt um 2000.* Transcript: Bielefeld 2008.

Previšić, Boris: „Poetik der Marginalität: Balkan Turn gefällig?" In: Schmitz, Helmut (Hrsg.): *Von der nationalen zur internationalen Literatur. Transkulturelle deutschsprachige Literatur und Kultur im Zeitalter globaler Migration.* (Amsterdamer Beiträge der neueren Germanistik 69). Rodopi: Amsterdam et al. 2009, S. 189-204.

Previšić, Boris: „Zwischen Diskursivität und Faktualität: Interkulturalität und literarische Imagination auf dem balkanischen Prüfstand des jugoslawischen Zerfalls". In: Heimböckel, Dieter et al. (Hrsg.): *Zwischen Provokation und Usurpation. Interkulturalität als (un-)vollendetes Projekt der Literatur- und Sprachwissenschaften.* Fink: München 2010, S. 191-203.

Said, Edward: *Orientalism.* Routledge & Kegan Paul: London 1978.

Todorova, Maria: „Der Balkan als Analysekategorie: Grenzen, Raum, Zeit". In: *Geschichte und Gesellschaft. Mental Maps* 28(3), 2002, S. 470-492.

Todorova, Maria: *Imagining the Balkans.* Oxford University Press: New York 1997.

Insa Braun

Täterdarstellung und -inszenierung in Hannah Arendts „Eichmann in Jerusalem" und Slavenka Drakulićs „Keiner war dabei"

> Begreifen bedeutet freilich nicht, das Ungeheuerliche zu leugnen, das Beispiellose mit Beispielen zu vergleichen oder Erscheinungen mit Hilfe von Analogien und Verallgemeinerungen zu erklären, die das Erschütternde der Wirklichkeit und das Schockhafte der Erfahrung nicht mehr spüren lassen. Es bedeutet vielmehr, die Last, die uns durch die Ereignisse auferlegt wurde, zu untersuchen und bewußt zu tragen und dabei weder ihre Existenz zu leugnen noch demütig sich ihrem Gewicht zu beugen, als habe alles, was einmal geschehen ist, nur so und nicht anders geschehen können. Kurz: Begreifen bedeutet, sich aufmerksam und unvoreingenommen der Wirklichkeit, was immer sie ist oder war, zu stellen und entgegenzustellen.[1]
>
> Hannah Arendt

Das zwanzigste Jahrhundert wird durch Kriege einer neuen Art erschüttert: Neue Massenvernichtungswaffen, anonymisiertes Töten, nationalistisch motivierte Massenmorde und eine sich kontinuierlich weiter entwickelnde mediale Aufbereitung dieser Kriegsereignisse werfen auch im Bereich von Kunst und Kultur neue Fragen auf. Kann es Kunst in Zeiten des Krieges überhaupt geben? Welches Medium wird ihm gerecht? Wie weit darf ein Künstler in der Darstellung von Grausamkeit, Elend und Tod gehen? Nach dem Zweiten Weltkrieg beschäftigt sich u.a. Theodor W. Adorno mit dieser Problematik. Sein Aufsatz „Kulturkritik und Gesellschaft" aus dem Jahr 1951 endet mit folgender Diagnose:

> Je totaler die Gesellschaft, um so verdinglichter auch der Geist und um so paradoxer sein Beginnen, der Verdinglichung aus eigenem sich zu entwinden. Noch das äußerste Bewußtsein vom Verhängnis droht zum Geschwätz zu entarten. Kulturkritik findet sich in der letzten Stufe der Dialektik von Kultur und Barbarei gegenüber: nach Auschwitz ein Gedicht zu schreiben, ist barbarisch, und das frißt auch die Erkenntnis an, die ausspricht, warum es unmöglich ward, heute Gedichte zu schreiben.[2]

---

1 Arendt, Hannah: *Elemente und Ursprünge totaler Herrschaft. Antisemitismus, Imperialismus, totale Herrschaft*. Piper: München / Zürich [15]2013, S. 25.

2 Adorno, Theodor W.: „Kulturkritik und Gesellschaft". In: Id.: *Kulturkritik und Gesellschaft I. Prismen. Ohne Leitbild*. Hrsg. v. Tiedemann, Rolf et al. Suhrkamp: Frankfurt am Main 2003, S. 11-30. Hier: S. 30.

Der letzte Satz wurde in der Rezeptionsgeschichte in verkürzter Form zu einem normativen ‚Ihr dürft nach Auschwitz keine Gedichte mehr schreiben'. Allerdings ist er vielmehr in der „dialektischen Verschränkung von Barbarei und Kultur"[3] zu verstehen, wie Peter-André Alt herausstellt. Es geht also nicht um ein moralisches Verbot, Kunst nach Auschwitz herzustellen. Das Schreiben eines Gedichts wird nur deshalb zu einem Problem, weil das Gedicht und der selbstgenügsame Genuss an ihm in dialektischer Verknüpfung mit den Gräueltaten des NS-Regimes stehen.

> Die gesamte Aussage zielt darauf, den Zusammenhang von Inhumanität und Kultur präsent zu halten, der eine nicht hintergehbare Bedingung literarischer Arbeit nach 1945 bleibt. Weder formuliert Adorno damit ein prinzipielles Verdikt noch bietet er eine Lösung aus dem Dilemma, das seine Analyse aufdeckt.[4]

Adorno gestand der Kunst später zu, dass sie als Teil der ästhetischen Bewältigung überleben und das Ästhetische gegen das Barbarische behaupten müsse. Um Auschwitz darstellen zu können, müsse jedoch auch das Böse eine eigene ästhetische Form finden, ohne das Barbarische zu ästhetisieren.

Dass das Sprechen und Schreiben über Auschwitz und den Holocaust auch Jahrzehnte später noch problematisch ist, zeigt sich in den 1960er Jahren: Als Hannah Arendt ihren Bericht über den Eichmann-Prozess in Jerusalem veröffentlicht, entbrennt eine Debatte darüber, wie über diese Kriegsgräueltaten berichtet werden darf. Verhöhnt Arendt das Leid der Opfer, wenn sie versucht zu verstehen, wer dieser Täter Adolf Eichmann war? Auch die kroatische Autorin Slavenka Drakulić steht vor diesem Problem. Sie befasst sich in einigen ihrer Werke mit den Kriegsverbrechen, die während des Zusammenbruchs Jugoslawiens und den Kriegen auf dem Balkan geschehen sind. Im Jahr 2004 nähert sie sich das erste Mal der Perspektive der Täter an, als sie nach Den Haag zum International Criminal Tribunal for the former Yugoslavia (ICTY) fährt und ein Buch über ihre Eindrücke und Erlebnisse verfasst. Sie fürchtet, Kriegsverbrechen zu verharmlosen, wenn sie versucht, die Täter zu verstehen. Dennoch kommt Drakulić, ähnlich wie Arendt, zu dem Schluss, dass nur der offene Umgang mit den schrecklichen Kriegsereignissen und vor allem die Analyse der Täterfiguren eine Aufarbeitung in Gang setzen kann, die schließlich auch der Prävention neuer Kriege dient. Auf welche Weise Arendt und Drakulić die Täter beschreiben und dabei auch inszenieren und inwiefern sich Slavenka Drakulić in die Tradition Arendts stellt, soll die folgende Analyse näher untersuchen.

---

3 Alt, Peter-André: *Ästhetik des Bösen*. C.H.Beck: München 2010, S. 483.

4 Ibid.

1. Hannah Arendt: „Eichmann in Jerusalem. Ein Bericht von der Banalität des Bösen"

Anfang der 1960er Jahre fährt Hannah Arendt als Journalistin für die Zeitschrift „The New Yorker" nach Jerusalem, um an dem Prozess gegen den NS-Verbrecher Adolf Eichmann teilzunehmen. Im Jahr 1964 erscheint die Buchausgabe unter dem Titel „Eichmann in Jerusalem – A Report on the Banality of Evil". In einem Brief an den Journalisten Samuel Grafton äußert sich Arendt zu den Motiven, die sie veranlassten, einen solchen Bericht zu schreiben: Sie habe im Rahmen ihrer Forschung über totalitäre Systeme und die totalitäre Mentalität wissen wollen, wer die Person Eichmann sei und worin die Natur des Bösen bestünde. Außerdem habe sie die Frage nach den juristischen Aspekten dieser neuen Art von Verbrechern und Verbrechen, d.h. nach der Fähigkeit und der Legitimation von Rechtsinstitutionen, beschäftigt.[5] Während der Prozessbeobachtung fallen Arendt drei grundsätzliche Probleme auf, die ihres Erachtens an der Rechtmäßigkeit des Prozesses rütteln und die Fortentwicklung von Politik und Justiz nach 1945 maßgeblich prägen: die möglicherweise mangelnde Gerechtigkeit in einem Gerichtshof des Siegers, die noch schwammige Definition der Ausdrücke ‚Verbrechen gegen die Menschheit' und ‚Verbrechen gegen die Menschlichkeit' und die Andersartigkeit des neuen Verbrechertypus, des ‚Verwaltungsmörders', den Eichmann für Arendt darstellt.[6]

1.1 Die Arendt-Kontroverse

Gegen „Eichmann in Jerusalem" werden nach der Veröffentlichung große Einwände erhoben: Arendt habe den deutschen Widerstand diffamiert, ein falsches Bild von dem Täter Adolf Eichmann gezeichnet und vor allem den Judenräten eine große Mitschuld bei der Organisation der Massenmorde unterstellt und sich damit anti-jüdisch geäußert.[7] Besonders Letztgenanntes löst eine Kontroverse unter den Rezipienten aus und führt in jüdischen Kreisen zu großer Empörung. In der Tat weisen einige Stellen in Arendts Bericht einen gewissen Grad an Am-

---

5 Cf. Assy, Bethânia: „Politik und Verantwortung. Eichmann in Jerusalem". In: Heuer, Wolfgang et al. (Hrsg.): *Arendt Handbuch. Leben – Werk – Wirkung*. Metzler: Stuttgart 2011, S. 92-98. Hier: S. 92.

6 Cf. ibid., S. 93.

7 Über die historischen Begebenheiten und Wahrheiten, sollten sie denn in der Forschung auf die ein oder andere Art und Weise bewiesen worden seien, kann im Rahmen dieses Aufsatzes nicht weiter eingegangen werden. Vielmehr soll sich die Analyse auf die Darstellungsstrategien Hannah Arendts beziehen.

bivalenz auf: So bleibt Arendts Position z.B. bezüglich der Widerstandslosigkeit der Opfer zwiespältig. In ihrer nachträglich verfassten Vorrede schreibt sie:

> Der Streit dreht sich z.B. um das Verhalten des jüdischen Volkes in der Katastrophe der ‚Endlösung'. Die Frage, ob die Juden sich hätten wehren können oder müssen, die zuerst von dem israelischen Staatsanwalt erhoben und von mir als töricht und grausam bezeichnet wurde, da sie von einer fatalen Unkenntnis der Verhältnisse zeugte, ist bis in die erstaunlichsten Konsequenzen diskutiert worden [...].[8]

Einerseits wirft Arendt dem Hauptankläger des Prozesses, Gideon Hausner, vor, Zeugen immer wieder nach ihrer Widerstandslosigkeit befragt zu haben. Dieses Verhalten widerstrebt Arendt und sie betont das unsensible Verhalten Hausners, indem sie ein grauenerregendes Beispiel anbringt:

> Das Gericht bekam von keinem der befragten Zeugen eine Antwort auf die törichten und grausamen Fragen des Staatsanwalts, die er sich leicht selbst hätte beantworten können, etwa bei der Erinnerung an das Schicksal von 425 jungen holländischen Juden, die im Februar 1941 nach dem Kampf einer jüdischen Widerstandsgruppe mit deutschen Sicherheitspolizisten im alten Judenviertel von Amsterdam verhaftet und zunächst nach Buchenwald gebracht wurden, um dann in dem österreichischen Konzentrationslager Mauthausen buchstäblich zu Tode gefoltert zu werden.[9]

Andererseits befasst sich Arendt an einer anderen Stelle mit genau jenen Fragen, die ihr aus dem Munde Gideon Hausners noch töricht und grausam vorkamen. Ihr eigentliches Ziel ist es, die Bedeutung und Funktion der Judenräte im Dritten Reich aufzuklären, was ihres Erachtens im Jerusalemer Prozess völlig verschwiegen wurde. Doch endet Arendts Argumentation über dieses Verschweigen einer möglichen Mitschuld der Judenräte und die Befragung der falschen Zeugen in einem Nachsatz, der an Hausners Frage nach der Widerstandslosigkeit der Opfer erinnert.

> Und so entstand in Herrn Hausners ‚Gesamtbild' gerade an dieser bedenklichsten Stelle ein leerer Fleck dadurch, daß kein Zeuge über die Zusammenarbeit zwischen nationalsozialistischen und jüdischen Behörden vernommen wurde, daß also kein Anlaß bestand, die schwerwiegende Frage zu stellen: Warum habt ihr die Mitarbeit an der Zerstörung eures eigenen Volkes und letztlich an eurem eigenen Untergang nicht verweigert? Unter den Zeugen war nur ein einziger, der seinerzeit prominentes Mitglied eines Judenrats gewesen war: Pinchas Freudiger alias Baron Philipp von Freudiger aus Budapest [...]. Freudiger, ein orthodoxer Jude, war heftig erregt: ‚Hier gibt es Leute, die sagen, daß niemand ihnen geraten hat zu fliehen. Aber von den

---

8 Arendt, Hannah: *Eichmann in Jerusalem. Ein Bericht von der Banalität des Bösen.* Piper: München 2011, S. 53.

9 Ibid., S. 80.

> Leuten, die geflohen sind, wurden 50 Prozent wieder eingefangen und getötet!' – dagegen stehen 99 Prozent Todesopfer unter denen, die nicht zu fliehen versuchten.[10]

Der Nachsatz, den Arendt den Ausführungen von Pinchas Freudiger anfügt, impliziert, dass sie selbst verwundert ist, warum nicht mehr Leute versuchten zu fliehen, hatte ein Opfer doch nur durch einen Fluchtversuch überhaupt eine Überlebenschance. Hier zeigt sich, wie emotional sie zuweilen selbst in ihrer Berichterstattung ist. Wertende und beinah verbittert ironische Kommentare dieser Art sind in Arendts Bericht keine Seltenheit. Seyla Benhabib nimmt u.a. solche Ausdrücke zum Anlass, Arendts Sprachstil zu kritisieren:

> Und gerade weil ihr jenes Werk in Wahrheit so naheging, offenbart es einen manchmal erschreckenden Mangel an Augenmaß, Feingefühl und Besonnenheit. [...] Hannah Arendt wurde gerade deshalb von der jüdischen Gemeinschaft geächtet, weil sie – wie viele Überlebende des Holocaust – nicht den richtigen Ton getroffen hatte, um öffentlich über das Leiden, den Schmerz und die Verluste der Vergangenheit zu berichten.[11]

Dies führt zu dem Problem zurück, was denn der richtige Ton sein kann, wenn es um die schriftliche Wiedergabe und Aufarbeitung von Kriegen, Verbrechen gegen die Menschenrechte, Massakern, Vergewaltigung und organisierten Massenmorden geht.[12] In Arendts Versuch, ihre Prozess-Beobachtungen schriftlich festzuhalten, liegt – anders als bei Slavenka Drakulić – zunächst kein oder zumindest kein ausschließlich literarischer Anspruch.[13] Es handelt sich um einen Bericht, der an einigen Stellen emotional geprägt ist. Dennoch ist es u.a. Hannah Arendts Verdienst, dass sie die Beschäftigung mit dem NS-Regime und den Folgen dieser totalitären Herrschaft als zwingend notwendig anerkannte und die

10 Ibid., S. 217ff.

11 Benhabib, Seyla: „Identität, Perspektive und Erzählung in Hannah Arendts Eichmann in Jerusalem". In: Smith, Gary (Hrsg.): *Hannah Arendt Revisited: „Eichmann in Jerusalem" und die Folgen*. Suhrkamp: Frankfurt am Main 2000, S. 95-119. Hier: S. 95.

12 Cf. ibid., S. 96: Benhabib verweist darauf, dass das Neue an Arendts Bericht über den Eichmann-Prozess auch darin bestand, dass ein Konflikt zwischen der jüdischen Gemeinde und den Überlebenden des Holocaust ausgebrochen war. Inhalt des Streites war die Uneinigkeit darüber, wie man sich dem Gedächtnis des Holocaust stellen sollte.

13 Die Frage nach der Literarizität oder die Problematisierung derselben in Arendts Bericht wäre sicherlich fruchtbar, zumal, wenn man die „Erinnerungen" Hans Jonas' bedenkt, der über die Entstehung dieses Werkes festhielt: „Ihre Berichte wurden nicht von Jerusalem gekabelt und als Tagesbericht veröffentlicht, sondern erschienen erst nach ihrer Rückkehr von Woche zu Woche in literarisch ausgearbeiteter Form." Cf. Jonas, Hans: *Erinnerungen. Nach Gesprächen mit Rachel Salamander*. Insel: Frankfurt am Main / Leipzig 2003, S. 287.

öffentliche Diskussion über diese Themen antrieb.[14] Dazu gehörte möglicherweise auch, Tabus zu brechen und Gräueltaten zu benennen und darzustellen.[15] Sie selbst beschreibt ihr Berichtvorhaben in ihrem Vorwort wie folgt:

> Es handelt sich hier also nicht etwa um die Geschichte der größten Katastrophe, die das jüdische Volk je betroffen hat, noch um die Darstellung des totalen Herrschaftssystems oder um eine Geschichte des deutschen Volkes im Dritten Reich, noch schließlich gar um eine theoretische Abhandlung vom Wesen des Bösen. Im Mittelpunkt jedes Prozesses steht die Person des Angeklagten, ein Mensch aus Fleisch und Blut mit einer individuellen Geschichte, einem immer einmaligen Gemisch von Eigenschaften, Besonderheiten, Verhaltensweisen und Lebensumständen. Alles, was darüber hinausgeht, wie etwa die Geschichte des jüdischen Volkes in der Zerstreuung und der Antisemitismus oder das Verhalten des deutschen Volkes und anderer Völker oder die Ideologien der Zeit und der Herrschaftsapparat des Dritten Reiches, spielt in den Prozeß nur insofern herein, als es den Hintergrund und die Umstände abgibt, unter denen der Angeklagte seine Handlungen begangen hat.[16]

Arendts Bericht stellt in gewissem Sinne eine Analyse – nicht jedoch die Pathologisierung – des Verbrechers Eichmann dar. Zwar werden die Opfer in Arendts Bericht nicht vergessen, doch ihr Interesse gilt der Person des Täters, was sich

---

14 Cf. Arendt, Hannah: *Eichmann in Jerusalem*, S. 52: „Wenn also auch der Streit, was das Buch selbst betrifft, weitgehend gegenstandslos ist, so hat das doch nicht gehindert, daß in ihm vieles zur Sprache gekommen ist, was das Denken heutiger Menschen beschäftigt und ihr Gemüt beschwert, wobei sich gezeigt hat, daß die ‚unbewältigte Vergangenheit' nicht nur ein deutsches und nicht nur ein jüdisches Phänomen ist, sondern daß gerade dieser Teil der Vergangenheit auch heute noch in weitesten Kreisen unvergessen und unbewältigt ist."

15 Cf. Benhabib, Seyla: „Identität, Perspektive und Erzählung in Hannah Arendts Eichmann in Jerusalem", S.101: „Gleichwohl muß man Arendt zugute halten, daß sie als eine der ersten dazu aufrief, sich den Tatsachen des Naziregmies und des Holocaust in ihrer ganzen ungeheuren Entsetzlichkeit zu stellen. Sie selbst hatte mit der Frage zu kämpfen, wer – wenn überhaupt – in welchem Sinne zum Gedenken an die Opfer sprechen dürfe. Ihr Versuch, mit der eigenen Stimme einen Standpunkt außerhalb des Staates Israel und der Weltjudenheit einzunehmen, trug ihr Schwierigkeiten ein. Von welcher Position aus und für wen sprach sie? Sie war weder Bürgerin Israels noch Überlebende eines Konzentrationslagers – hatte allerdings ein Gefangenenlager im südfranzösischen Gurs kennengelernt. Seit 1941 war sie Amerikanerin und hatte sich nach dem Tod Judah Magnes' im Jahr 1948 praktisch nicht mehr um jüdische Politik gekümmert, in der sie seit 1933 stark engagiert gewesen war." Benhabib benennt hier einen weiteren sensiblen Punkt in der Aufarbeitungs-Debatte nach dem Zweiten Weltkrieg: Wer hat das Recht über diese Dinge zu sprechen? Dieser Frage soll hier nicht weiter nachgegangen werden, zumal sich diese Debatte zwei Generationen nach der Arendt-Kontroverse anders gestalten dürfte, als in der unmittelbaren Nachkriegszeit.

16 Arendt, Hannah: *Eichmann in Jerusalem*, S. 55.

auch in ihrer Kritik an dem Prozessaufbau und an Gideon Hausner widerspiegelt: Dieser ließ im Eichmann-Prozess eine Vielzahl an Zeugen auftreten, um dem Leiden ein Gesicht zu geben, dem jüdischen Volk ein Stück weit Gerechtigkeit widerfahren zu lassen und ihm die Möglichkeit zu eröffnen, nachhaltig über sein Trauma zu sprechen. Arendt kritisiert dieses Verfahren, weil die Aussagen der Zeugen oftmals wenig mit dem Aufgabenbereich des Angeklagten zu tun haben. Außerdem verfehlen die Zeugenberichte den Punkt, den Arendt als Ausgangspunkt ihrer Studie ansieht: Die Zeugen sprechen von den Mördern, den Soldaten, die um sie herum Menschen töteten und misshandelten. Eichmann jedoch zeichnete sich nicht durch einen ausgeprägten Sadismus aus und hatte zudem nie selbst an den Mordkommandos der Nationalsozialisten teilgenommen. Aus diesem Grunde bezeichnet Arendt ihn schließlich als ‚Verwaltungsmörder'.

Arendt distanziert sich nicht nur von der – ihrer Meinung nach – juristischen Fehlentscheidung, Zeugen zu befragen, die für den Eichmann-Prozess irrelevante Ereignisse schilderten, sondern auch von der Perspektive derjenigen Beobachter, die den Täter aus dem Auge verlieren. Allerdings zeigt sich bereits in ihrer Vorrede ein Hang zur Emotionalisierung und auch zur Universalisierung, wenn sie mit folgendem Satz schließt: „Der vorliegende Bericht handelt davon, wieweit es in Jerusalem gelang, der Gerechtigkeit zum Sieg zu verhelfen."[17] Nicht nur widerspricht dieser pathetische Duktus der Realität des Textes, er entspricht auch Hausners Versuch, durch den Auftritt von Zeugen und deren Berichte, pauschalisierende Bilder von dem Angeklagten und von Recht und Unrecht zu zeichnen. Anders als in dem Abschlusssatz der Vorrede hatte Arendt ihr Vorhaben in der oben zitierten Passage noch differenzierter beschrieben. Dort schreibt sie u.a., dass sie keine „Theorie vom Wesen des Bösen"[18] verfasst habe. Dies zeigt auch, dass sie sich weigerte, den Begriff von der ‚Banalität des Bösen', der ihren Bericht und die Kontroverse um ihn so sehr prägte, als Begründung einer neuen Theorie zu sehen. Vielmehr ist dieser Ausdruck wohl ihrem spontanen Eindruck geschuldet und kann als Versuch gelten, in Worte zu fassen, was nicht in Worten fassbar erschien.[19]

1.2 Verbrecher ohne Motiv: Eichmann als Verwaltungsmörder

> Vor der Gerechtigkeit ist in diesem Gerichtssaal nur Adolf Eichmann wichtig, Sohn des Karl Adolf Eichmann, der Mann in dem Glaskasten, der eigens zu seinem

17 Ibid., S. 68.

18 Ibid., S. 55.

19 Cf. Arendt, Hannah / Fest, Joachim: *Eichmann war von empörender Dummheit. Gespräche und Briefe*. Hrsg. v. Ludz, Ursula / Wild, Thomas. Piper: München 2011, S. 10.

> Schutz gebaut worden ist, ein mittelgroßer, schlanker Mittfünfziger mit zurückweichendem Haaransatz, schlechtsitzendem Gebiß und kurzsichtigen Augen, der den ganzen Prozess hindurch seinen dürren Hals zur Richterbank hinstreckt (nicht ein einziges Mal wendet er sein Gesicht dem Publikum zu) und sich verzweifelt bemüht, Haltung zu bewahren – was ihm im allgemeinen auch gelingt, trotz des nervösen Zuckens, das seinen Mund längst vor Beginn dieses Prozesses verzerrt haben muß.[20]

Arendt versucht ein Bild von Eichmann zu kreieren, das ihn als einen gedankenlosen Mitläufer, einen Funktionär des NS-Regimes und als einen beunruhigend normalen, durchschnittlichen Menschen zeigt. In der Beschreibung seines Aussehens stellt sie das Normale in den Vordergrund: „mittelgroß", „zurückweichender Haaransatz" und „kurzsichtige Augen". Sie widmet der Beschreibung der Kindheit, der familiären Verhältnisse und des Karrierewegs Eichmanns ein eigenes Kapitel, in dem sie nach einem roten Faden sucht, der sich durch sein Leben gezogen hat. Obwohl sie Eichmann nicht für einen pathologischen Täter hält, versucht sie dennoch, seine Entscheidung für die SS und den damit beginnenden moralischen Abstieg als Konsequenz seines Charakters abzuleiten. In ihrer Beschreibung des Angeklagten stellt Arendt im Verlauf ihres Berichts drei Deutungsdimensionen besonders heraus: die fatale Normalität und der daraus hervorgehende Genuss am Mitmachen, seine Anpassung an die nazistische Sprachregelung und sein vermindertes Denkvermögen sowie die damit verbundene Debatte über Moral und Urteilskraft.

Wie Arendt hervorhebt, hatte Eichmann bereits in der Schule nicht den Eindruck eines Musterschülers hinterlassen und war auf die Hilfe seines Vaters angewiesen, der den „nicht gerade viel versprechenden Sprössling"[21] nach einer missglückten Schullaufbahn im eigenen kleinen Bergwerkunternehmen als Arbeiter unterbrachte. Wenngleich vielleicht untalentiert, so sei Eichmann dennoch ein „strebsamer junger Mann"[22] gewesen, der im aufkommenden Nationalsozialismus eine Chance des sozialen Aufstiegs erkannt habe. Dieses Streben nach Ansehen war natürlich nicht nur für Eichmann, sondern auch für viele andere NS-Größen charakteristisch. Eichmann muss jedoch laut Arendt gewisse narzisstische Grundtendenzen[23] besessen haben, die ihn zu einem Prahler machten und aufgrund eines beständigen Minderwertigkeitskomplexes, der sich vor allem im Umgang mit Nationalsozialisten aus der bürgerlichen Bildungsschicht zeigte, auch dazu verführten, einer ständigen Geltungssucht nachzugeben:

---

20 Arendt, Hannah: *Eichmann in Jerusalem*, S. 72.

21 Ibid., S. 103.

22 Ibid., S. 107.

23 Dies bezeugen u.a. auch Eichmanns diverse Memoiren, die er in Argentinien und Jerusalem schrieb, oder seine Bereitschaft, dem holländischen Nationalsozialisten Willem Sassen ein ausführliches Interview zu geben.

> Da er ‚nicht gerade der fleißigste Schüler gewesen war' – noch, wie man annehmen darf, der begabteste –, nahm ihn sein Vater zuerst von der Realschule und dann auch vom Polytechnikum lange vor dem Abschluß. Die Berufsangabe, die auf seinen sämtlichen offiziellen Dokumenten erscheint – Maschinenbauingenieur hatte ungefähr ebensoviel mit der Wirklichkeit zu tun wie die Behauptung, daß er in Palästina geboren sei und fließend hebräisch und jiddisch spräche – blanke Lügen, die Eichmann seinen SS-Kameraden, aber auch seinen jüdischen Opfern mit Vorliebe erzählte.[24]

Resümierend schreibt Arendt: „Wichtigtuerei und Angeben waren ihm offenbar früh zur liebenden Gewohnheit geworden."[25] In diesen Charaktereigenschaften erkennt sie schließlich auch den Grund für Eichmanns Treue zum NS-Regime: Das System unterstützte seine Geltungssucht und sprach sein Pflichtbewusstsein und sein bürokratisches Organisationstalent an. In einem Gespräch mit Joachim Fest in einer Rundfunksendung vom 9. November 1964 beschreibt Arendt diesen neuen Verbrechertypus ausführlich:

> Wir stellen uns doch unter einem Verbrecher jemanden mit verbrecherischen Motiven vor. Und wenn wir uns Eichmann begucken, dann hat er verbrecherische Motive eigentlich überhaupt nicht. Nämlich das, was man gewöhnlich unter ‚verbrecherischen Motiven' versteht. Er wollte mitmachen. Er wollte Wir sagen, und dies Mitmachen und dies Wir-sagen-wollen war ja ganz genug, um die allergrößten Verbrechen möglich zu machen. Die Hitlers sind doch nun wirklich nicht diejenigen, die eigentlich typisch für diese Dinge sind; denn die wären doch ohnmächtig ohne die Unterstützung der anderen. [...] Sehen Sie, Mitmachen – im Mitmachen, wenn viele zusammen handeln, entsteht Macht. Solange man allein ist, ist man immer ohnmächtig, ganz egal, wie stark man ist. Dieses Gefühl der Macht, das im Zusammen-Handeln entsteht, ist an sich absolut nicht böse, es ist allgemein menschlich. [...] In diesem Handeln gibt es ein ausgesprochenes Lustgefühl. [...] Und ich würde nun sagen, dass die eigentliche Perversion des Handelns das Funktionieren ist; dass in diesem Funktionieren das Lustgefühl immer noch da ist, dass aber alles, was im Handeln, auch im Zusammen-Handeln, da ist – nämlich: wir beratschlagen zusammen, wir kommen zu bestimmten Entschlüssen, wir übernehmen die Verantwortung, wir denken nach über das, was wir tun –, [dass] all das im Funktionieren ausgeschaltet ist. Sie haben hier den reinen Leerlauf. Und die Lust an diesem reinen Funktionieren – diese Lust, die ist ganz evident bei Eichmann gewesen. Dass er besondere Machtgelüste gehabt hat, glaube ich nicht. Er war der typische Funktionär. Und ein Funktionär, wenn er wirklich nichts anderes ist als ein Funktionär, ist wirklich ein sehr gefährlicher Herr.[26]

Das Funktionieren ist für Arendt in Bezug auf die nationalsozialistischen Verbrechen also eine vom Denken losgelöste Art des Handelns, in der sich der „ge-

---

24 Arendt, Hannah: *Eichmann in Jerusalem*, S. 102.

25 Ibid., S. 103.

26 Arendt, Hannah / Fest, Joachim: *Eichmann war von empörender Dummheit*, S. 38f.

dankenlose"[27] Eichmann daran ergötzen konnte, dass er sich weder mit Konsequenzen noch mit der Moral und Ethik seines Handelns befassen musste. Genau dieses gedankenlose Funktionieren führt zur zweiten Deutungsdimension aus Arendts Bericht, nämlich zu Eichmanns Anfälligkeit für nazistische Sprachregelungen. Die nationalsozialistischen Sprachregelungen und Parolen waren Eichmann in Fleisch und Blut übergegangen und sobald er aus diesem vorgegebenen Rahmen von Redewendungen ausbrechen sollte oder wollte, verstummte er. Arendt betont, dass Eichmanns Entschuldigung vor Richter Landau – „Amtssprache ist meine einzige Sprache"[28] – in Wahrheit als Unfähigkeit zu werten sei, sich frei von Klischees auszudrücken. Während des gesamten Verlaufs ihres Berichts spricht Arendt Eichmann die Fähigkeit des eigenständigen Sprachgebrauches ab:

> In Eichmanns Mund wirkt das Grauenhafte oft nicht einmal makaber, sondern ausgesprochen komisch. Komisch ist auch Eichmanns heldenhafter Kampf mit der deutschen Sprache, in dem er regelmäßig unterlag – so, wenn er immer wieder von ‚geflügelten Worten' sprach, aber Redensarten oder Schlagworte wie zum Beispiel Himmlers Neujahrsparolen meinte, oder wenn er im deutsch geführten Kreuzverhör dem Vorsitzenden erklärte, er habe ‚kontra gegeben', als Sassen ihn drängte, seine Geschichte ein bißchen aufzufrisieren. Richter Landau, offensichtlich unvertraut mit den Mysterien des Kartenspiels, verstand den Ausdruck nicht, aber Eichmann fiel beim besten Willen kein anderes Wort ein. Komisch sind auch die endlosen Sätze, die niemand verstehen kann, weil sie ohne alle Syntax Redensart auf Redensart häufen.[29]

Kurz darauf heißt es:

> Je länger man ihm zuhörte, desto klarer wurde einem, daß diese Unfähigkeit, sich auszudrücken, aufs engste mit einer Unfähigkeit zu *denken* verknüpft war. Das heißt hier, er war nicht imstande, vom Gesichtspunkt eines anderen Menschen aus sich irgend etwas vorzustellen. Verständigung mit Eichmann war unmöglich, nicht weil er log, sondern weil ihn der denkbar zuverlässigste Schutzwall gegen die Worte und gegen die Gegenwart anderer, und daher gegen die Wirklichkeit selbst umgab: absoluter Mangel an Vorstellungskraft.[30]

---

27 Cf. Arendt, Hannah: *Eichmann in Jerusalem*, S. 57: „[E]r war nicht dumm. Es war gewissermaßen schiere Gedankenlosigkeit – etwas, was mit Dummheit keineswegs identisch ist –, die ihn dafür prädisponierte, zu einem der größten Verbrecher jener Zeit zu werden. Und wenn dies ‚banal' ist und sogar komisch, wenn man ihm nämlich beim besten Willen keine teuflisch-dämonische Tiefe abgewinnen kann, so ist es darum doch noch lange nicht alltäglich."

28 Arendt, Hannah: *Eichmann in Jerusalem*, S. 125.

29 Ibid.

30 Ibid., S. 126.

Dennoch zeigt sich hier die eigentliche Zielrichtung von Hannah Arendts Bericht: Sie reist nicht nur als Journalistin nach Jerusalem, die den Verlauf des Prozesses medial für nicht Anwesende aufbereitet. Richard J. Bernstein stellt fest, „daß Arendts Bericht trotz seiner vielen Mängel grundlegende Fragen aufwirft – Fragen nach der Verantwortlichkeit, dem Urteilen und dem Bösen, die uns immer noch verfolgen; Fragen, die bis jetzt nicht gelöst sind und vielleicht nie endgültig gelöst werden können“.[31] Es geht Arendt also auch um eine neue Art des Denkens und Urteilens aufgrund der Erfahrung, dass es neue Verbrechertypen wie Eichmann gibt, die das Denken vor die größte Katastrophe stellen: Das NS-Regime hatte jegliche moralische Grundsätze in ihr Gegenteil verkehrt. Hieß es im Rahmen der christlich geprägten deutschen Gesellschaft vor Hitlers Machtergreifung ‚Du sollst nicht töten‘, wurde das Töten und die Mitwisserschaft dieser Tat nun gesellschaftsfähig. Um diese ‚moralische Umwälzung‘ leisten zu können, bediente sich das NS-Regime wiederum der Manipulation von Sprache: „Im Endeffekt sollte dieses System von Sprachreglungen die Vernichtungsexperten nicht etwa blind machen für die Natur ihrer Tätigkeit, wohl aber verhindern, daß sie sie mit ihren alten, ‚normalen‘ Vorstellungen von Mord und Lüge gleichsetzten.“[32]

In ihren Vorlesungen über Fragen zur Ethik, die unter dem Titel „Über das Böse“ zusammengefasst erschienen sind, schreibt Arendt, dass für sie die Veränderung bzw. Veränderlichkeit der moralischen Vorstellungen unter all den Veränderungen herausstünden, die das Dritte Reich bewegt habe. Denn es seien eben jene Vorstellungen, die sie vorher für dauerhaft gehalten habe und die das Individuum anbelangten. Arendt lenkt in diesem Kontext die Aufmerksamkeit immer wieder auf das Individuum und das individuelle Denken, um ihr Argument zu verfechten, dass es kein Täterkollektiv und somit auch keine Kollektivschuld geben könne. Wenn alle schuldig seien, sei niemand schuldig – diesen Rückschluss will Arendt in aller Deutlichkeit zurückweisen. Die Feststellung, dass auch Begriffe wie Moral und Ethik, nicht nur auf etymologischer Ebene, sondern nun auch in der Realität nichts weiter bedeuten sollen als Gewohnheiten und Gebräuche, die austauschbar sind, ist für Arendt eine prägende Erfahrung.[33]

---

31 Bernstein, Richard J.: „Verantwortlichkeit, Urteilen und das Böse“. In: Smith, Gary (Hrsg.): *Hannah Arendt Revisited: „Eichmann in Jerusalem“ und die Folgen*. Suhrkamp: Frankfurt am Main 2000, S. 291-309. Hier: S. 291.

32 Arendt, Hannah: *Eichmann in Jerusalem*, S. 171.

33 Cf. Arendt, Hannah: *Über das Böse. Eine Vorlesung zu Fragen der Ethik.* Hrsg. v. Kohn, Jerome. Piper: München 2012, S. 9-13. In ihren Vorlesungen führt Arendt aus: „Waren diese Dinge oder Grundsätze, von denen alle Tugenden letztlich abgeleitet werden, bloße Werte, die gegen andere Werte ausgetauscht werden konnten, wann immer die Menschen

> Das Nazi-Regime hat in der Tat einen neuen Wertekanon angekündigt und ein ihm entsprechendes Rechtssystem eingeführt. Es hat darüber hinaus gezeigt, daß niemand ein überzeugter Nazi sein mußte, um sich anzupassen und nicht seine gesellschaftliche Stellung, wohl aber die moralischen Überzeugungen, die einst mit ihr einhergingen, gleichsam über Nacht zu vergessen. [...] Die Moral zerbrach und wurde zu einem bloßen Kanon von ‚mores' – von Manieren, Sitten, Konventionen, die man beliebig ändern kann – nicht bei Kriminellen, sondern bei den gewöhnlichen Leuten, die sich, solange moralische Normen gesellschaftlich anerkannt waren, niemals hatten träumen lassen, daß sie an dem, was sie zu glauben gelehrt worden waren, hätten zweifeln können.[34]

Eichmann, der sich nach eigener Aussage nie durch einen besonderen Judenhass ausgezeichnet habe[35], ist für diese Feststellung ein Paradebeispiel. Er arbeitete am Mordapparat des Dritten Reiches mit, ohne dabei eine Schuld oder ein schlechtes Gewissen[36] zu spüren. Seine Begründung sei gewesen, dass es um ihn herum niemanden gegeben habe, der sich gegen die Durchführung der ‚Endlösung' gewehrt habe[37] und seine Taten zum anderen in jenem neuen Moralsystem keine Verbrechen gewesen seien.

> Eichmann hatte also reichlich Gelegenheit, sich wie Pontius Pilatus ‚bar jeder Schuld' zu fühlen, und wie die Monate und Jahre verstrichen, schwand sein Bedürfnis nach Gefühlen überhaupt. So und nicht anders waren die Dinge eben, erheischte es das Gesetz des Landes, gegründet auf den Befehl des Führers. Was er getan hatte,

die Auffassungen darüber änderten? Und würden sie alle, wie Nietzsche zu zeigen scheint, angesichts des Vorrang beanspruchenden Lebens über Bord gehen?" Ibid., S. 12.

34 Ibid., S. 15-17.

35 Gegen den Vorwurf des Rassismus und des Judenhasses wehrte sich Eichmann in Jerusalem: „Ich will damit nur sagen, von Haus aus kannte ich keinen Haß gegen Juden, denn die ganze Erziehung durch meine Mutter hatte durch ihre z. T. jüdische Verwandtschaft eben hier andere Vorstellungen, wie sie an sich landläufig in SS-Kreisen üblich gewesen waren." Arendt, Hannah: *Eichmann in Jerusalem*, S. 104.

36 Cf. Arendt, Hannah: *Eichmann in Jerusalem*, S. 184: „Diese Gegenüberstellung gibt uns die Möglichkeit einer Antwort auf Richter Landaus Frage, die sich nahezu jedem Beobachter dieses Prozesses unmittelbar aufdrängte, auf die Frage nämlich, ob der Angeklagte ein Gewissen hatte. Die Antwort schien klar: Ja, Eichmann hatte ein Gewissen, sein Gewissen hat ungefähr vier Wochen lang so funktioniert, wie man es normalerweise erwarten durfte; danach kehrte es sich gleichsam um und funktionierte in genau der entgegengesetzten Weise."

37 „Sein Gewissen konnte sich um so leichter beruhigen, als er ja sah, mit welcher Beflissenheit und welchem Eifer die ‚gute Gesellschaft' allenthalben genauso reagierte wie er. Er brauchte nicht, wie es im Urteil hieß, ‚sein Ohr der Stimme des Gewissens zu verschließen'; nicht, weil er keins gehabt hätte, sondern weil die Stimme des Gewissens in ihm genauso sprach wie die Stimme der Gesellschaft, die ihn umgab." Arendt, Hannah: *Eichmann in Jerusalem*, S. 220.

> hatte er seinem eigenen Bewußtsein nach als gesetzestreuer Bürger getan. Er habe seine *Pflicht* getan, wie er im Polizeiverhör und vor Gericht unermüdlich versicherte, er habe nicht nur *Befehlen* gehorcht, er habe auch das *Gesetz* befolgt.[38]

Dass das Bewusstsein der Täter und Mittäter sich der Umformierung von Moral und Gesetz angepasst hatte, zeigt sich auch in der Tatsache, dass sowohl Eichmann als auch Göring, Ribbentrop und Heß, um nur einige Angeklagte der Nürnberger Prozesse zu nennen, sich im Sinne der Anklage als unschuldig empfanden. Die Befolgung von Gesetzen, die im moralischen Sinne nichts Rechtmäßiges darstellen, aber von einem System als solches propagiert werden, zeugt für Arendt nicht nur von einer Unfähigkeit, selbstständig zu denken, sondern auch von der Unfähigkeit, zu urteilen.

> Damit kommen wir zu einer anderen der grundsätzlichen Fragen, die in allen diesen Nachkriegsprozessen und natürlich auch im Eichmann-Prozeß berührt wurde und um die sich zu streiten in der Tat lohnen würde. Sie betrifft das Wesen und das Funktionieren der menschlichen Urteilskraft. Was wir in diesen Prozessen fordern, ist, daß Menschen auch dann noch Recht von Unrecht zu unterscheiden fähig sind, wenn sie wirklich auf nichts anderes mehr zurückgreifen können als auf das eigene Urteil, das zudem unter solchen Umständen in schreiendem Gegensatz zu dem steht, was sie für die einhellige Meinung ihrer gesamten Umgebung halten müssen.[39]

Lobend hebt Arendt in dieser Hinsicht auch die Funktion von Gerichtsinstitutionen hervor, die ausschließlich Individuen zur Rechenschaft ziehen und damit der Gefahr einer Kollektivierung entgegen treten. Einige wenige hätten laut Arendt auch während der Hitler'schen Diktatur noch die Fähigkeit besessen, Recht von Unrecht, das Gute und das Böse von einander zu unterscheiden und das nicht aufgrund einer besonders religiösen Prägung oder dem Festhalten an alten Wertmaßstäben. Vielmehr sei derjenige unbestechlich gewesen, der frei urteilte und bei jedem einzelnen Fall neu entschieden habe, „als ob es allgemeine Regeln für ihn nicht gäbe".[40]

Beunruhigend an dieser Analyse ist vor allem die Erkenntnis, dass es keine festen menschlichen Moralvorstellungen und Normen gibt und es im Gegenteil – wie die Erfahrung im Nazitotalitarismus zeigt – möglich ist, ein Moralsystem gegen ein anderes auszutauschen. Eichmann spielt in Arendts Überlegungen das Beispiel für diese Feststellung, weil er nicht in der Lage war, selbstständig zu urteilen. Auf perfide Weise wandelte er sogar Kants Ideen über den kategorischen Imperativ um: Eichmann beteuerte, dass er in seinem Leben den Kantischen Moralvorschriften gefolgt sei, bis er mit den Maßnahmen zur Ausrottung

38 Arendt, Hannah: *Eichmann in Jerusalem*, S. 231.
39 Ibid., S. 64.
40 Ibid., S. 64f.

von Menschen betreut worden sei. Arendt verdeutlicht jedoch, dass man im Falle Eichmanns nie von einer Befolgung der Kantischen Werte sprechen könne, sondern vielmehr von einer gewaltsamen Anpassung seiner Ideen an die Nazi-Ideologie. So wurde das selbstständig denkende Subjekt, wie es bei Kant vorkommt, im Dritten Reich durch den Willen des Führers ersetzt, wodurch der Kategorische Imperativ völlig verkehrt wurde.[41]

Denken und Urteilen sind für Arendt nicht zu verwechseln, doch sind sie eng miteinander verbunden. Während das Urteilen immer mit besonderen Einzelheiten zu tun habe, beziehe sich das Denken auf die Vorstellung von Dingen. Das Urteilen manifestiere das Denken in der Realität.[42] Auf der Grundlage dieser Hintergründe ist schließlich auch Arendts Ausdruck von der ‚Banalität des Bösen' zu verstehen, den sie während ihres gesamten Berichts nur einmal benutzt, um ihren Eindruck von Eichmann zu resümieren:

> In diesen letzten Minuten war es, als zöge Eichmann selbst das Fazit der langen Lektion in Sachen menschlicher Verruchtheit, der wir beigewohnt hatten – das Fazit von der furchtbaren *Banalität des Bösen*, vor der das Wort versagt und an der das Denken scheitert.[43]

Hannah Arendt weist in ihrem Bericht über den Eichmann-Prozess in Jerusalem also nicht nur die Notwendigkeit eines Bruchs mit der Tabuisierung von Kriegserlebnissen und Kriegsverbrechen auf, sondern entwickelt auf Basis ihrer Gerichtsbeobachtungen und ihrer Analyse des Täters Eichmann grundlegendere Gedanken über die Phänomene des Denkens und Urteilens.

Obwohl sich Slavenka Drakulić dem Thema der Täterdarstellung und der Prozessbeobachtung nicht derart philosophisch, sondern vielmehr auf psychologische und sozio-historische Weise nähert, knüpft sie in ihrem 2004 erschienenen Werk „Keiner war dabei. Kriegsverbrechen auf dem Balkan vor Gericht" an die Überlegungen von Hannah Arendt an. Nicht umsonst stellt sie ihren Täteranalysen in „Keiner war dabei" ein Arendt-Zitat aus deren Essay „Organisierte Schuld" aus dem Jahr 1946 voran:

> Der Spießer ist der moderne Massenmensch. Er hat die Zweiteilung von Privat und Öffentlich, von Beruf und Familie so weit getrieben, daß er noch nicht einmal in

41 „Was er dem Gericht darzulegen unterließ, war, daß er in jener ‚Zeit … der von Staats wegen legalisierten Verbrechen', wie er sie jetzt selber nannte, die Kantische Formel nicht einfach als überholt beiseite getan hat, sondern daß er sie sich vielmehr so zurechtbog, bis sie ihm im Sinne von Hans Franks Neuformulierung ‚des kategorischen Imperativs im Dritten Reich', die Eichmann gekannt haben mag, befahl: ‚Handle so, daß der Führer, wenn er von deinem Handeln Kenntnis hätte, dieses Handeln billigen würde'". Cf. Arendt, Hannah: *Eichmann in Jerusalem*, S. 232f.

42 Cf. Bernstein, Richard J.: „Verantwortlichkeit, Urteilen und das Böse", S. 305f.

43 Arendt, Hannah: *Eichmann in Jerusalem*, S. 371.

> seiner eigenen identischen Person eine Verbindung zwischen beiden entdecken kann. Wenn sein Beruf ihn zwingt, Menschen zu morden, so hält er sich nicht für einen Mörder, gerade weil er es nicht aus Neigung, sondern beruflich getan hat. Aus Leidenschaft würde er keiner Fliege etwas zuleide tun.[44]

Arendt hatte natürlich Menschen wie Eichmann vor Augen, als sie diese Zeilen schrieb, doch auch 50 Jahre später, während des Jugoslawienkrieges, scheinen ihre Worte nicht an Bedeutung und Richtigkeit verloren zu haben.

2. Slavenka Drakulić: „Keiner war dabei. Kriegsverbrechen auf dem Balkan vor Gericht“

Slavenka Drakulić, eine der bedeutendsten zeitgenössischen kroatischen Autorinnen, greift in vielerlei Hinsicht auf Erfahrungen und Erkenntnisse von Hannah Arendt zurück. Zwei Fragen, aus denen sie die Überschriften des ersten und letzten Kapitels formt, rahmen Drakulićs Prozessbeschreibung ein: „Wozu Den Haag?“ und „Wozu dienen Ungeheuer?“. Damit trifft sie zwei der Analysepunkte, die auch Arendt beschäftigt hatten: zum einen die Frage nach der Urteil sprechenden Instanz, der Legitimation und der Bedeutung eines Gerichts, das sich mit Kriegsverbrechen beschäftigt, und zum anderen die Frage nach den Tätern. Sind sie Ungeheuer? Oder müssen überlebende und nachkommende Generationen diese Menschen als Ungeheuer mystifizieren, um nicht in den Grundfesten ihrer moralischen Vorstellungen und dem Glauben an die eigene Unschuld erschüttert zu werden?

> Im Krieg sind unbeschreibliche Verbrechen geschehen, und niemand will damit zu tun haben. Das hilft uns jedoch nicht zu begreifen, wie es zu den Exzessen kommen konnte. Wenn wir die Täter als Ungeheuer bezeichnen, dann, um Abstand zwischen ihnen und uns Menschen zu schaffen. Wir gehen so weit zu sagen, daß ihre Verbrechen „unmenschlich“ waren, als wäre das Böse nicht ebenso ein Teil der menschlichen Natur wie das Gute. Im Hintergrund solcher Überlegungen steckt ein Syllogismus: Normale Menschen sind solcher Verbrechen nicht fähig. Je näher man jedoch den realen Menschen kommt, die sie begangen haben, desto eher sieht man, daß der Syllogismus nicht funktioniert.[45]

Die Autorin hatte zunächst versucht, sich der Seite der Opfer auf literarische Weise zu nähern. In ihrem 1999 erschienenen Roman „Als gäbe es mich nicht“ heißt es am Ende: „Jene Henker brauchen das Vergessen, aber die Opfer dürfen

---

44 Arendt, Hannah: „Organisierte Schuld“, zitiert nach Drakulić, Slavenka: *Keiner war dabei. Kriegsverbrechen auf dem Balkan vor Gericht*. Zsolnay: Wien 2004, S. 5.

45 Drakulić, Slavenka: *Keiner war dabei*, S. 179.

es ihnen nicht gewähren".[46] Mit diesem Hintergrund ist auch Drakulićs Werk „Keiner war dabei – Kriegsverbrechen auf dem Balkan vor Gericht" zu verstehen. Auf einer Lesung in Berlin wird sie von einem jungen Mann gefragt, ob sie auch ein Buch aus der Perspektive der Kriegsverbrecher schreiben würde, doch Drakulićs Zweifel an einem solchen Vorhaben sind zunächst groß:

> Es ist wahr, meine Bücher über den Krieg sind ausschließlich aus der Perspektive der Opfer geschrieben. Die Schrecken des Krieges können nur aus ihrer Perspektive dargestellt werden, dachte ich. Über die Täter wußte die Welt schon genug. [...] Wenn jemand versucht, aus der Perspektive der Täter zu schreiben, sie zu verstehen – kommt das nicht einer Rechtfertigung gleich? Können wir Kriegsverbrecher wirklich verstehen? Warum sollten wir es überhaupt versuchen?[47]

Dass sie sich dennoch durchringt, nach Den Haag zu fahren, sich wieder mit den Grausamkeiten des Krieges auseinanderzusetzen und schließlich darüber ein Buch zu schreiben, scheint für ein Bedürfnis nach Aufarbeitung eines kollektiven und eines persönlichen Traumas zu sprechen.

2.1 Der Täter: Mensch oder Ungeheuer?

Die Frage, die Drakulićs Untersuchungen der Kriegsverbrecher zu Grunde liegt, lautet: „Was, wenn sie normale Menschen sind wie wir, die unter bestimmten Umständen unmoralische Beschlüsse faßten?"[48] Drakulić greift hier eine alte Debatte auf:

> Ist ein schlechter Charakter die Ursache für menschliche Grausamkeit? Gibt es in jeder Gemeinschaft einen Prozentsatz von Menschen, die pathologische Eigenschaften besitzen und Verbrechen begehen, wenn sie die Gelegenheit haben? Oder werden sie unter sozialem und psychologischem Druck kriminell? Diese Fragen sind nicht neu. Es gibt eine ganze Bibliothek zu diesem Thema, die vor allem nach dem Zweiten Weltkrieg entstanden ist (Raul Hilberg, Theodor W. Adorno, Zygmunt Bauman, John Steiner und Ervin Staub). Alles sieht jedoch anders aus, wenn man solchen Fällen selbst gegenübersteht. Die Frage nach der Natur ihres Verhaltens mag alt sein, aber sie ist ebenso verstörend wie nach dem Zweiten Weltkrieg.[49]

Die Antwort ist natürlich: Nicht immer liegt ein schlechter Charakter menschlichen Grausamkeiten zu Grunde. Dies zeigt Drakulić eindrucksvoll am Beispiel des Soldaten Dražen Erdemović, dessen Vater Serbe und dessen Mutter Kroatin war. Die Tatsache, dass die Eltern unterschiedlichen Volksgruppen angehörten, spricht für Drakulić dagegen, dass Erdemović aus nationalistischen Motiven ge-

---

46 Drakulić, Slavenka: *Als gäbe es mich nicht*. Aufbau: Berlin 1999, S. 206.

47 Drakulić, Slavenka: *Keiner war dabei*, S. 178.

48 Ibid., S. 181.

49 Ibid., S. 179f.

handelt habe. Dennoch ist er im Alter von Mitte Zwanzig als Soldat der Republika Srpska an den Exekutionen in Srebrenica beteiligt. „Es schien, als geschähen ihm die Dinge einfach, als hätte er keine Wahl"[50], schreibt Drakulić und erinnert damit auch an Adolf Eichmann, der, ohne großen ideologischen Vorstellungen zu folgen, am Massenmord der Nazis beteiligt war.

> Statt in Branjevo hätte er in der Schweiz sein sollen. Mit seiner Frau war er in die Republika Srpska gekommen, weil er Dokumente organisiert hatte, um aus diesem wahnsinnigen Land zu fliehen. Aber als sie in Bijeljina ankamen, war der Mann mit den Dokumenten nicht erschienen. Also steckten sie fest, ohne Geld und mit einem Kleinkind. Darum mußte Dražen eine Arbeit finden. Drei Monate zuvor hatte ihm ein Freund gesagt, die Armee der Republika Srpska bezahle gut und besorge Wohnungen. Bald teilten sie Dražen ein verlassenes muslimisches Haus zu. Doch für ihn war die Armee nur eine vorübergehende Lösung, wichtiger war, an die Dokumente zur Ausreise zu kommen. Das war der einfachste Weg nach draußen, dachte Dražen; doch manchmal gehen Menschen in die Falle und können sich dafür nur selbst die Schuld geben. Und so geriet er statt in die Schweiz nach Branjevo.[51]

Der Schritt vom einfachen Soldaten, der auf eine Ausreisegenehmigung wartet, zum Mörder, der sich an Kriegsverbrechen beteiligt, ist nur ein kleiner. Erdemović weiß um die Exekutionen von Kriegsdienst- und Befehlsverweigerern. Die Angst um das Wohl seiner Familie und das eigene Leben führen dazu, dass er sich dafür entscheidet, seine eigenen moralischen Vorstellungen zu übergehen. Er reicht die Verantwortung an die Opfer weiter und wundert sich, warum sie nicht versuchen zu fliehen. Seine Rechnung ist logisch und grausam:

> Wären alle auf einmal losgerannt, hätten einige flüchten können. Und selbst wenn alle getötet wurden – sie wären in dem Wissen gestorben, daß sie es versucht hatten. Sie hatten nichts zu verlieren, schon als sie aus dem Bus stiegen, mußte ihnen klar sein, was auf sie zukam.[52]

Auf die Frage eines seiner Opfer, warum dieser Krieg passieren müsse, warum ehemalige Nachbarn gegeneinander kämpften, hat der junge Soldat nur eine Antwort: Er selbst habe keine Wahl gehabt. Diese Erklärung kann jedoch nicht als Entschuldigung gelten, denn die Wahl, ‚Nein' zu sagen, hat jedes Individuum, auch wenn diese Entscheidung eine Entscheidung gegen ein normatives und gewalttätiges Regime ist.

Ebenfalls evident ist das Phänomen des Mitläufers für Drakulić, wenn sie die drei Männer betrachtet, die als erste wegen Massenvergewaltigung bosnischer Musliminnen angeklagt und verurteilt wurden: Dragoljub Kunarac, Radomir Kovač und Zoran Vuković. Kovač spiegelt für Drakulić das wieder, was sie

50 Ibid., S. 103.

51 Ibid., S. 103f.

52 Ibid., S. 108.

besonders erschreckt und was ein vertrauter Bestandteil der Arendt'schen Analyse Eichmanns war: Die Normalität des Verbrechers lässt die Gräueltaten, die er begangen hat, nicht erahnen.

> Kovač ist ein großer, schlanker Mann mit länglichem Gesicht und kurzem Haar. Man könnte fast meinen, daß er gut aussieht oder jedenfalls besser als die anderen beiden Angeklagten. Wäre nur nicht dieser Gesichtsausdruck. Um seinen Mund liegt ein kleines, zynisches Lächeln. Dafür könnte er wegen Nichtachtung des Gerichts verwarnt werden. Gekleidet in einen dunkelgrauen Anzug, den er im früheren Leben sicher nur bei Hochzeitsfeiern und Begräbnissen getragen hat, sitzt er zurückgelehnt, scheinbar gelassen. Auf den ersten Blick wirkt er korrekt, wie jemand, dem Sie Ihre Tochter anvertrauen würden, damit er sie ins Krankenhaus bringt. Aber statt dessen hat Kovač sie vergewaltigt, obwohl sie ein Kind von erst zwölf Jahren war. Danach hielt er sie zusammen mit anderen Mädchen zwischen fünfzehn und zwanzig Jahren gefangen. Um sie schließlich dem Montenegriner zu verkaufen, worauf sie nie wieder gesehen wurde.[53]

Besonders schlimm erscheint bei der Grausamkeit ihrer Taten, dass die Vergewaltiger von Foča weder Reue noch Schuldbewusstsein erkennen ließen. „Die drei Vergewaltiger aus Foča hätten sich wahrscheinlich nie vorstellen können, daß sie ihren Opfern einmal in einem Gerichtssaal gegenübersitzen würden"[54], so beschreibt Drakulić die Arroganz der Täter, für die Vergewaltigungen nicht in die Kategorie der Menschenrechtsverletzung zu fallen scheinen. Die subjektiv gefühlte Schuldlosigkeit der Täter erinnert erneut an das Bestreiten von Schuld in den Prozessen von Naziverbrechern, wie Hannah Arendt es beschreibt. Bei Arendt heißt es:

> In 15 Punkten erhob der Staatsanwalt Anklage gegen Otto Adolf Eichmann […]. „Zusammen mit anderen" hatte er während des Naziregimes [...] Verbrechen gegen das jüdische Volk, Verbrechen gegen die Menschheit und Kriegsverbrechen begangen. […] Auf jeden Punkt der Anklage antwortete Eichmann: „Im Sinne der Anklage nicht schuldig." In welchem Sinne meinte er denn, schuldig zu sein?[55]

Auch Drakulić beschäftigt sich mit dieser Frage:

> Jeder Inhaftierte, der zum ersten Mal vor die Richter des Tribunals tritt, muß für ‚schuldig' oder ‚nicht schuldig' plädieren. Bis auf wenige Ausnahmen erklärten sich alle als nicht schuldig. […] Bei den drei Vergewaltigern fragt man sich, was sie meinen, wenn sie sagen, daß sie sich nicht schuldig fühlen. Die gemordet oder Morde befohlen haben, könnten sagen, sie wären sonst selbst getötet worden – was eine Erklärung, aber keine Rechtfertigung für ihr Vorgehen wäre. Es gab keinen Befehl

53 Ibid., S. 39.

54 Ibid., S. 42.

55 Arendt, Hannah: *Eichmann in Jerusalem*, S. 93.

> zur Vergewaltigung, die Soldaten wurden nur dazu ermutigt, weil das eine effektive Methode ist, die Bevölkerung zu ängstigen und zu demütigen.[56]

Entsprechend der Verneinung von Schuld beobachtet Drakulić, dass sowohl Urteilsspruch als auch Prozess für Kunarac, Kovač und Vuković als ein „Mißverständnis"[57] erscheinen. Der Krieg etablierte ein neues Wertesystem, welches beinhaltete, dass Vergewaltigungen keineswegs mit Morden zu vergleichen seien. Ob das Opfer am Ende lebe oder nicht sei für die drei Angeklagten das Beurteilungskriterium für ihr Strafmaß gewesen, weshalb sie ungläubig die Härte desselben zur Kenntnis nahmen. „Indem er sie in seiner Wohnung einsperrte, habe er ihnen das Leben gerettet, verteidigte sich Kovač" – eine Aussage, die Vergewaltigung als „harmloses Spielchen, verglichen mit den Massenmorden", abtut.[58]

„Verglichen mit Goran Jelisić, der eigenhändig Menschen umbrachte, war das, was die drei aus Foča taten, zumindest in ihren Augen kein Verbrechen."[59] Auch wenn dieser Vergleich zwischen Gewaltverbrechen hinfällig ist, weil jedes auf seine Weise grausam ist, so sticht Goran Jelisić in Drakulićs Beschreibungen doch heraus. Sie beschreibt ihn als passionierten Angler, der die Einsamkeit in der Natur liebe und dennoch kein Misanthrop sei. Anders als beispielsweise bei Erdemović attestierten die Richter aus Den Haag Jelisić einen perversen Charakter. Er habe das Töten genossen, hätte allerdings aufgrund dieser Tatsache jede Volksgruppe auslöschen können, nicht nur Muslime. Ganz so einfach scheint die Sache im Fall Goran Jelisić aber nicht zu sein, denn Zeugen, die in seinem Fall verhört wurden, bestritten, dass er bereits vor Ausbruch des Krieges perverse Charaktereigenschaften gezeigt habe:

> Hätte jemand bezeugt, daß Jelisić sich freute, wenn die Fische sich quälten, wäre das ein Anzeichen für seinen schlechten Charakter gewesen, lange bevor er anfing, Gefangene in der Polizeistation und im Lager Luka zu schlagen und umzubringen. Aber seine Anglerfreunde sagten nichts dergleichen. Tatsächlich gibt es in seinem Leben und Verhalten vor dem Krieg nichts Pathologisches. Im Gegenteil, das Bild, das die Zeugen der Verteidigung zeichnen, ist so anders, daß man sich fragt, ob sie dieselbe Person beschreiben.[60]

Traurige Bekanntheit erlangte Jelisić durch zwei Fotoaufnahmen, auf denen er einen Gefangenen durch einen Genickschuss tötet. Auf dem ersten Foto zielt ein Uniformierter auf den Kopf des Gefangenen, auf dem zweiten liegt dieser er-

56 Drakulić, Slavenka: *Keiner war dabei*, S. 44.
57 Ibid., S. 49.
58 Ibid., S. 45.
59 Ibid., S. 44.
60 Ibid., S. 72.

schossen auf der Straße. Zu diesem Zeitpunkt, am 7. Mai 1992, ist Jelisić erst 23 Jahre alt. Die Frage, die sich nicht nur die Richter, Ankläger und Verteidiger in Den Haag stellten, sondern die sich auch für Drakulić ergibt, ist: „Wie kam es, dass dieser nette Angler schließlich muslimische Gefangene umbrachte?"[61] Die Beantwortung scheint so schwierig, wenn nicht gar unlösbar, dass sich die Autorin in der Darstellung des Angeklagten Jelisić in immer wieder anderen Meinungen und Wiederholungen verliert. Sie führt ihn ein als einen jungen Mann aus der Generation ihrer Tochter, sie beschreibt seine Lust am Angeln und zitiert Zeugen (unter ihnen auch muslimische), die bezeugen, dass es sich bei Jelisić nicht um eine pathologische Natur seines Charakters handele, die ihn veranlasste, zu morden. Gleichzeitig führt sie auch die Gegenmeinung der Opfer aus dem Lager Luka an:

> Mehrere Gefangene erklärten, daß Jelisić offenbar das Töten genoß: Er jonglierte mit Zahlen, erläuterte, wie er vorging und daß er es mit Vergnügen tat. Diese Zeugen berichteten auch, daß, je mehr jemand um sein Leben bat, Jelisić ihn desto freudiger tötete. Offensichtlich mochte er nicht den Akt des Mordens. Das ist ein schmutziges Geschäft, und Jelisić haßte Schmutz, er war von Sauberkeit besessen. Nach jeder Exekution mußte sofort das Gitter gereinigt werden.[62]

Die Verteidigung führte schließlich an, dass Goran Jelisić „nur während jener achtzehn Tage im Mai Exekutor gewesen"[63] sei. Während die Autorin diesem Befund zustimmt, hadert sie doch mit der Begründung derselben. „Er befolgte Befehle und hatte Angst um das eigene Leben, argumentierte der Verteidiger."[64] Diese Begründung missachtete jene Ambivalenz, die in Jelisićs Verhalten auszumachen war. „Aus Leidenschaft würde er keiner Fliege etwas zuleide tun", heißt die Überschrift für das Kapitel über Goran Jelisić. Drakulić formt hier das Arendt'sche Zitat „Er könnte keiner Fliege etwas zuleide tun" um und problematisiert somit, ob Jelisić auf Befehl oder aus Leidenschaft tötete. Drakulićs Resümee lautet:

> Zum ersten Mal in seinem kurzen Leben war dieser kleine Mann aus Bijeljina, der eben aus der Haft entlassene Dorfmechaniker, an die Macht gelangt. Ein Niemand, der plötzlich die absolute Gewalt ausübte. Er bekam eine Pistole und die Freiheit, sich ihrer zu bedienen, und er vergiftete sich an seinen neuen Möglichkeiten. Es heißt, daß er aussah und sich benahm, als stünde er unter Drogen, denn die unumschränkte Macht über Leben und Tod ist ja die stärkste Droge. Er war gottgleich.

61 Ibid., S. 73.
62 Ibid., S. 78.
63 Ibid., S. 77.
64 Ibid., S. 78.

> Machte sich wichtig, weil er Gefangene umbrachte, dieser gutaussehende Junge Goran aus der Generation meiner Tochter.[65]

In der Darstellung der Täter, die hier nur anhand einiger ausgewählter Beispiele aufgewiesen werden konnte, unternimmt Drakulić den Versuch, das Vorurteil aufzuheben, das besagt, dass jene Kriegsverbrecher Ungeheuer seien. Sie zeigt sie im Kontext ihres gesellschaftlichen Umfeldes, erläutert, was für ein Leben sie vor dem Krieg geführt haben und analysiert, wieso normale Menschen zu Kriegsverbrechern werden können. Dabei beschäftigt sie sich bewusst mit den individuellen Geschichten jedes Angeklagten und enthebt sie somit aus dem Kollektiv der Verbrecher. Dennoch zweifelt sie nicht nur inhaltlich an diesem Vorhaben, sondern auch formal, weil sie zunächst eine ästhetische Form für diese literarische Aufarbeitung habe finden müssen. Sie befürchtet während ihrer Vorarbeit, dass ein rein persönlicher Erlebnisbericht über den Bosnienkrieg zu einer ähnlichen Emotionalisierung der Geschichte führen könnte, wie sie es vor dem Jugoslawienkrieg hinsichtlich des Zweiten Weltkriegs erlebt hatte. Inwiefern ihr diese geplante Nicht-Emotionalisierung gelingt und in welcher Grauzone sich ihr Bericht über die Prozesse in Den Haag in Bezug auf das Genre befindet, sollen Fragen sein, auf die der folgende Abschnitt Antworten zu liefern sucht.

2.2 Emotionalisierung als Strategie des Durchbrechens kollektivistischen Denkens

In ihren Berichten über die Geschichte der Täter verschwimmen die Grenzen der Genres: Einerseits möchte Drakulić einen Prozessbericht liefern, der auf ihren Beobachtungen im ICTY beruht und der die Kriegsereignisse nicht emotionalisiert. Andererseits sucht sie nach einer Antwort auf die Frage, warum diese Menschen zu Verbrechern wurden und arbeitet dabei psychologisierend, indem sie zu jedem Täter Lebensgeschichten erzählt, die entweder auf Prozessmaterial basieren oder völlig fingiert sind. In jedem Fall schmückt sie die Erzählungen so aus, dass der an sich selbst erhobene Anspruch der Nicht-Emotionalisierung an vielen Stellen scheitert. Besonders deutlich wird dies, wenn Drakulić Analogien zwischen den Angeklagten und Mitgliedern aus ihrer eigenen Familie aufbaut: Goran Jelisić wird im Spiel ihrer Gedanken zu einem Freund ihrer Tochter, in Biljana Plavšić erkennt sie eine Ähnlichkeit mit der eigenen Mutter, in ihrer Erzählung über Ratko Mladić erinnert sie sich an den eigenen Vater und in Mladićs Tochter Ana sieht sie Ähnlichkeiten zu sich selbst. Anhand der Vergleiche zwischen Tätern und Familienmitgliedern der Erzählerin zeigt sich, dass der Zu-

65 Ibid., S. 79.

gang zu den Kriegen im ehemaligen Jugoslawien vor allem ein persönlicher ist. Die Erzählerin ist nicht die neutrale Beobachterin als die sie sich ausgeben möchte, wenn sie von sich selbst als „Prozeßbeobachterin“[66] spricht. An vielen Stellen ihres Berichts arbeitet Drakulić autobiographisch und das verkompliziert die Zuteilung ihres Werkes zu einem festen Genre: „Keiner war dabei. Kriegsverbrechen auf dem Balkan vor Gericht“ bewegt sich zwischen einem Bericht, einer Autobiographie der Erzählerin und einer Sammlung von fiktiven Kurzgeschichten. Gerade die autobiographisch anmutenden Textstellen zeugen von einem hohen Grad an Emotionalität und Emotionalisierung. Dies widerspricht jedoch dem ursprünglichen Wunsch der Autorin, dass Geschichte nicht mehr emotionalisiert werden solle, weil sie dies als Fehler der Vergangenheit erkennt:

> Meine Generation wuchs ohne Geschichtskenntnisse auf – die Geschichte, die man uns beibrachte, war Lug und Trug. Erst jetzt begreife ich, wie leicht es ist, mangels Tatsachen einen Krieg zu beginnen. Ein Krieg kommt nicht von nirgendwo, er wird vorbereitet. Es ist leicht, die Bilder zu mißbrauchen wie jene, an die ich mich erinnere, unser emotionales Gedächtnis zu mißbrauchen und darauf Haß zu errichten. Denn jeder hat eine Kollektion solcher Erinnerungen, und es ist gefährlich, wenn sie die einzigen sind. Die politischen Führer haben sich dieser Bilder bemächtigt, sie mit populärer Mythologie vermischt und die Gefühle aufgestört. Es ist schwer, sich gegen Propaganda zu wehren, wenn es keine gemeinsame Geschichte mehr gibt, an die jeder glauben kann. Unter dem emotionalen Druck gibt der Verstand leicht nach. Die Geschichte, die man uns beigebracht hat – und die das nicht war –; verhalf den Gefühlen zum Sieg über den Verstand.[67]

Als Autorin gilt für Drakulić natürlich die künstlerische Freiheit, weshalb sie sich dem Anspruch eines geschichtlich-neutral aufbereiteten Berichts nicht stellen muss. Zudem erfolgt die Emotionalisierung in ihrem Werk nicht in Bezug auf eine ethnische Gruppe und in dem Sinne ausschließend, sondern auf persönlicher Ebene. Dies wird besonders deutlich – und soll hier exemplarisch dargestellt werden –, wenn sie einen Vergleich zwischen dem eigenen Vater und Ratko Mladić zieht.

In ihrem Kapitel über Mladić versucht Drakulić, das persönliche Schicksal des Privatmenschen Mladić in Verbindung mit seinen Tätigkeiten als Armeegeneral darzustellen. Mladić habe an zwei Fronten gekämpft, schreibt die Autorin und bezieht sich einerseits auf seine tragende Rolle als Armeechef der Republika Srpska, die ihm den Beinamen ‚Schlächter von Bosnien‘ einbrachte, und andererseits auf seine familiäre Rolle als Vater.

> Die zweite Front, deren sich Mladić vielleicht gar nicht bewußt war, verlief in seinem eigenen Haus. Denn die wahre Geschichte über Mladić ist nicht die von Siegen

66 Ibid., S. 177.
67 Ibid., S. 13.

> und Niederlagen auf dem Schlachtfeld. Die wahre Geschichte handelt von seiner persönlichen Tragödie, dem Freitod seiner Tochter. Daß er jahrelang ein Teil der serbischen Mythologie war, half ihm hier nicht. Als sich die Tochter im März 1994 umbrachte, wandelte sich sein Leben vom serbischen Mythos zur griechischen Tragödie. Es war das einzige Mal, daß er mir Leid tat.[68]

Um seine Arroganz und Gewalttätigkeit zu beweisen, die Drakulić als ausschlaggebende Charaktereigenschaften für den Konflikt mit der eigenen Tochter ansieht, führt sie zunächst einige Berichte über seine Position als Armeegeneral an.

> Als Kommandeur hatte Mladić Charisma, und das wußte er. In der Tat war er der charismatischste Führer von allen. Bei den Serben genießt das Soldatenhandwerk ein gewisses Prestige. Als Soldat war Mladić asketisch, diszipliniert, furchtlos, unbestechlich und gewiß niemand, der sich auf dem Schwarzmarkt bereicherte. Aus serbischen Bauern formierte er eine richtige Armee zur Eroberung bosnischer Territorien. [...] Brutal und arrogant, von sich als militärisches Genie überzeugt, respektierte er niemanden, von den internationalen Vertretern und ausländischen Truppen bis zur Presse. Die Serben aus der Republika Srpska wiederum erblickten in ihm eine Vaterfigur, der sie beschützte.[69]

Aufgrund dieser Eigenschaften wurde Mladić mit Fürst Lazar Hrebeljanović, einer mythisierten Figur aus der serbischen Geschichte, verglichen. Fürst Lazar kämpfte 1389 gegen die Türken in der Schlacht auf dem Amselfeld und verlor die Schlacht bewusst, denn der Prophet Elias hatte ihm vor der Schlacht entweder den Sieg und ein Himmelreich auf Erden oder die Niederlage und einen Platz im Himmel für das serbische Volk zur Wahl gestellt. Fürst Lazar opferte sein Volk auf Erden und legte den Grundstein für die Selbsteinschätzung des serbischen Volkes als Märtyrervolk. Wie Fürst Lazar wurde auch Mladić trotz oder gerade wegen der Kriegsniederlage von 1999 als Held gepriesen, doch das Massaker in Srebrenica sollte als Racheakt an den ‚Türken' nicht in Vergessenheit geraten.

> Über 600 Jahre nach der Schlacht auf dem Amselfeld redet General Mladić über Rache an den Türken, obwohl es in Bosnien längst keine Türken mehr gibt. Aber in seiner Mythenwelt brachte er, der serbische Racheengel, seinem Volk endlich Gerechtigkeit, indem er den Mord an Tausenden bosnischen Muslimen in Srebrenica befahl.[70]

In dieser Grausamkeit will Drakulić den Grund erkennen, weshalb sich Ana Mladić im März 1994 umbrachte. Ana war gerade von einer Absolventenreise der Belgrader Mediziner nach Moskau wiedergekommen und klagte über heftige

68 Ibid., S. 152.
69 Ibid., S. 157.
70 Ibid., S. 160.

Kopfschmerzen. Diese seien ein psychosomatisches Indiz für die in der Fremde entstandene Erkenntnis, wie es wirklich um den Krieg stand und welche Rolle ihr Vater dabei spielte, gewesen. Aus der Erfahrung mit dem eigenen Vater leitet Drakulić ein Verständnis für Ana ab und verwischt die Generationsgrenzen. Sie identifiziert sich mit Ana, die vielmehr der Generation ihrer Tochter angehört. Das identifikationsstiftende Moment ist das Vater-Tochter-Verhältnis: Drakulić kann sich vorstellen, dass Ana ähnliche Probleme im Kontakt mit dem Vater gehabt haben muss, wie die Autorin mit ihrem Vater.

> Sie konnte ihren Vater nicht zur Rede stellen, keine Erklärung, kein Dementi dessen verlangen, was sie gelesen hatte. Ihre Familie war traditionell und patriarchalisch, und Ana hatte gelernt, daß sie die Autorität ihres Vaters nicht in Frage stellen durfte. Ich kenne das, denn auch mein Vater war Offizier, einer von denen, die keinen Unterschied zwischen ihren Soldaten und der eigenen Familie machen. Sie sprechen nicht, sie befehlen. Sie erwarten keinen Widerspruch, schon gar nicht, wenn es um ihre Profession geht. […] Auch ich hatte nicht die Kraft, meinem Vater zu widersprechen, und ich mußte von zu Hause weggehen, um seiner überwältigenden Autorität zu entfliehen.[71]

Aufgrund der väterlichen Übermacht traute sich Ana, so vermutet es Drakulić, nicht, das Schweigen zu brechen und den Vater zu konfrontieren. „Ana hätte eine sehr starke Persönlichkeit sein müssen, um ihren Vater wegen der von ihm begangenen Verbrechen zur Rede zu stellen.“[72] Schließlich musste sie damit rechnen, dass der Vater die Kontrolle verloren und „zu schreien begonnen“ hätte, „als befände er sich unter seinen Soldaten“.[73] Also passten sich sowohl Ana als auch ihr Bruder Darko an die Ansprüche des Vaters an. Aus Angst, das Familienidyll zu zerstören, schweigt Ana und konfrontiert ihren Vater nicht mit ihren Gedanken und Vorwürfen.

Drakulić führt erneut das Schweigen als Ursache für fatale Konflikte an. Ihre Kritik an diesem Schweigen setzt sowohl auf einer Makro- als auch auf einer Mikroebene an: Das Schweigen der Generation ihres Vaters habe den Krieg und das Sterben in den 1990er Jahren vorbereitet, Anas Schweigen im Rahmen der Familie habe ihren Tod verursacht. Mladić selbst glaubt nicht an den Freitod der Tochter und vermutet, dass sie ermordet wurde. Drakulić beschreibt, dass er behauptet habe, er sei in der Nacht in dem Moment, als sie starb, aufgeschreckt. „Er habe einen Stich im Herzen verspürt, sagte er später.“[74] Diese Aussage verweist auf die Tatsache, dass Mladić den Tod seiner Tochter mystifizierte bzw. mythisierte. Der Tod des eigenen Kindes wird für Mladić zu einem viel größe-

---

71 Ibid., S. 160f.

72 Ibid., S. 162.

73 Ibid.

74 Ibid., S. 165.

ren Opfer als der Verlust seiner Soldaten oder des eigenen Lebens für Fürst Lazar. Während er selbst sich in der Tradition der serbischen Mythologie sieht und damit in dem Tod der Tochter auf perfide Art und Weise einen Sinn ausmacht, erkennt Drakulić deutlichere Analogien zur griechischen Mythologie:

> Hier berührt sich die griechische Mythologie mit der serbischen: Mladić wurde für das bestraft, was er in Bosnien getan hatte. Er zerstörte Bosnien, das ihn am Ende besiegte. Wäre Ana von Menschenhand, von Feindeshand getötet worden – das wäre eine menschliche Rache gewesen. Doch sie hat selbst Hand an sich gelegt. Die Götter nahmen Rache an Mladić. Sein Dasein wurde zur griechischen Tragödie, in der die Götter eingreifen und den Helden zu seinen Lebzeiten bestrafen.[75]

Das Heranziehen beider mythischen Traditionen verschleiert hier die eigentliche Aussage: nämlich, dass Drakulić Mladić eine Hybris unterstellt, für die er schließlich bestraft wird. Damit steigt sie aber genauso in die Mythisierung von Anas Tod ein und emotionalisiert ihn. Die Tragik ihres Selbstmordes stünde allerdings auch ohne eine Emotionalisierung für sich. Letztlich bedient sich die Autorin eines ähnlichen Instrumentariums, wie die Kriegstreiber, die die Emotionalisierung missbrauchten, um kriegerische Handlungen zu legitimieren oder zu propagieren. Es wirkt so, als wolle Drakulić die für den Krieg verantwortlichen Antreiber mit ihren eigenen Mitteln schlagen, auch auf die Gefahr hin, damit ihre Position als „Prozeßbeobachterin" einzubüßen.

Doch ist natürlich ein drastischer Unterschied festzustellen zwischen einer Emotionalisierung im Sinne des Aufhetzens einzelner ethnischer Gruppen und der Emotionalisierung beim Beschreiben einzelner Schicksale während des Krieges. Wie bereits erwähnt, setzt Drakulić ihre Form der Emotionalisierung auf einer Art Mikroebene an, im persönlichen, familiären Bereich. Dies zeugt erneut von dem Wunsch der Autorin, aus dem Kleinen heraus, aus der Geschichte eines Individuums, Gründe für den Krieg zu finden. In diesem Wunsch liegt vor allem auch ein Wunsch nach dem Zerbrechen kollektivistischen Denkens begründet. „Meine Generation hatte noch immer eine starke kollektive Identität"[76], schreibt sie. Dieses Kollektiv versucht sie nun in zweierlei Hinsicht zu durchbrechen: Zum einen, indem sie die Täter als Individuen wahrnimmt und darstellt und somit die Schuld des Einzelnen hervorhebt. Zum Anderen bricht sie mit der eigenen kollektivistischen Vergangenheit. Durch die Vergleiche zwischen den Kriegsverbrechern und Mitgliedern ihrer eigenen Familie versetzt sie die betroffenen Personen zwar in eine gemeinsame einheitliche Tradition und versucht anhand dessen zu verstehen, warum beispielsweise ihre Elterngeneration im Zweiten Weltkrieg gekämpft und welche Traumata sie dadurch erlitten

---

75 Ibid., S. 166.
76 Ibid., S. 66.

hatte. Aber sie selbst durchbricht diese deterministisch anmutende kollektivistische Entwicklung der Generationen, indem sie nicht aktiv an den Kriegen im ehemaligen Jugoslawien teilnimmt und vor allem, indem sie das Schweigen auf poetische Art durchbricht.

2.3 Ausbruch aus dem Schweigen: Literarische Kriegsbewältigung

Es ist jener Begriff des Schweigens, der für Drakulić einen besonderen Stellenwert hat und der sich als Motiv durch den ganzen Text zieht, denn in diesem Schweigen will sie den Auslöser für die Kriege im ehemaligen Jugoslawien in den 1990er Jahre erkennen. Sie selbst litt unter diesem Phänomen, denn ihr Vater, ein Partisanenkämpfer im Zweiten Weltkrieg, konnte bis zu seinem Lebensende nicht mit seiner Tochter über seine Kriegserlebnisse sprechen. Drakulić folgert:

> Je mehr ich darüber nachdenke, desto mehr bin ich überzeugt, daß die Kombination aus seinem Schweigen und der offiziellen Version von den historischen Ereignissen 1939 bis 1945 diesen letzten Krieg ermöglichte.[77]

Ihre Befürchtung ist es, dass sich nach dem Jugoslawienkrieg eine Wiederholung der Geschehnisse nach dem Zweiten Weltkrieg vollziehen könnte: „Und so stand ich nach diesem letzten Krieg vor demselben Schweigen, derselben Abneigung gegen die Wahrheit und derselben Manipulation von Tatsachen."[78] Um genau dieser Abneigung gegen die Wahrheit entgegenzuwirken, verfasst Drakulić ihr Werk „Keiner war dabei" und folgt darin dem Anspruch Hannah Arendts, die Kriegsereignisse begreifen zu wollen: „Begreifen bedeutet, sich aufmerksam und unvoreingenommen der Wirklichkeit, was immer sie ist oder war, zu stellen und entgegenzustellen."[79] Drakulić will nicht das gleiche Schweigen an die Generation ihrer Tochter weiterreichen, wie sie es von ihren Eltern erfahren hatte.

> [W]enn die Wahrheit über den ‚Vaterländischen Krieg' verborgen bleibt, wird die nächste Generation in dieselbe Situation versetzt wie meine nach dem Zweiten Weltkrieg. Je nachdem, auf welcher Seite ihre Eltern standen, wird sie sich nur auf staubige Bilder und blutige Gesichter stützen können – einzig persönliche Erinnerungen, keine Historie.[80]

Drakulić wehrt sich gegen das Schweigen des Vaters und die Manipulation von nationalistisch geprägter Geschichtsschreibung[81], wie sie nach dem Zweiten

77 Ibid., S. 10.
78 Ibid., S. 13.
79 Arendt, Hannah: *Elemente und Ursprünge totaler Herrschaft*, S. 25.
80 Drakulić, Slavenka: *Keiner war dabei*, S. 14.
81 Cf. ibid., S. 13.

Weltkrieg stattgefunden hat. Erneut vermischt sie dabei ihre eigenen, vor allem familiären, Erfahrungen mit den Ereignissen der jugoslawischen Geschichte. Wie das obige Zitat zeigt, sieht Drakulić eine starke Verbindung zwischen den Problemen, die in der kleinsten Form gesellschaftlichen Lebens, der Familie, stattfinden und den Konflikten, die eine ganze Volksgruppe oder gar eine ganze Gesellschaft betreffen.

> Je intensiver man begreift, daß Kriegsverbrecher normale Menschen sein können, desto mehr Angst bekommt man. Weil die Konsequenzen ernster sind, als wenn sie Ungeheuer wären. Wenn normale Menschen Kriegsverbrechen begingen, dann heißt das, daß jeder von uns sie begehen könnte. Jetzt versteht man, warum es leicht und bequem ist anzunehmen, daß Kriegsverbrecher Ungeheuer sind, statt Ervin Staub zuzustimmen, daß „das Böse, das aus dem normalen Denken kommt und von normalen Menschen getan wird, die Norm und nicht die Ausnahme ist“.[82]

Die Konsequenzen, die Drakulić anspricht, beziehen sich auf die Angst, dass in jedem Menschen ein potentieller Verbrecher stecken könne. Am Ende des Kapitels gipfelt dieser Gedanke in der Frage: „Was hätte ich in so einer Situation getan?“[83] In dieser Hinsicht widerspricht Drakulić Arendt stark, die diese Pauschalisierungen stets vermeiden wollte. Drakulić schreibt: „Nur wenn wir begreifen, daß die Täter (mit einigen Ausnahmen) Menschen sind wie wir, sehen wir vielleicht die Gefahr, daß wir demselben Druck erliegen könnten.“[84] Die Formulierung ist ungenau, da jene Kriegsverbrecher in jedem Fall Menschen sind wie wir, aber möglicherweise anders sozialisiert und anders geprägt wurden. Dies ist es wohl auch, was Drakulić meint, denn sie sucht nach den Gründen, die einen normalen Menschen dazu veranlassen, im eigenen Nachbarn einen Feind zu sehen.[85] Der für sie entscheidende Punkt ist die Entindividualisierung der Personen in einem Staat, die durch Propaganda vollzogen wird. Das kollektivistische Denken sei verantwortlich dafür, dass ganze Nationen durch Stigmatisierungen, durch die Erklärung anderer Nationen zu Hassobjekten, überhaupt zu einem Bruderkrieg motiviert werden konnten.

> Zehn Jahre nach dem Ausbruch des Krieges auf dem Balkan muß man einsehen, daß wir normalen Menschen ihn ermöglicht haben und nicht irgendwelche Irren. Wir haben eines Tages unsere Nachbarn unterschiedlicher Nationalität nicht mehr gegrüßt, und am nächsten Tag wurden in unserem Namen Konzentrationslager eingerichtet. Wir haben das einander angetan.[86]

82 Ibid., S. 182.
83 Ibid., S. 186.
84 Ibid., S. 182.
85 Cf. ibid.
86 Ibid., S. 185.

Drakulić spricht damit eine Schuld an, die bei vielen Bewohnern Kroatiens, Serbiens und Bosnien-Herzegowinas noch bis heute verdrängt wird. Dies wird auch in der Ablehnung des Tribunals in Den Haag sichtbar: Einige halten die Urteile für ungerecht und verklären die Kriegsverbrecher zu Kriegshelden. Ebenso wie Arendt die Verurteilung einzelner Täter wie Eichmann als Zeichen, gegen eine Kollektivschuld anzukämpfen, befürwortete, glaubt auch Drakulić daran, dass das Tribunal in Den Haag sowohl den Tätern als auch den Opfern wieder ihre Individualität zuschreiben könne. Dennoch beharrt sie wie Arendt auf dem wichtigen Argument, dass es zwar keine Kollektivschuld geben könne, aber dass sich jeder Einzelne mit seiner Verantwortung, seinen Entscheidungen und seinen Taten auseinandersetzen müsse. Um diesen von dem Haager Tribunal ausgehenden Re-Individualisierungsprozess zu verdeutlichen, beschreibt Drakulić im Epilog, wie die Gefangenen im Gefängnis in Scheveningen leben. Sie schildert, dass die Gefangenen gemeinsam essen und kochen und plötzlich nichts mehr von ethnischen Unterschieden zu sehen und zu spüren sei. Auf Drakulić macht es den Anschein als existiere im niederländischen Gefängnis tatsächlich noch eine Form des Tito'schen Jugoslawiens.[87] Erwartete das nationalistische System von den Angeklagten, dass sie andere Menschen verachteten und töteten, befolgten sie diese Befehle. Nachdem sie verhaftet wurden unterlagen sie einem anderen System, an das sie sich ebenso anpassen konnten. Aufgrund dieses im moralischen Sinne ambivalenten Verhaltens muss jedes Verständnis für die Entstehungsgründe eines Krieges auch in einem Unverständnis enden:

> Diese kartenspielenden, kochenden und TV-konsumierenden Jungs verspotten all jene, die sie daheim einst zu ernst genommen haben. Sie machen alle lächerlich, die ihren Befehlen gefolgt sind und die ihre Angehörigen verloren haben. Wenn jedoch diese ‚Brüderlichkeit und Einheit' unter den eingeschworenen Feinden von gestern wirklich der Epilog dieses Krieges ist, aus welchem Grund kam es zu alledem? Beim Blick auf die fröhlichen Knaben in Scheveningen ist die Antwort klar: aus keinem.[88]

Die Beschreibung von alltäglichen Situationen und menschlichen Bedürfnissen, denen die Gefangenen nachgehen, hinterlässt tatsächlich einen bitteren Nachgeschmack. Diese Kriegsverbrecher sind Menschen und genau das macht ihre Taten unfassbar. In „Keiner war dabei. Kriegsverbrechen auf dem Balkan vor Gericht" unternimmt die Autorin aber genau jenen Versuch, ihre Taten greifbar und begreifbar zu machen, zu analysieren, warum Menschen unmenschlich handeln können und letztlich, ein Thema zu popularisieren, das sonst – nur wenige Jahre nach dem Ende des Krieges – in weiteres Schweigen fallen könnte.

87 Cf. ibid., S. 195.
88 Ibid., S. 196.

Literatur

Adorno, Theodor W.: „Kulturkritik und Gesellschaft". In: Id.: *Kulturkritik und Gesellschaft I. Prismen. Ohne Leitbild.* Hrsg. v. Tiedemann, Rolf et al. Suhrkamp: Frankfurt am Main 2003, S. 11-30.

Alt, Peter-André: *Ästhetik des Bösen.* C.H.Beck: München 2010.

Arendt, Hannah: *Eichmann in Jerusalem. Ein Bericht von der Banalität des Bösen.* Piper: München 2011.

Arendt, Hannah: *Elemente und Ursprünge totaler Herrschaft. Antisemitismus, Imperialismus, totale Herrschaft.* Piper: München / Zürich [15]2013.

Arendt, Hannah: *Über das Böse. Eine Vorlesung zu Fragen der Ethik.* Hrsg. v. Kohn, Jerome. Piper: München 2012.

Arendt, Hannah / Fest, Joachim: *Eichmann war von empörender Dummheit. Gespräche und Briefe.* Hrsg. v. Ludz, Ursula / Wild, Thomas. Piper: München 2011.

Assy, Bethânia: „Politik und Verantwortung. Eichmann in Jerusalem". In: Heuer, Wolfgang et al. (Hrsg.): *Arendt Handbuch. Leben – Werk – Wirkung.* Metzler: Stuttgart 2011, S. 92-98.

Benhabib, Seyla: „Identität, Perspektive und Erzählung in Hannah Arendts *Eichmann in Jerusalem*". In: Smith, Gary (Hrsg.): *Hannah Arendt Revisited: „Eichmann in Jerusalem" und die Folgen.* Suhrkamp: Frankfurt am Main 2000, S. 95-119.

Bernstein, Richard J.: „Verantwortlichkeit, Urteilen und das Böse". In: Smith, Gary (Hrsg.): *Hannah Arendt Revisited: „Eichmann in Jerusalem" und die Folgen.* Suhrkamp: Frankfurt am Main 2000, S. 291-309.

Drakulić, Slavenka: *Als gäbe es mich nicht.* Aufbau: Berlin 1999.

Drakulić, Slavenka: *Keiner war dabei. Kriegsverbrechen auf dem Balkan vor Gericht.* Zsolnay: Wien 2004.

Jonas, Hans: *Erinnerungen. Nach Gesprächen mit Rachel Salamander.* Insel: Frankfurt am Main / Leipzig 2003.

Wieviorka, Annette: „Die Entstehung des Zeugen", In: Smith, Gary (Hrsg.): *Hannah Arendt Revisited: „Eichmann in Jerusalem" und die Folgen.* Suhrkamp: Frankfurt am Main 2000, S. 136-159.

Caroline Haupt

Literarische Inszenierung von Erinnerung: Dubravka Ugrešićs postmodernes Beziehungsgeflecht

1. Die Stigmatisierung der Autorin und das selbst auferlegte Exil

Die kroatische Schriftstellerin Dubravka Ugrešić verarbeitet in ihrem poetischen Schaffen der 1990er Jahre ihre Kriegserfahrungen aus dem ehemaligen Jugoslawien und den daraus resultierenden Heimatverlust im Berliner Exil. Diese Orientierungslosigkeit schlägt sich in ihrem Essayband „Die Kultur der Lüge" (1995) wie auch in ihrem darauf folgenden Roman „Das Museum der bedingungslosen Kapitulation" (1998) nieder. Die Autorin sieht sich als intellektuelle Schriftstellerin in der Verantwortung, die realen politischen Zustände ihres Landes aufzudecken und gegen die Propagandamaschinerie der Medien, die vom Tuđman-Regime gelenkt wurde, anzuschreiben.[1] Als sich die Konsequenzen der Kriege im ehemaligen Jugoslawien auch auf der kulturellen Ebene abzuzeichnen beginnen, verfasst Ugrešić, die gebürtig aus Kutina stammt[2], ihre Schrift „Saubere Kroatische Luft", welche 1992 in der „ZEIT" erscheint. Darin klagt sie die vermeintlichen „Saubermänner"[3] ihres Staates an und entlarvt die fingierten Opfer- und Täterstereotypen, die mittels einer sprachlichen Reinheitssemantik kontrastiert werden. Daraufhin wird von den Medien eine Rufmordkampagne initiiert und die Autorin in diesem Zuge als „feministische Hexe" und „Jugonostalgikerin" deklariert.[4] Vorerst flüchtet sie nach Berlin ins Exil, wo sie beginnt, ihre negativen Erfahrungen zu resümieren: „Ja, ich hatte etwas geschrieben, was ich nicht hätte schreiben sollen [...]. Ich war in einem Alter, da man die Lüge als gesetzmäßige Strategie nur in der Literatur, in der Kunst ertragen kann, im

1 Cf. Tax, Meredith: *Aboard 'the Balkan Express'.* (13.12.1999). http://www.dubravkaugresic.com/pdf/Meredith.pdf (13.08.2013).

2 Cf. Rehder, Petra: „Ugrešić, Dubravka". In: Hechtfischer, Ute et al. (Hrsg.): *Metzler Autorinnen Lexikon.* Metzler: Stuttgart / Weimar 1998, S. 543-544. Hier: S. 543.

3 Ugrešić, Dubravka: *Saubere Kroatische Luft.* (23.10.1992). http://www.zeit.de/1992/44/saubere-kroatische-luft (13.08.2013).

4 Cf. Burkhart, Dagmar: „Objekte der Erinnerung in Dubravka Ugrešićs quasi-autobiographischem Roman Museum der bedingungslosen Kapitulation". In: Frank, Susi et al. (Hrsg.): *Gedächtnis und Phantasma. Festschrift für Renate Lachmann.* Sagner: München 2001, S. 595-603. Hier: S. 595.

Leben nicht mehr."[5] Die Schwellenexistenz im Exil und die individuelle Erinnerungsarbeit werden vor allem in Ugrešićs Roman „Das Museum der bedingungslosen Kapitulation" literarisch inszeniert und anhand postmoderner Verfahrenstechniken arrangiert.[6] Die Ich-Erzählerin versucht durch Sinnstiftung scheinbar trivialer Erinnerungsstücke ihre Vergangenheit in Kroatien aufleben zu lassen, während sie ihr gegenwärtiges Exildasein als eine vorbestimmte Schicksalsfügung liest. Bereits der palindromartige[7] Aufbau des Romans verweist auf die Ahistorizität ihrer Lebenswelt und kündigt ein „postmodernes Chaos" an, in dem alle Zeiten „gleichzeitig"[8] existieren. Da der Begriff der Erinnerung zentral für Ugrešićs Schaffen ist, widmet sich der folgende Beitrag der literarischen Inszenierung von Erinnerung, die im „Museum" vor allem durch zwei primäre Verfahrensweisen arrangiert wird: Zum einen werden ausgewählte Erinnerungsmotive aufgedeckt, die sich innerhalb des Textes als verwobenes Beziehungsgeflecht entfalten, zum anderen wird ein Ausblick auf die Vielfalt intertextueller Bezüge gegeben, die den Anschluss an Diskurse über museale Präsentationsformen oder parallele Exilschicksale ermöglichen. Dies lässt sich nicht zuletzt autobiographisch an Ugrešićs eigenem akademischem Werdegang ableiten, da sie jahrelang an der Philosophischen Fakultät in Zagreb am Institut für Literaturtheorie arbeitete und sich vor allem mit der russischen Avantgarde befasste.[9]

2. Das postmoderne Beziehungsgeflecht als symptomatische Erzählstrategie

Die medienpropagandistischen Lügen und der abrupte Wechsel in der Symbolik ihres ehemaligen Heimatlandes[10] lassen Ugrešić an einheitlichen Wertesystemen

5 Ugrešić, Dubravka: *Das Museum der bedingungslosen Kapitulation.* Aus dem Kroatischen von Barbara Antkowiak. Suhrkamp: Frankfurt am Main 1998, S. 183.

6 Cf. Halilović, Sabira: „Die postmoderne Welt von Dubravka Ugrešić. Eine Analyse des Romans ‚Die Kultur der Lüge'". In: *Zeitschrift für Balkanologie* 38, 2002, S. 132-148.

7 Der Begriff des „Palindroms" wird im zweiten Kapitel expliziert.

8 Ugrešić, Dubravka: *Die Kultur der Lüge.* Aus dem Kroatischen von Barbara Antkowiak. Suhrkamp: Frankfurt am Main 1998, S. 17.

9 Cf. Ugrešić, Dubravka: *Dubravka Ugrešić.* (kein Veröffentlichungsdatum). http://www.dubravkaugresic.com/ (13.08.2013).

10 In ihrem Essay „Die Kultur des Lebkuchenherzens" demaskiert Ugrešić die propagandistischen Symbolwerte des sozialistischen Kitschs zugunsten eines nationalistischen: „In der chaotischen, zerschlagenen, zerfallenen Welt herrscht eine Kakophonie aus Fragmenten des einstigen und heutigen Regimes, aus vertrauten, aber neu arrangierten Melodien,

zweifeln, was sich in ihrem Roman als postmoderne Weltanschauung zeigt.[11] Diese Nicht-Akzeptanz allumfassender Kategorien und die Verweigerung eines raschen Identitätswechsels betont Sabira Halilović:

> Ihre Nicht-klassifizierbarkeit in den nationalen Korpus, sowohl den literarischen als auch den ihre nationale Identität betreffend, ist unter anderem ein Resultat ihres postmodernen Denkens, das die Ganzheit und Abgeschlossenheit der Kategorien von sich schiebt und durch die Aversion auf logozentrische Hierarchien aller Art gekennzeichnet ist.[12]

Bereits in „Kultur der Lüge" hat die Autorin Essays, Anekdoten und Feuilletons zu einem übergeordneten Thema zusammengetragen, was die heterogene Vielfalt der literarischen Formen Ugrešićs postmoderner Literatur dokumentiert.[13] Im „Museum" wird gänzlich auf eine fortschreitende Erzählchronologie verzichtet und mithilfe von mutmaßlich kontingenten Details und Fragmenten der Vergangenheit der Protagonistin ein durchgehendes Sinngeflecht gestaltet. Beispielsweise geschieht dies anhand des Motivs der Schneekugel, die ihr in der Kindheit verheißungsvoll erscheint und im Exil wieder aufgenommen wird. Schon an der thematischen Alternation der Kapitel wird ihre bruchstückhafte Darbietung deutlich: Vier Abschnitte beinhalten Impressionen des gegenwärtigen Berliner Exils (*I: Ich bin Müde, III: Guten Tag, V: Was ist Kunst? VII: Wo bin ich?*), während die drei anderen die fragmentarischen Erinnerungen thematisieren, die an Begebenheiten und einzelne Details ihrer vergangenen Alltagswelt gebunden sind (*II: Das Hausmuseum, IV: Archiv: Sechs Geschichten mit dem diskreten Motiv eines Engels, der den Raum verläßt, VI: Das Gruppenfoto*). Auch Davor Beganović stellt die experimentelle Erzählstruktur des „Museums" heraus: „Der Roman verfolgt eine Konstruktion, die von einem linearen Erzählmodus abweicht und versucht, die Vergangenheit in einer sprunghaften Abwechslung von Ereignissen, Umständen und mikroskopisch genauen Beobachtungen zu erfassen."[14] Der strukturelle Aufbau des Romans zeigt sich in Form eines Palindroms, das sowohl vorwärts als auch rückwärts nicht nur ein sinnhaftes Ganzes bildet, sondern auch den gleichen Sinn ergibt. Durch die ungerade Anzahl der Kapitel (B, E, B, E, B, E, B) fungiert das Berliner Exil (B) stets als

---

aus bekannten Symbolen in neuem Design [...]." Ugrešić, Dubravka: *Kultur der Lüge*, S. 75f.

11 Cf. Halilović, Sabira: „Die postmoderne Welt", S. 132.

12 Ibid., S. 132.

13 Cf. ibid., S. 137.

14 Beganović, Davor: „Allegorie als Rettung. Die Figur des Engels bei Dubravka Ugrešić, Dževad Karahasan und Vladimir Arsenijević". In: Beganović, Davor / Braun, Peter (Hrsg.): *Krieg sichten. Zur medialen Darstellung der Kriege in Jugoslawien*. Fink: München 2007, S. 151-170. Hier: S. 153.

Ausgangs- und Endpunkt der Leserichtung, während die bruchstückhaften Erinnerungen (E) den Mittelpunkt bilden. Dieser palindromartige Aufbau unterstreicht die Verweigerung jeglicher Linearität oder Entwicklung der vorliegenden Geschichte und impliziert durch die Möglichkeit des Rückwärtslesens eine emotionale Stagnation der Protagonistin in ihrem Schwellendasein.

2.1 Sammeln und Archivieren gegen den Erinnerungsverlust

Die Sammeltätigkeit der Flüchtlinge erwächst aus dem Identitätsverlust und wirkt kompensatorisch durch die Anhäufung banaler Trivialitäten. Das Gefühl selbst als „lebende[s] Museumsstück[]"[15] in einer „Stadt der Museen"[16] umher zu wandeln[17], begleitet die Exilierten fortwährend in ihrer Gegenwart durch den Wegfall ihres alten Systems. Die allgemeine Thematik der Entwurzelung wird durch das Motiv des musizierenden Zigeuners exemplifiziert, den die Protagonistin in der Münchener Fußgängerzone erblickt und der noch einmal auf das Umherirren Ihresgleichen[18] aufmerksam macht[19]: Der Verlust Jugoslawiens und dessen sozialistischer Staatsform lassen seine ehemaligen Bürger wie heimatlose Zigeuner erscheinen.

Das semantische Feld um die Suche nach der eigenen Identität und das Sammeln von Trivialitäten wird des Öfteren ausgeweitet und auf die Lexik des Auffädelns oder Strickens übertragen, wobei meist Frauen an der mystischen Verwobenheit des Schicksals beteiligt sind. Neben dem „Kopieren verschiede-

---

15 Ugrešić, Dubravka: *Museum*, S. 286.

16 Ibid., S. 277.

17 Cf. Kenneweg, Cornelia: „Schreiben über den Kommunismus als gesellschaftliche Aufgabe, (quasi-)autobiographische Sinnsuche und ästhetische Herausforderung. Das Beispiel Dubravka Ugrešić". In: Brunnbauer, Ulf / Troebst, Stefan (Hrsg.): *Zwischen Amnesie und Nostalgie. Die Erinnerung an den Kommunismus in Südosteuropa*. Böhlau: Köln / Weimar / Wien 2007, S. 273-289. Hier: S. 278ff.

18 Hierunter ist eine schicksalshafte Verbundenheit durch die Heimatlosigkeit als Flüchtlinge zu verstehen, nicht etwa eine nationale Zugehörigkeit: „In München [...] blieb ich, von Musikklängen gefesselt, nahe dem Marienplatz stehen. Ein älterer Zigeuner spielte ungarische Zigeunerlieder auf der Geige. Er fing meinen Blick auf, lächelte herablassend und dreist zugleich, er hatte mich als ‚seinesgleichen' erkannt. Etwas presste mir die Kehle zu, nahm mir den Atem, ich senkte den Blick und ging eilig weiter, aber schon in der nächsten Sekunde merkte ich, daß ich die falsche Richtung eingeschlagen hatte." Ugrešić, Dubravka: *Museum*, S.16.

19 Cf. Gauß, Karl-Markus: *Terror des Erinnerns. Dubravka Ugrešić beschreibt die unheilvolle Kultur der Lüge*. (03.02.1996). http://www.faz.net/aktuell/feuilleton/buecher/rezensionen/belletristik/rezension-belletristik-terror-des-erinnerns-11304430.html (13.08.2013).

ner Motive"[20] fädelt ihre Nachbarin am liebsten Perlen auf: „*Nanizyuat', ja ljublju nanizyuat'* (ich mag es, etwas aufzufädeln), sagt Frau Kira wie zur Entschuldigung."[21] Die schweigsame Großmutter der Protagonistin strickt aus sprachloser Verzweiflung:

> Sie strickte Pullover aus harter Wolle, meist ohne Ärmel. [...] Als Mama und ich abreisten (weder Großmutter noch Mama wußten, ob und wann sie sich wiedersehen würden), lief Großmutter bis zum Bahnhof hinter uns her und – strickte! [...] Es war, als hätte sie auf dem Weg all ihre Ängste in die Pantöffelchen eingestrickt, all die wichtigen Fragen, die sie ihrer Tochter nach deren zehnjähriger Abwesenheit hatte stellen wollen, aber nicht können.[22]

Das Stricken der Großmutter könnte als Versuch angesehen werden, ein ‚heilendes Ganzes' zu erschaffen, an dem sie sich in dieser Abschiedsszene festhalten kann, da vorerst ungewiss bleibt, ob sie ihre Tochter jemals wiedersieht. Somit eröffnet das metaphorische Stricken und Weben zugleich eine weitere Reflexionsebene, da Heilungssversuche und Sinnstiftung hierdurch verbildlicht und wieder aufgenommen werden.

Durch die Entwurzelung und die damit einhergehende Identitätskrise der Flüchtlinge verfallen diese in Déjà-vu-artige Zustände, die ihre Erinnerungsaktivität dauerhaft in Gang setzen. Demzufolge werden sie immer unbewusst dazu angeregt, die ihnen aufkommenden Bilder als Schicksalsfügung zu deuten:

> Dem Exilierten erscheinen mit einem Mal Personen, Ereignisse und Bilder [...] auf einmal ist ihm, als wäre seine Biographie geschrieben worden, lange bevor sie sich erfüllte, als wäre demnach das Exil nicht das Resultat äußerer Umstände und seiner Wahl, sondern ihm durch schicksalshafte Konstellation seit langem vorherbestimmt.[23]

Die pessimistische und zugleich deterministische Weltsicht der Protagonistin beruht auf ihrer gegenwärtigen Exilsituation, da sie die vorgeschriebenen Biographien und die schicksalhaften Vorherbestimmungen der Exilgenossen als Verweigerung jeglicher Selbstbestimmung ihrer Lebensgestaltung deutet.

2.2 Selbstreferentialität als Entfiktionalisierung

Neben der Wiederaufnahme des übergreifenden Sujets der Heimatlosigkeit lassen sich bereits selbstreflexive Passagen im Vorwort finden, die den Entste-

---

20 Mit dem Kopieren von Motiven wie dem Erzengel Michael ist hier vermutlich das Abmalen gemeint. Cf. Ugrešić, Dubravka: *Museum*, S. 13.

21 Ibid., S. 19.

22 Ibid., S. 164.

23 Ibid., S. 19.

hungsprozess thematisieren und auf die folgende bruchstückhafte Darbietung verweisen, wodurch eine Durchbrechung der Fiktion erreicht wird.[24] Im Prolog listet die Protagonistin die zusammenhangslosen Gegenstände vom Magen des verstorbenen See-Elefanten Roland auf, die im Zoologischen Garten Berlins ausgestellt werden. Dabei fordert sie den Rezipienten des Romans auf, eine Verbindung zwischen den folgenden Fragmenten herzustellen, ähnlich wie die Zoobesucher dies bei der kontingenten Anhäufung des Mageninhalts vornehmen sollen:

> Der Besucher steht mehr fasziniert als entsetzt vor dieser seltsamen Ausstellung, wie vor archäologischen Fundstücken. Er weiß, daß ihr museales Schicksal vom Zufall [...] bestimmt ist, und ist doch beherrscht von dem Gedanken, daß zwischen den Gegenständen mit der Zeit subtilere Beziehungen entstanden sind.[25]

Ihr nachfolgender Appell richtet sich explizit an den Rezipienten und ist somit programmatisch für die Lesart des Textes: „In ähnlicher Weise sind die nachfolgenden Kapitel und Fragmente zu lesen. Wer meint, sie stünden in keinem Zusammenhang, der möge sich gedulden: Die Zusammenhänge werden sich allmählich von selbst ergeben."[26] Erst vermittels zahlreicher Wiederholungen der fragmentarischen Erinnerungen wird sich ein sinnstiftendes Ganzes ergeben, das eng mit einer Ästhetisierung verbunden ist. Die Zusammenführung liest die Ich-Erzählerin als „geheime[] Topographie [des] Lebens"[27], die sie in verschiedenen Situationen im Exil vergegenwärtigt und selbstreferentiell benennt. Die Art des Erzählens gleiche einer Kartei, die viele Einzelheiten beinhalte und lose arrangiert sei: „Ich werde über Dinge und Gedanken schreiben. Wie ein Zettelkasten."[28] Ugrešić inszeniert die Tragik des Schicksals, heimatlos und den Ursprüngen der Identität beraubt zu sein, anhand von Formprinzipien ihrer Darstellung[29], welche metareflexiv im Text benannt werden. Der ständige Reflexionsprozess der literarischen Darbietung und die fortwährende Thematisierung des Entstehungsprozesses bewirken an dieser Stelle eine Entfiktionalisierung, die abermals als literarische Inszenierung von Erinnerung verstanden werden kann: Der biographische Hintergrund des Autor-Ichs deckt sich weitestgehend mit dem der Protagonistin, wobei vermutet werden kann, dass Ugrešić selbst mit

---

24 Cf. Novak, Josua: *Der postmoderne komische Roman*. Tectum: Marburg 2009, S. 112f.

25 Ugrešić, Dubravka: *Museum*, S. 7.

26 Ibid., S. 7.

27 Ibid., S. 180.

28 Ugrešić, Dubravka: *Kultur der Lüge*, S. 18.

29 Cf. Kämmerlings, Richard: *Welt im Viereck. Jugoslawien an der Spree. Ein Exilroman von Dubravka Ugrešić*. (04.12.1998). http://www.faz.net/aktuell/feuilleton/buecher/belletristik/rezension-belletristik-welt-im-viereck-11319572.html (13.08.2013).

diesem Wissen spielt[30]: Ugrešić impliziert damit, dass das Autor-Ich durch seine negativen Erfahrungen selbst unfähig geworden ist, eine rein fiktive Literatur zu produzieren, die frei von Brüchen und Entlarvungsstrategien ist. Selbst eine Flucht in die Fiktion ist damit ausgeschlossen.

2.3 Sinnstiftung durch das Erinnerungsmotiv der Rose

Der Erzählerin offenbaren sich die wiederkehrenden Bruchstücke ihres Daseins erst durch den ästhetischen Blick.[31] Die rückwirkende Poetisierung manifestiert sich an konkreten Erinnerungsmotiven wie beispielsweise an der Rose, die in der Emigrantengeschichte der Mutter vorerst als Hoffnungsschimmer galt. Im Exil liest die Tochter die Begebenheit jedoch als negative Vorausdeutung eines operativen Eingriffs, dem sie sich später unterziehen muss. Die Rose, die ein alter Mann der Bulgarin in jungen Jahren aus einer Apfelschale formte, kündigt das ihr bevorstehende Schicksal an:

> Vielleicht schnitt der Unbekannte damals ihr Schicksal zu. [...] In der Schale, die sich lautlos vom Apfel trennt und wie eine Schlange um die Finger des Fremden windet, ehe sie zur Rose wird, liegt vielleicht ihr ganzes Leben. Alle Details, möglicherweise sogar eine kleine ikonographische Ankündigung des chirurgischen Schnitts in ihrer Brust, der 43 Jahre später erfolgen sollte.[32]

Dieses Motiv, wie auch einige andere[33], verlieren ihre eigentliche Referentialität[34] und fungieren als Transformationsmedien für die individuelle Erinnerungsarbeit der Erzählerin. Das Frauenschicksal der Mutter wird von Einsamkeit und Trauer überschattet, mit dem die Rose als Symbol des weiblichen Lebens[35] in Zusammenhang gebracht wird. Die Mutter sah in ihr ein zukunftsverheißendes Leben mit ihrem Mann, doch wiederholt sich das Symbol lediglich als ikonographische Ähnlichkeit ihrer Operationsnarbe in ihrem Alter. Bereits in „Kultur

---

30 Daher ist Dagmar Burkhart auch dazu geneigt, den Roman zur Kategorie der quasiautobiographischen Texte zu zählen, „in denen ein Ich gegen das Vergessen ankämpft und Lebensbausteine in Schreibakten zum autofiktionalen Selbstentwurf verwertet." Burkhart, Dagmar: „Objekte der Erinnerung", S. 598.

31 Cf. Kämmerlings, Richard: *Welt im Viereck*.

32 Ugrešić, Dubravka: *Museum*, S. 122.

33 Zu nennen wäre hier die Schneekugel, die in ihrer Kindheit als einer der „ersten nutzlose[n] Gegenstände" (ibid., S. 91) Einzug in ihr zu Hause findet. Als die Ich-Erzählerin ihre Kindheitserinnerung mit einer Freundin auf einem Apfelbaum hervor ruft, und ihr das große Geheimnis allgegenwärtig erscheint, wird die Abgeschiedenheit dieser kleinen Welt metaphorisch als „Glaskugel" wieder aufgenommen.

34 Cf. Burkhart, Dagmar: „Objekte der Erinnerung", S. 599.

35 Cf. ibid., S. 97.

der Lüge“ vermittelt Ugrešić im Artikel „Wir sind die Jungs“ eine frauenspezifische Sicht auf den Krieg, wenn sie den erschütternden Alltag der Frauen durch den „homo balkanicus“ oder „Jugo-Mann“[36] darlegt. Ihres Erachtens stellen Misshandlungen und Diskriminierungen in patriarchalen Gesellschaftsformen keine Seltenheit dar.[37]

2.4 Fragmentarische Ausschnitte von Fotografien und kultureller Zerfall durch Vergessen

Neben der poetischen Verklärung der Biographie nehmen die zwei Fotografien, welche die Protagonistin als letzte Habseligkeiten bei sich trägt, einen besonderen Stellenwert ein. Die ältere, vergilbte Aufnahme bildet drei badende Frauen am Fluss Pakra ab, zu dem die Ich-Erzählerin eine mystische Verbindung verspürt. Dagmar Burkhart schreibt diesem Foto einen symbolischen Gehalt zu und identifiziert die Abgebildeten als die drei Schicksalsfrauen (kroatisch: *sudjenice*), die im Fluss des Vergessens baden.[38] Das andere Bild ist überbelichtet und dadurch lediglich weiß. Es stellt einen Schnappschuss von dem letzten Abend der Protagonistin mit ihren Freundinnen dar und ist zugleich leer und bietet somit keine Möglichkeit des Wiederauflebens einer Erinnerung. Das Fotoalbum, das ihre Mutter ständig neu sortiert, versinnbildlicht das Arbeiten an der eigenen Biographie[39], während das Zitat aus „Über Fotografie“ von Susan Sontag die Nostalgie fördernde Wirkung von Fotografien beschreibt und damit das Archivieren und Strukturieren einer ausschnitthaften Vergangenheit problematisiert. Das Foto, so die Protagonistin, reduziert die „unendliche unbeherrschbare Welt auf ein Viereck“[40] und fungiert als fragmentarischer Ausschnitt der Realität. Die Frage nach Selektionsprozessen von Fotografien, die somit das Gedächtnis steuern, wird mit Joseph Brodskys These abermals aufgenommen: „Was Gedächtnis und Kunst gemeinsam haben, ist der Selektionskniff, der Sinn für Details. Obwohl diese Beobachtung für die Kunst schmeichelhaft sein könnte, für Prosa besonders, dem Gedächtnis muß sie beleidigend vorkommen.“[41] Im Gegensatz zu ihrer Erinnerungsfähigkeit über die realen politischen Ereignisse ihres Landes haben die anderen im Zuge des „Terror[s] des Vergessens“[42] eine „kollektive[]

36 Ugrešić, Dubravka: *Kultur der Lüge*, S. 164.

37 Cf. Clive, James: „Dubravka Ugrešić“. In: Id.: *Cultural Amnesia. Notes in the Margin of Time*. Picador: New York 2007, S. 761-766. Hier: S. 763.

38 Cf. Burkhart, Dagmar: „Objekte der Erinnerung“, S. 597.

39 Cf. Kämmerlings, Richard: *Welt im Viereck*.

40 Ugrešić, Dubravka: *Museum*, S. 42.

41 Ibid., S. 73.

42 Ibid., S. 120.

Amnesie"[43] erlitten. So wie die Erinnerungsprozesse an bestimmte Motive im Roman gebunden sind, wird das Vergessen durch die Farbmetaphorik des weißen Engels Alfred symbolisiert. Er erscheint der Frauenrunde am Abend ihres letzten Beisammenseins im sechsten Kapitel, das den Titel *Das Gruppenfoto* trägt, und gibt ein „akustische[s] Mischmasch"[44] von sich:

> Alles vermengt sich miteinander [...] Was wir erfassen konnten, waren Zitate aus klassischen Werken der Weltliteratur [...], Zitate aus der Bibel, aus der Offenbarung des Johannis, [...] Zitate aus sozialistischen Lesebüchern [...]. Und als wir in dieser verwirrenden Aufreihung ohne Anfang und Ende den Vers *Im Tunnel mitten im Dunkeln sehen wir den roten Stern funkeln* erkannten, wurde uns klar, was Alfred gemeint hatte, als er sagte, er habe sich *vorbereitet*.[45]

Die Auszüge aus der Weltliteratur spielen gleichermaßen auf Ugrešićs postmoderne Zitationsweise an und besitzen dadurch erneut eine selbstreferentielle Funktion. Schon in „Kultur der Lüge" kündigt die Autorin das Zeitalter der Postmoderne als Konsequenz des Krieges an, in dem alle Zeiten *gleichzeitig* vorhanden sind: „In allen Teilen des ehemaligen Jugoslawiens wird derzeit ein postmodernes Chaos gelebt. Man lebt GLEICHZEITIG [sic] Vergangenheit, Gegenwart und Zukunft."[46] Ihre ästhetische Darbietung, die permanent metareflexiv benannt wird, resultiert aus dem biographischen Bruch der Protagonistin. Die Verwendung rekurrenter Erinnerungsmotive, wiederholender Passagen und Zitate wie auch die Verweigerung einer einheitlichen Erzählchronologie schlagen sich als Konsequenz ihrer ‚Schwellenerfahrung' im Exil nieder. Ihre Freundinnen bekommen als Geschenk von Alfred die weiße Feder des Vergessens ausgehändigt. Daraufhin verwerfen ihre Freundinnen die Ideale der alten Staatsform und vollziehen bereitwillig den Identitätswechsel des nationalistischen Regimes. Die Farbmetaphorik der Feder ist ebenfalls bei dem überbelichteten, weißen Foto zu finden und verweist auf den Werteverfall und den Verlust zwischenmenschlicher Beziehungen.[47] Nur die Erzählerin ist immun gegenüber den Manipulationen des Staates[48] und betont ihre individuellen Erinnerungen als Teil einer vergangenen Wirklichkeit: „Den Koffer benutze ich nicht als übliche Me-

---

43 Ugrešić, Dubravka: *Kultur der Lüge*, S. 15.

44 Ugrešić, Dubravka: *Museum*, S. 234.

45 Ibid., S. 234.

46 Ugrešić, Dubravka: *Kultur der Lüge*, S. 128.

47 Cf. Kämmerlings, Richard: *Welt im Viereck*.

48 Cf. Breitenstein, Andreas: *Im Zollfreilager der Literatur. Gespräch mit der Schriftstellerin Dubravka Ugrešić über das Exil, das Label „Made in Balkan" und die Zukunft der Lesekultur.* (26.09.2009). http://www.nzz.ch/nachrichten/kultur/literatur_und_kunst/im_zollfreilager_der_literatur_1.3675283 (13.08.2013).

tapher für den Begriff Exil. Der Koffer ist nämlich meine einzige Realität.“[49] Durch die fingierte Realität verweist Ugrešić auf konkrete Details, die ihr als reale Überreste ihres sozialistischen Alltags geblieben sind und impliziert die Ablehnung einer umständlichen Symbolsprache. Bezeichnend für ihr postmodernes Schreiben sind die Infragestellung allumfassender Strukturen und die Demaskierung sprachlich fingierter Konstrukte: „Somit will sie die Mechanismen, die im Aufbau neuer Systeme das davor Dagewesene leugnen, umwerten, ausradieren, entlarven, [...] sie dekonstruieren.“[50] Während die Medienpropaganda Kroatiens Mythen um ihre vermeintlich reine und kontinuierliche Volksgeschichte entwirft, versucht die Schriftstellerin eine Realität aufzuzeigen, die für sie lediglich in Fragmenten existiert.

Die Fragmente, triviale Erinnerungsstücke und -motive werden somit im Werk selbst mit Sinn aufgeladen, wodurch eine zeitliche Verschränkung von der jugoslawischen Vergangenheit mit den gegenwärtigen Eindrücken des Exils erreicht wird. Positive Erinnerungen werden eingeblendet und als geheime Hinweise auf das traurige Schicksal der Protagonistin gedeutet. Dieses Moment der *Verwebung* tritt nicht nur bei einzelnen Versatzstücken und Erinnerungsmotiven auf, sondern manifestiert sich zugleich in Form zahlreicher intertextueller Relationen. Diese ziehen sich durch den Roman und problematisieren zugleich den Diskurs um die Bewahrung kollektiver wie auch privater Erinnerungen, die mit Zitaten anderer Schriftsteller belegt werden.

3. Spielarten von Intertextualität

Der Roman verfügt über „ein[] komplexe[s] System von Erzähl- oder Diskursversatzstücken“[51], die mittels intertextueller Spielarten realisiert werden. Hierbei verwendet Ugrešić ein breites Spektrum an Intertextualitätsrelationen, die unterschiedliche Verweisfunktionen erfüllen, vor allem aber den Eintritt in andere Diskurse ermöglichen. Demgemäß wendet die Schriftstellerin ihre Kenntnis über literaturspezifische Techniken im „Museum“ an, und erzeugt eine Referenz auf jenes dekonstruierte Weltbild der Postmoderne. Anhand ausgewählter Beispiele werden unterschiedliche Varianten der postmodernen Verfahrensweise vorgestellt, die dem Text eine ästhetische Mehrschichtigkeit verleihen. Im Folgenden soll damit ein Ausblick auf die Vielfalt der Zitationsweisen Ugrešićs ge-

49 Ugrešić, Dubravka: *Museum*, S. 246.

50 Halilović, Sabira: „Die postmoderne Welt“, S. 140.

51 Burkhart, Dagmar: „Postmoderne Intertextualität in den slawischen Literaturen“. In: Lützeler, Paul Michael (Hrsg.): *Räume der literarischen Postmoderne. Gender, Performativität, Globalisierung*. Stauffenburg: Tübingen 2000, S. 199-222. Hier: S. 199.

geben werden, da sie im Roman in herausragender Dichte präsent sind. Außerdem sollen die nachstehenden Punkte veranschaulichen, dass im „Museum" vielmehr die ästhetische Darbietung und Reflexion von Verfahrensweisen dominieren, während eine kontinuierliche Entwicklung oder Handlung durch die Dichte der Motive und intertextuellen Verfahren zum Teil in den Hintergrund geraten.

3.1 Autozitationen: Holistische Werkkonzepte

Ugrešić strebt in ihrem poetischen Schaffen werkübergreifende Konzepte an, welche in Form von Autozitationen als „Abschreiben von sich selbst"[52] im „Museum" sichtbar werden. Ihr Essayband „Kultur der Lüge" wird zum Ko-Text, von dem verschiedene Motive und semantische Komplexe abgewandelt und im Roman in einen neuen Bezugsrahmen gesetzt werden. Ein Beispiel für eine solche Übernahme ist „Das erste Lesebuch"[53], das sowohl im „Museum" als auch in der Essaysammlung aufgegriffen wird. In „Kultur der Lüge" klagt Ugrešić Kroatiens kulturellen Wertezerfall an und sieht ihn besonders im ersten Bildungsmedium der Kinderfibel bestätigt: „Im Lesebuch von 1990 existiert die Welt nicht"[54], stellt das Autor-Ich resignierend fest.[55] Darauf kontrastiert sie die kulturellen Ideale des alten und neuen Regimes: „In meiner Fibel sind die Zeichnungen realistisch und detailliert, mit Farben wie ein frischgetünchtes Bauerntuch. In der neuen Fibel sind sie stilisiert, karikaturhaft."[56] Das idyllisch postulierte Leben und dessen Wertevermittlung gehören einer vergangenen Zeit an. Das Lesebuch exemplifiziert ihre These, dass die Sprache zu propagandistischen Zwecken und zur Konstruktion einer Remythisierung missbraucht werde.[57] Im Rahmen der Essaysammlung geht es der kroatischen Schriftstellerin somit vorwiegend um die Anklage des Tuđman-Regimes und die Enthüllung realer politischer Zustände. Im „Museum" wird die Kinderfibel in die bruch-

52 Ibid., S. 190.

53 Im Essayband stellt „Das erste Lesebuch" ein Unterkapitel dar und im Roman wird es als Motiv wieder aufgenommen.

54 Ugrešić, Dubravka: *Kultur der Lüge*, S. 27.

55 Marie-Janine Calic beschreibt die Ideale des vergangenen Regimes als „[d]as Alpha und Omega des jugoslawischen Systems und sein höchster patriotischer Wert waren ‚Brüderlichkeit und Einigkeit' – das solidarische Zusammenleben unterschiedlicher, jedoch verwandter Völker." In: Calic, Marie-Janine: *Geschichte Jugoslawiens im 20. Jahrhundert.* Beck: München 2010, S. 181.

56 Ugrešić, Dubravka: *Kultur der Lüge*, S. 27.

57 Nach Ugrešićs Auffassung zeichnet sich der Jugoslawienkrieg bereits innerhalb der Mediensprache anhand narrativer Strategien ab. Cf. ibid., S. 80ff.

stückhaften Erinnerungen der Erzählerin wieder aufgenommen und neben vielen anderen Personen und Gegenständen aus der Vergangenheit im Kapitel „Das Hausmuseum“ platziert. Der Zukunftsoptimismus und der Glaube an die dargestellte Realität des Lesebuches als universelle Konstante rücken hier in den Vordergrund: „In meiner Fibel scheint die Heimat keine Grenzen zu haben.“[58] Die idealisierten Erinnerungen der Protagonistin werden fokussiert und durch den Gegenstand des Lesebuchs wieder entfacht. Das Vergegenwärtigen ihrer damaligen Hoffnungen ist bedeutsamer als der politische Kontext, der den Bruch ihrer Biographie herbeiführte. In einem Interview spricht Ugrešić über den Gebrauch der Gattungen und deren Wirkung. Sie beteuert, dass die Essays „eine Art Abwehr vor dem Wahnsinn“[59] zulassen: „Der Erzähler im Essay sehnt sich eindeutig nach Kommunikation mit dem Leser, er wendet sich an die Gesellschaft, er konfrontiert sich mit ihr, widerspricht und polemisiert.“[60] Der Roman vermittle vielmehr eine melancholische Stimmung, die im „Museum“ durch die ständige Thematisierung leerer Symbolträger allgegenwärtig erscheint. Die Autorin verwendet autozitative Bezüge, an denen werkübergreifende Thematiken sichtbar werden.

3.2 Heteromediale Relationen: Kulturelles Erinnern und Vergessen

Im Roman werden außerdem heteromediale Relationen von Ugrešić verwendet, die als Text-Bild-Verknüpfung verwirklicht werden. Die Zitatrelationen dienen zur Ausweitung des semiotischen Systems[61] und ermöglichen den Einbezug der bildenden Kunst und Fragen ihrer Präsentationsform betreffend. Insbesondere befasst sich die Erzählerin mit dem russischen Künstler Ilja Kabakov, der ähnlich ihrem Vorgehen, alltäglichen Müll und andere triviale Gegenstände zusammenführt und diese zur Kunst erhebt. Der „nicht anerkannte Abfallkönig[]“[62] bildet mit seinen hyperrealistischen Installationen den sozialistischen Alltag des damaligen Russlands nach und bezieht ebenfalls den Rezipienten in seine Werke mit ein, deren Bedeutungen durch diesen entschlüsselt werden sollen. In der allumfassenden Konzeptkunst des moskauischen Künstlers sieht Ugrešić Parallelen zu ihrem eigenen literarischen Vorgehen:

> Unter der Maske des einfachen Sowjetmenschen und seiner harmlosen Technik beim Sammeln des Alltagplunders offenbart Kabakov die komplizierte Verflechtung zwischen System, Politik, Ideologie, Medien, Kultur, Bildung, Alltag und Privatle-

58 Ugrešić, Dubravka: *Museum*, S. 105.

59 Interview mit Ugrešić, zitiert nach: Halilović, Sabira: „Die postmoderne Welt“, S. 143.

60 Ibid., S. 143.

61 Cf. Burkhart, Dagmar: „Postmoderne Intertextualität“, S. 200.

62 Ugrešić, Dubravka: *Museum*, S. 49.

ben und bestreitet radikal die offizielle Kultur schon dadurch, daß er dem Müll den Vorzug vor den sogenannten großen Themen der erhabenen Kunst gibt.[63]

Derartige Gegenarchive charakterisiert Aleida Assmann als Sichtbarmachung eines kulturellen Wertungsprozesses:

> Indem Künstler Abfall, also das aus der Ökonomie Ausgeschlossene in ihre Werke und Installationen integrieren, erreichen sie zweierlei. Sie bauen eine andere Ökonomie auf und zwingen den Betrachter, die Außengrenze seiner symbolischen Sinnwelt zu überschreiten und sich das System Kultur mit seinen Mechanismen der Entwertung und Ausgrenzung bewußt zu machen. Solche Kunst [...] macht [...] das schlechthin Unsichtbare, nämlich die Grundstrukturen kultureller Wert- und Unwert-Produktion sichtbar.[64]

So wie Kabakov seine Installationen mittels Trivialitäten wie Ansichtskarten und Streichholzschachteln als „transmediales Tagebuch"[65] eines vergangenen Lebens arrangiert, sammelt Ugrešić fragmentarische Details ihrer kroatischen Vergangenheit. Beide schaffen durch Relationierung scheinbar beliebiger Ausschnitte der Wirklichkeit ein sinnstiftendes Ganzes und verweisen zugleich darauf, dass Erinnern und Vergessen auf kulturellen Entscheidungen beruhen.[66] Das Gegenbild zur bewussten Zusammenführung ausgewählter Gegenstände als Rekonstruktion einer Lebensgeschichte verkörpern die Berliner Flohmärkte. Sie dienen als Treffpunkt für bosnische Flüchtlinge, die sich austauschen und sich selbst nach „Stadt oder Dorf ihrer Herkunft"[67] zu sortieren scheinen. Die Märkte fungieren als umgedrehte Archive[68], da dort zahlreiche Fotografien und Alben „auf einem Haufen"[69] liegen und ihren ursprünglich privaten Kontext eingebüßt haben.[70] Schon Susan Sontag charakterisiert in ihrem Aufsatz „Platos Höhle" die Aufbewahrung von Fotografien zur Dokumentation der individuellen Familiengeschichte als intimes Moment: „Mit Hilfe von Fotografien konstruiert jede Familie eine Porträt-Chronik ihrer selbst – eine tragbare Kollektion von Bildern, die Zeugnis von familiärer Verbundenheit ablegt. Es spielt keine Rolle, welche Aktivitäten fotografiert werden, solange man überhaupt Aufnahmen macht und

63 Ibid., S. 53.

64 Assmann, Aleida: *Erinnerungsräume. Formen und Wandlungen des kulturellen Gedächtnisses*. Beck: München 1999, S. 384.

65 Ugrešić, Dubravka: *Museum*, S. 51.

66 Cf. Assmann, Aleida: *Erinnerungsräume*, S. 392.

67 Ugrešić, Dubravka: *Museum*, S. 288.

68 Cf. Assmann, Aleida: *Erinnerungsräume*, S. 411.

69 Ugrešić, Dubravka: *Museum*, S. 287.

70 Cf. Popescu, Monica: „Imaging the Past: Cultural Memory in Dubravka Ugrešić's ‚The Museum of Unconditional Surrender'". In: *Studies in Novel* 36, 2007, S. 336-356. Hier: S. 343.

liebevoll aufbewahrt.“[71] Die Erweiterung des Zeichensystems vermittels heteromedialer Bezüge wird also an einen Kunstdiskurs angeschlossen, der die grundsätzliche Zurschaustellung und Rahmung von Kunst selbst hinterfragt.

3.3 Einzeltextreferenzen: Kollektive Exilschicksale

Außerdem gebraucht Ugrešić in ihrem Roman zahlreiche Einzeltextreferenzen[72] von Werken anderer Schriftsteller, die zum Teil explizit als solche gekennzeichnet werden. Hierbei wird der Urheber wie auch das Werk der übernommenen Textpassagen genannt, die mit Anführungszeichen versehen werden. Die Auflistung der explizit verwendeten Werke erfolgt in den nachgestellten „Zitatquellen“, die von deutschsprachigen Literaten wie Peter Handke über den tschechischen Nobelpreisträger Milan Kundera bis hin zu russischen Schriftstellern wie Joseph Brodsky und Viktor Schklowski reichen. Oftmals werden die Einzeltextreferenzen einem Kapitel vorangestellt oder direkt in den Text eingefügt. Im Zusammenhang mit Ugrešićs akademischer Laufbahn und der Akzentuierung ihrer Exilerfahrung sind die intertextuellen Bezüge zu den russischen Autoren wie Brodsky und Schklowski besonders fruchtbar.

3.3.1 Das Gedächtnis und die Kunst (Joseph Brodsky)

In seinem autobiographischen Roman „Erinnerungen an Leningrad“ (1987) skizziert Joseph Brodsky die Nachkriegszeit seines Heimatlandes Russland. Da er sich immerzu gegen den Sozialismus seines Landes stellte, wurde er 1972 ausgebürgert und war gezwungen, seinen Roman im Exil in den USA zu schreiben.[73] Er ist somit wie Ugrešić an eine räumliche Distanz gebunden. Aus der Ferne vergegenwärtigen sich beide ihre Erinnerungen, während die Problematisierung von Selektionsprozessen des Gedächtnisses bei Brodsky immer wieder Gegenstand seiner Darstellung wird. Ugrešić übernimmt insbesondere Zitate, die sich um den Diskurs des Erinnerns drehen. Im „Museum“ werden die existentiellen Fragen der bulgarischen Mutter, die sie in ihrem Tagebuch stellt, mit Zita-

71 Sontag, Susan: „Platos Höhle“. In: Id.: *Über Fotografie*. Aus dem Amerikanischen von Getrud Baruch. Fischer: Frankfurt am Main 1980, S. 9-30. Hier: S. 14.

72 Hierbei lehne ich mich an die Definition von Ulrich Broich und Manfred Pfister an, die die Form der Einzeltextreferenz als integrierte Passage eines Prätextes begreifen, der durch Zitate, Paraphrasen, Parodie, Pastiche oder Allusion Eingang in den postmodernen Text finden. Cf. Broich, Ulrich / Pfister, Manfred: *Intertextualität*. Niemeyer: Tübingen 1985, S. 49.

73 Cf. Serke, Jürgen: *Das neue Exil. Die verbannten Dichter*. Fischer: Frankfurt am Main 1985, S. 239.

ten Brodskys kommentiert, die auf das vergebliche Unterfangen der vollständigen Konservierung von Erinnerungen verweisen:

> „Manchmal scheint mir, daß ich alles vergessen habe. Wozu lebt der Mensch überhaupt, wenn er alles vergißt?" fragt meine Mama. „Das Gedächtnis verrät jeden, besonders diejenigen, die wir am besten kannten. Er ist ein Verbündeter der Vergeßlichkeit, er ist ein Verbündeter des Todes. [...] Mit welcher Zahl von Details muß man sich schließlich zufrieden geben?" sagt Brodsky.[74]

Zusätzlich widmet Ugrešić Brodsky eine ganze Passage, die sie referentiell als „Ein Zitat" kennzeichnet. Auch dort wird der Akt des autobiographischen Schreibens problematisiert, und das Gedächtnis mit der Darstellung von Prosa verglichen:

> Das Gedächtnis ist ein Ersatz für den Schwanz, den wir in dem glückseligen Evolutionsprozeß verloren haben. Es lenkt unsere Bewegungen, Migration eingeschlossen. Davon abgesehen, hat der Erinnerungsvorgang an sich schon etwas eindeutig Atavistisches, wenn auch nur deshalb, weil ein solcher Vorgang nie linear verläuft. [...] Öfter jedoch windet [...] sich [das Gedächtnis] vorwärts, springt zurück, schweift nach allen Seiten, wie eben ein Schwanz es tut; genauso sollte sich eine Erzählung bewegen, auch auf das Risiko inkonsequent und langweilig zu klingen [...].[75]

Das Gedächtnis „strauchelt"[76] und ist mit Lücken behaftet und die Literatur soll diesen Prozess entsprechend einfangen. Innerhalb des Romans wird dies von Ugrešić zum äußersten Formprinzip erhoben. Das gemeinsame Schicksal beider Autoren verweist auf eine Tradition von heimatlosen Schriftstellern. Anhand der Einzeltextreferenzen wird an eine Erinnerungsliteratur angeknüpft, die durch das postmoderne Arrangieren durch Zitation konserviert wird.

3.3.2 Selbstreferentialität der Form (Viktor Schklowski)

Neben der Übernahme einzelner Passagen, die speziell auf das Vermögen sich zu erinnern referieren, knüpft sie ferner an Viktor Schklowskis Roman „Zoo oder Briefe nicht über die Liebe" (1925) an. In den 1920er Jahren schloss sich der russische Literat den Sozialrevolutionären seiner Heimat an.[77] Als die Partei von der Presse 1922 „konterrevolutionäre[r] Umtriebe[ ]"[78] beschuldigt wurde, floh er vor den Bolschewiken nach Berlin ins Exil. In seinem Roman verarbeitet Schklowski die Eindrücke der Großstadt, wobei der Entstehungsprozess und die

74 Ugrešić, Dubravka: *Museum*, S. 73.

75 Ibid., S. 109.

76 Ibid.

77 Cf. Urban, Thomas: *Russische Schriftsteller im Berlin der zwanziger Jahre*. Nicolai: Berlin 2003, S. 102.

78 Ibid.

Konzeption der Erzählung im Vordergrund stehen. Die Impressionen Berlins herrschen bei Ugrešić als komplexes Beziehungsgeflecht vor. Im Werk Schklowskis, welches im „Museum" zitiert wird, manifestiert sich dieses in ähnlicher Weise als wiederkehrende Ringe, die sein Leben begleiten: „... *ich wanderte lange über kleine Überführungen, die sich hier kreuzen wie Fäden eines durch einen Ring gezogenen Schultertuches. Dieser Ring ist Berlin*, schrieb Viktor Schklowski."[79] Darüber hinaus übernimmt Ugrešić metareflexive Passagen von Schklowskis Roman, die vor allem seine formalistische Ausrichtung aufzeigen.[80] Schon im ersten Vorwort des „Zoos" macht er auf dessen Entstehungsprozess aufmerksam:

> Ursprünglich hatte ich einige Skizzen über das russische Berlin im Sinn; dann kam mir der Gedanke, die Skizzen miteinander zu verbinden. Ich nahm das „Tiergehege" (den „Zoo"), schon war der Buchtitel geboren, aber er verknüpfte die Stücke nicht. Da fiel mir ein, aus ihnen so etwas wie einen Roman in Briefen zu machen. Ein Roman in Briefen bedarf einer Motivierung: eine Ursache des Briefwechsels. Die gewöhnliche Motivierung ist die Liebe und das, was die Liebenden trennt […].[81]

Somit sieht er den Entwurf des Briefromans als formale Konsequenz seiner Skizze an, deren Bestandteile durch den Briefwechsel verknüpft werden. Auch in seinem Essay „Literatur ohne ‚Sujet'" beschreibt er die Form als „Seele" ästhetischer Gebilde: „Aber ich will zu beweisen versuchen, daß die Seele eines literarischen Werks nichts anderes ist als sein Bau, seine Form. Oder, um meine Formen zu gebrauchen: ‚Der Inhalt (daher die ‚Seele') eines literarischen Werks ist die Summe aller darin angewandten stilistischen Kunstbegriffe.'"[82] Als Mitbegründer des russischen Formalismus[83] reflektiert er fortwährend sein eigenes literarisches Schaffen. Vor diesem Hintergrund wird Ugrešićs Verfahrensweise transparenter, da sie sich jahrelang mit der russischen Avantgarde befasste und deren Konzepte in ihr postmodernes Werk integriert. Die adaptierte Selbstreferentialität macht sich bereits bemerkbar, als sie im Vorwort eine Legitimation

79 Ugrešić, Dubravka: *Museum*, S. 128.

80 Cf. Drohla, Gisela: „Über den Autor". In: Schklowski, Viktor: *Theorie der Prosa*. Aus dem Russischen von Gisela Drohla. S. Fischer: Frankfurt am Main 1966, S. 192.

81 Schklowski, Viktor: *Zoo oder Briefe nicht über die Liebe*. Aus dem Russischen von Alexander Kaempfe. Suhrkamp: Frankfurt am Main, S. 9.

82 Schklowski, Viktor: „Literatur ohne ‚Sujet'". In: Id.: *Theorie der Prosa*. Aus dem Russischen von Gisela Drohla. S. Fischer: Frankfurt am Main 1966, S. 165.

83 Aus der von Schklowskis und einigen anderen Literaturhistorikern gegründeten Opojaz („Gesellschaft zum Studium der dichterischen Sprache") ging die spätere formalistische Schule, die von Roman Jakobson geprägt wurde, hervor. Sein Essay „Kunst als Kunstgriff" galt als Manifest der Opojaz, dessen Termini in die formalistische Lehre eingebunden wurden. Cf. Drohla, Gisela: „Über den Autor", S. 192.

ihres Schreibens voranstellt und dafür plädiert, die „nachfolgenden Kapitel und Fragmente“ in Zusammenhängen zu betrachten, die sich „allmählich von selbst ergeben“.[84] Mit der Übernahme von Einzeltextreferenzen Brodskys und Schklowskis versucht sich Ugrešić selbst in eine Tradition von intellektuellen Schriftstellern einzureihen, die wie sie heimatlos sind, und der Erinnerungsarbeit ihrer Vergangenheit im Exil nachgehen. Die Ich-Erzählerin erblickt auf dem abgebrochenen Turm der Kaiser-Wilhelm-Gedächtniskirche „russische Krähen“[85], die abermals auf das gemeinsame Schicksal verweisen: „Und niemand kann mich sehen. Außer den großen russischen Krähen, die sich auf dem Turm niederlassen. Die Berliner sagen, daß sie jeden Winter kommen. Hierher, in die wärmeren Gegenden.“[86]

4. Stagnation als Grenzerfahrung

Dubravka Ugrešić inszeniert in ihrem Roman ein durchgängiges Geflecht aus Erinnerungsmotiven und intertextuellen Bezügen. Die rekurrenten Motive thematisieren zugleich das Sammeln und Konservieren von Erinnerungen. Die verwendeten Spielarten der Intertextualität ermöglichen den Eintritt in andere Diskurse, die sich thematisch meist mit der Reflexion von bildender Kunst und Literatur beschäftigen. Neben dem palindromartigen Aufbau, der Vielfalt der verschiedenen Fragmente und der diversen Intertextualitätsrelationen zeigt sich der Entwurf einer postmodernen Utopie nicht zuletzt am Romantitel, der einen chaotischen Überlagerungsort durch seine Historie repräsentiert: An der Stelle des realen Museums wurde 1945 die Kapitulationsurkunde der deutschen Wehrmacht unterzeichnet, was gleichzeitig das Ende des zweiten Weltkrieges einläutete.[87] Von 1967 bis 1994 erinnerte das Museum in Berlin-Karlshorst an die sowjetischen Streitkräfte und wurde 1995 zum 50. Jubiläum des Kriegsendes als deutsch-russisches Museum wiedereröffnet.[88] Im Café des Museums treffen sich die jugoslawischen Flüchtlinge, deren existentielles Dazwischen damit

---

84 Ugrešić, Dubravka: *Museum*, S. 7.

85 Die Emigration russischer Flüchtlinge in die Großstadt Berlin war in den 1920er Jahren keine Seltenheit. Schklowski verweist bereits auf die Kirche als auch auf den Treffpunkt der russischen Flüchtlinge: „Die Russen in Berlin kreisen um die Gedächtniskirche wie die Fliegen um einen Kronleuchter.“ Schklowski, Viktor: *Zoo*, S. 75.

86 Ugrešić, Dubravka: *Museum*, S. 297.

87 Cf. Richter, Angelika: „Erinnern und Vergessen in der Fremde. Die Kroatin Dubravka Ugrešić und der Serbe David Albahari“. In: *Die Welt der Slaven* XLVIII, 2003, S. 263-274. Hier: S. 266.

88 Cf. Museum Berlin-Karlshorst e.V.: *Deutsch-Russisches Museum Berlin-Karlshorst.* (kein Veröffentlichungsdatum). http://www.museum-karlshorst.de/ (13.08.2013).

symbolisch kenntlich gemacht wird. Die Frage, ob sich die Protagonistin mit ihrem deutschen Exil arrangiert oder tatsächlich kapituliert, kann daher lediglich als Kompromiss beantwortet werden: Ugrešić setzt ihr Misstrauen gegenüber der raschen Adaption neuer Werte und Strukturen literarisch um, indem die Ich-Erzählerin eine Stagnation ihrer identitären wie auch kulturellen Zugehörigkeit erfährt, die vorerst bestehen bleibt, wenn sie resignierend feststellt: „Ich trete auf der Stelle und gelange an kein Ziel.“[89]

Literatur

Assmann, Aleida: *Erinnerungsräume. Formen und Wandlungen des kulturellen Gedächtnisses*. Beck: München 1999.

Beganović, Davor: „Allegorie als Rettung. Die Figur des Engels bei Dubravka Ugrešić, Dževad Karahasan und Vladimir Arsenijević“. In: Beganović, Davor / Braun, Peter (Hrsg.): *Krieg sichten. Zur medialen Darstellung der Kriege in Jugoslawien*. Fink: München 2007, S. 151-170.

Breitenstein, Andreas: *Im Zollfreilager der Literatur. Gespräch mit der Schriftstellerin Dubravka Ugrešić über das Exil, das Label „Made in Balkan“ und die Zukunft der Lesekultur.* (26.09.2009). http://www.nzz.ch/nachrichten/kultur/literatur_und_kunst/im_zollfreilager_der_literatur_1.3675283 (13.08.2013).

Brodsky, Joseph: *Erinnerungen an Leningrad*. Aus dem Amerikanischen von Sylvia List und Marianne Frisch. Hanser: München / Wien 1987.

Broich, Ulrich / Pfister, Manfred (Hrsg.): *Intertextualität*. Niemeyer: Tübingen 1985.

Burkart, Dagmar: „Postmoderne Intertextualität in den slawischen Literaturen“. In: Lützeler, Paul Michael (Hrsg.): *Räume der literarischen Postmoderne. Gender, Performativität, Globalisierung*. Stauffenburg: Tübingen 2000, S. 199-220.

Burkhart, Dagmar: „Objekte der Erinnerung in Dubravka Ugrešics quasi- autobiografischem Roman Museum der bedingungslosen Kapitulation“. In: Frank, Susi et al. (Hrsg.): *Gedächtnis und Phantasma. Festschrift für Renate Lachmann*. Sagner: München 2001, S. 595-603.

Calic, Marie-Janine: *Geschichte Jugoslawiens im 20. Jahrhundert*. Beck: München 2010.

Clive, James: „Dubravka Ugrešić“. In: Id.: *Cultural Amnesia. Notes in the Margin of Time*. Picador: New York 2007, S. 761-766.

Gauß, Karl-Markus: *Terror des Erinnerns. Dubravka Ugrešić beschreibt die unheilvolle Kultur der Lüge*. (03.02.1996). http://www.faz.net/aktuell/feuilleton/buecher/rezensionen/belletristik/rezension-belletristik-terror-des-erinnerns-11304430.html (13.08.2013).

Halilović, Sabira: „Die postmoderne Welt von Dubravka Ugrešić. Eine Analyse des Romans ‚Die Kultur der Lüge‘“. In: *Zeitschrift für Balkanologie* 38, 2002, S. 132-148.

Kämmerlings, Richard: *Welt im Viereck. Jugoslawien an der Spree: Ein Exilroman von Dubravka Ugrešić*. (04.12.1998). http://www.faz.net/aktuell/feuilleton/buecher/

89 Ugrešić, Dubravka: *Museum*, S. 296.

rezensionen/belletristik/rezension-belletristik-welt-im-viereck-11319572.html (13.08.2013).

Kenneweg, Anne Cornelia: „Schreiben über den Kommunismus als gesellschaftliche Aufgabe, (quasi-)autobiografische Sinnsuche und ästhetische Herausforderung. Das Beispiel Dubravka Ugrešić“. In: Brunnbauer, Ulf / Troebst, Stefan (Hrsg.): *Zwischen Amnesie und Nostalgie. Die Erinnerung an den Kommunismus in Südosteuropa*. Böhlau: Köln / Weimar / Wien 2007, S. 273-289.

Museum Berlin-Karlshorst e.V.: *Deutsch-Russisches Museum Berlin-Karlshorst.* (Kein Veröffentlichungsdatum). http://www.museum-karlshorst.de/ (13.08.2013).

Novak, Josua: *Der postmoderne komische Roman*. Tectum: Marburg 2009.

Popescu, Monica: „Imaging the Past: Cultural Memory in Dubravka Ugrešić's ‚The Museum of Unconditional Surrender‘“. In: *Studies in the Novel* 39, 2007, S. 336-356.

Rehder, Petra: „Ugrešić, Dubravka“. In: Hechtfischer, Ute et al. (Hrsg.): *Metzler Autorinnen Lexikon*. Metzler: Stuttgart / Weimar 1998, S. 543-544.

Richter, Angela: „Erinnern und Vergessen in der Fremde. Die Kroatin Dubravka Ugrešić und der Serbe David Albahari“. In: *Die Welt der Slaven* XLVIII, 2003, S. 263-274.

Schklowski, Viktor: „Literatur ohne ‚Sujet‘“. In: Id.: *Theorie der Prosa*. Aus dem Russischen von Gisela Drohla. S. Fischer: Frankfurt am Main 1966, S.163-185.

Schklowski, Viktor: *Zoo oder Briefe nicht über die Liebe*. Aus dem Russischen von Alexander Kaempfe. Suhrkamp: Frankfurt am Main 1965.

Serke, Jürgen: *Das neue Exil. Die verbannten Dichter*. Fischer: Frankfurt am Main 1985.

Sontag, Susan: „Platos Höhle“. In: Id.: *Über Fotografie*. Aus dem Amerikanischen von Gertrud Baruch. Fischer: Frankfurt am Main 1980, S. 9-30.

Tax, Meredith: *Aboard ‚the Balkan Express‘*. (13.12.1999). http://www.dubravkaugresic.com/pdf/Meredith.pdf (13.08.2013).

Ugrešić, Dubravka: *Das Museum der bedingungslosen Kapitulation*. Aus dem Kroatischen von Barbara Antkowiak. Suhrkamp: Frankfurt am Main 1998.

Ugrešić, Dubravka: *Die Kultur der Lüge*. Aus dem Kroatischen von Barbara Antkowiak. Suhrkamp: Frankfurt am Main 1995.

Ugrešić, Dubravka: *Dubravka Ugrešić*. (Kein Veröffentlichungsdatum). http://www.dubravkaugresic.com/ (13.08.13).

Ugrešić, Dubravka: *Saubere Kroatische Luft*. (23.10.1992). http://www.zeit.de/1992/44/saubere-kroatische-luft (13.08.2013).

Urban, Thomas: *Russische Schriftsteller im Berlin der zwanziger Jahre*. Nicolai: Berlin 2003.

Yannic Federer

Zweifel an der Gerechtigkeitsmaschine: Divergierende Lösungsstrategien in Hans-Christian Schmids Spielfilm „Sturm"

1. Einleitung

Aus der durchaus überschaubaren Menge deutscher Filmproduktionen, die sich der Aufarbeitung der Kriege im ehemaligen Jugoslawien der 1990er Jahre widmen, ist der 2009 erschienene Film „Sturm" von Hans-Christian Schmid einer der prominentesten. Im Zentrum steht Hannah Maynard, Anklägerin am *International Criminal Tribunal for the former Yugoslavia* (ICTY), dem Internationalen Strafgerichtshof für das ehemalige Jugoslawien in Den Haag. Von ihrem Vorgesetzten übernimmt sie den Prozess gegen Goran Duric[1], einen bosnischen Serben, dem vorgeworfen wird, im bosnischen Kasmaj ‚ethnische Säuberungen' befehligt zu haben. Als der Hauptzeuge, Alen Hajdarevic, im Prozess der Falschaussage überführt wird und sich umbringt, findet Hannah heraus, dass Alen zwar insofern gelogen hat, als er Duric in Kasmaj nicht selbst gesehen hat, er ansonsten aber die Wahrheit ausgesagt hat und zwar stellvertretend für seine Schwester Mira Arendt, die in Berlin mit Ehemann Jan und Sohn Simon lebt. Kurz darauf kann Hannah Alens Schwester Mira zu einer ersten Aussage bewegen und stößt dabei auf neue Tatsachen: Duric ist nicht nur für die Deportationen in Kasmaj, sondern auch für ein bisher unbekanntes Vergewaltigungscamp in Vilina Kosa verantwortlich. Doch der Gerichtspräsident, der vorsitzende Richter und der EU-Funktionär Jonas Dahlberg, der zugleich Hannahs Liebhaber ist, drängen aus unterschiedlichen politischen Erwägungen darauf, allein die bisherigen Vorwürfe von Kasmaj zu verhandeln und Vilina Kosa außen vor zu lassen. Es kommt zu einem Deal zwischen der Anklage und Duric, durch den er sich schuldig bekennt und mit der Anklage kooperiert. Im Gegenzug wird Vilina

1 Obwohl die Schreibung „Durić" naheliegend und wahrscheinlich zutreffender wäre, folgt dieser Aufsatz der von Bernd Lange und Hans-Christian Schmid verwendeten Schreibweise. Cf. Lange, Bernd / Schmid, Hans-Christian: *Sturm. Filmbuch von Bernd Lange und Hans-Christian Schmid.* Verlag der Autoren: Frankfurt am Main 2009, S. 18. Gleiches gilt für die Namen Hajdarevic und Banovic. Cf. ibid., S. 20, 24.

Kosa „unter den Teppich gekehrt".[2] Mira, die ihre jahrelang verdrängten Traumata im Prozess endlich zu Tage fördern will, soll nun den entscheidenden Teil ihrer Aussage vor Gericht verschweigen. In letzter Sekunde widersetzt sich Hannah während der Verhandlung dem vereinbarten Deal und befragt Mira zu Vilina Kosa. Es kommt zum Eklat, doch am Ende siegt die Gerechtigkeit: Duric wird in Den Haag wegen der Deportationen von Kasmaj schuldig gesprochen und vor einem bosnischen Gericht wegen des Vergewaltigungscamps in Vilina Kosa angeklagt.

Betrachtet man die Figurenkonstellation im Film „Sturm", fällt schnell auf, dass zwei Liebesbeziehungen von zentraler Bedeutung sind: die Ehe zwischen Mira und Jan Arendt auf der einen Seite und die Beziehung zwischen der Anklägerin Hannah Maynard und dem EU-Funktionär Jonas Dahlberg auf der anderen Seite. Diese beiden Beziehungen verhalten sich in gewisser Weise spiegelbildlich zu einander, sie weisen eine ähnliche Dynamik auf und werden, auf verschiedenen Ebenen, mit einem ähnlichen Spannungsverhältnis aufgeladen. Dieses Spannungsverhältnis entsteht dabei zwischen unterschiedlichen, dichotomisch ausgestalteten Lösungsstrategien, die gegenüber dem Problem der postjugoslawischen Nachkriegssituation eingesetzt werden. Sichtbar wird dieses Spannungsverhältnis allerdings nicht von Anfang an, es entwickelt sich vielmehr im Verlauf des Filmes, indem die beiden Protagonistinnen, Hannah Maynard und Mira Arendt, eine innere Entwicklung vollziehen, während ihre Partner, Jonas Dahlberg und Jan Arendt, statisch bleiben. In beiden Beziehungen vollzieht sich also eine Distanzierungsbewegung – und durch diese Distanzierung konturieren sich konkurrierende Lösungsstrategien.

2. Mira und Jan Arendt: Vergangenheit vs. Gegenwart und Zukunft

Als Hannah und Mira sich das erste Mal in Sarajevo begegnen, erklärt Mira: „Mein Ehemann und ich lösen noch die Wohnung [von Alen, YF] auf und fahren dann morgen wieder nach Berlin. […] Mit Alens Tod ist die Vergangenheit

---

2 Schmid, Hans-Christian: *Sturm*. 23/5 Filmproduktion et al.: Berlin 2009, 1:23:36. Im Folgenden abgekürzt als „S". Die Drehbuchfassung des Films wurde ursprünglich auf Deutsch geschrieben und erst anschließend für die Produktion auf Englisch übersetzt. Der Film selbst wurde auf Englisch gedreht. Cf. Lange Bernd / Schmidt, Hans-Christian: *Sturm. Filmbuch*, S. 11. Diese Untersuchung stützt sich im Folgenden sowohl auf das von Lange und Schmid publizierte deutsche Drehbuch als auch auf die deutsche Synchron-Fassung des Films, die gewissermaßen als Rückübersetzung ins Deutsche gesehen werden kann.

für mich vorbei."[3] Dass ihr Bruder Alen nach dem Krieg nach Bosnien zurückgekehrt ist, ist Mira völlig unverständlich. Auf Hannahs Einwand, Bosnien sei doch ihre Heimat, reagiert Mira beinahe entrüstet: „Deutschland ist meine Heimat. Es gibt keine Zukunft hier. Sehen Sie sich doch um. Früher oder später schneiden sie sich wieder die Kehlen durch."[4] Und auch als Hannah später nach Berlin fährt, um Mira davon zu überzeugen, gegen Goran Duric auszusagen, lehnt Mira dies mit eben jener Begründung ab: „Ich habe ein Leben hier, das ich sehr mag. Und ich will das nicht kaputt machen."[5] Miras Haltung ist also klar: Sie will nicht zurückblicken. Sie will nicht darüber reden, was man ihr in Kasmaj und in Vilina Kosa angetan hat, schon gar nicht vor Gericht. Sie will es vergessen, verdrängen und sich auf ihr neues Leben konzentrieren, das sie sich in Deutschland aufgebaut hat. Erst als Durics Männer sie bis nach Berlin verfolgen und ihre Familie bedrohen, ändert sich Miras Position. Sie scheint sich dabei einer Einsicht zu fügen, die zwar Hannah ausspricht, der Mira sich aber letztlich nicht mehr entziehen kann: „Es hört nicht auf, solange Sie wegrennen!"[6] Mira begibt sich also in die Obhut der Haager Ankläger, reist mit ihrem Sohn nach Den Haag[7], lässt ihren Mann aber über den Grund der Reise im Dunkeln.[8] Als dieser unerwartet in ihrem Haager Hotel auftaucht[9], alarmiert durch eine nationalistische Hetzkampagne in den bosnischen Medien, durch die sowohl ihr Aufenthaltsort in Den Haag als auch die Wohnung der kleinen Familie in Berlin öffentlich wird[10], tritt deutlich zu Tage, wie stark Mira jetzt ihre Position gegenüber ihrer Vergangenheit verändert hat.

Jan: Denkst du, ich habe mir nicht all die Jahre irgendwie zusammenreimen können, was damals passiert ist, warum du schweigst. […] Ich dachte, ich helfe dir, wenn ich die Wunden nicht aufreiße. Aber jetzt frage ich mich eher, ob ich so ein Arschloch bin, dass du mir nicht die Wahrheit sagen kannst, dass du hier her gehst.

Mira: Alen hatte Recht. Ich hätte das schon längst machen müssen.

Jan: Das spielt für mich alles keine Rolle. Den Haag, Bosnien. Versteh' mich nicht falsch, es geht um unsere Zukunft, es geht um uns!

Mira: Es geht ganz allein um mich!

---

3 S, 32:30.
4 S, 31:28.
5 S, 45:53.
6 S, 52:24.
7 Cf. S, 58:26.
8 Cf. S, 59:52.
9 Cf. S, 1:11:23.
10 Cf. S, 1:14:45.

Jan: Du spinnst! Du schleppst Simon hier her! Was haben sie dir versprochen? Dass danach alles anders wird?[11]

Jan argumentiert hier für genau die Position, die auch Mira anfangs vertrat: die absolute Hinwendung zur Gegenwart und Zukunft bei gleichzeitiger maximaler Abwendung von der Vergangenheit. Doch Mira hat ihre Haltung nun diametral geändert. Für sie ist nun der Blick in die Vergangenheit ungleich wichtiger als ihre Gegenwart und Zukunft. Die Aufarbeitung der Vergangenheit wird für sie sogar zur Bedingung des Weiterlebens:

Mira: In der Nacht als Alen sich umgebracht hat, rief er mich an. Er war auf dem Anrufbeantworter. Gesagt hat er nichts. Ich konnte ihn atmen hören. Der einzige Grund, warum ich das aushalte, ist, weil ich morgen [in der Gerichtsverhandlung, YF] endlich alles loswerden kann, was ich schon seit ewigen Zeiten mit mir rumschleppe, so lange schon, dass ich mir gar nicht mehr vorstellen kann, wie das Leben wohl danach werden wird.[12]

In der Beziehung von Mira und Jan zeigt sich also eine Dynamik, die sich dadurch auszeichnet, dass Jans Position statisch bleibt, während Mira sich von der vorherigen, gemeinsamen Position absetzt, wobei sie eine gegenwarts- und zukunftsorientierte Haltung aufgibt zugunsten einer Fokussierung auf die Vergangenheit. Dass diese Divergenz am Ende in einer Synthese aufgehoben wird, ist in der Filmfassung von „Sturm“ nur bruchstückhaft geblieben, im Drehbuch dagegen finden sich deutliche Indizien. Es beschreibt beispielsweise mehrere Szenen, in denen eine Tablettensucht Miras angedeutet wird, die sie erst, als ihre Aussage in Den Haag kurz bevorsteht, zu überwinden im Stande ist.[13] Auch leidet ihre Ehe unter der unaufgearbeiteten Vergangenheit Miras, da sie sich Jan gegenüber zu verschließen scheint. So sagt er in der Drehbuch-Fassung: „Ich frage mich, wer du eigentlich bist und wieviel Sinn das alles noch macht, dass wir uns auf die Nerven gehen. […] Weißt du, ich liebe dich, aber ich lass dich auch gehen, wenn du ohnehin nicht schon längst weg bist.“[14] Von hier aus ist es naheliegend anzunehmen, dass die nicht aufgearbeiteten Traumata Miras für ihre Gegenwart und Zukunft zur Bedrohung geworden sind. Am Ende können sie ihren Konflikt aber beilegen. In einem Dialog sagt Jan: „Ich will dich einfach nicht verlieren.“ Und Mira antwortet: „Ich muss das hier zu Ende bringen, sonst verlieren wir uns ganz.“[15] Der Konflikt zwischen gegenwarts- und zukunftsorientiertem Handeln und der Fokussierung auf die Vergangenheit scheint in einer

11 S, 1:15:25.
12 S, 1:17:22.
13 Cf. Lange, Bernd / Schmid, Hans-Christian: *Sturm. Filmbuch*, S. 59, 86.
14 Ibid., S. 74f.
15 Ibid., S. 110.

Synthese überwunden worden zu sein, die Mira und Jan wieder zu versöhnen im Stande ist. Sie lautet: Erst indem Mira ihre Vergangenheit aufarbeitet, wird die gemeinsame Gegenwart und Zukunft wieder möglich.

3. Hannah Maynard und Jonas Dahlberg (Teil 1): Vergangenheit vs. Gegenwart und Zukunft

In der Beziehung der Anklägerin Hannah Maynard zum EU-Funktionär Jonas Dahlberg vollzieht sich eine sehr ähnliche Entwicklung. Im Gegensatz zu Mira und Jan ist allerdings zunächst der Kontext ein gänzlich anderer. Während Mira und Jan stets in ihrem privaten, familiären Leben gezeigt werden und sich daher auch die divergierenden Fokussierungen von Gegenwart bzw. Zukunft und Vergangenheit allein darauf beziehen, scheinen Hannah und Jonas schlicht über gar kein Privatleben zu verfügen. Selbst der intimste Bereich, der ihnen geblieben ist, also ihre Beziehung, wird durch ihre jeweilige Arbeit bestimmt, denn sie findet ausschließlich in Hotelzimmern nahe des jeweiligen Arbeitsplatzes statt und besteht allein aus Dialogen über die jeweilige Arbeit. Der in ihrer Beziehung verhandelte Konflikt zwischen der Fokussierung auf Gegenwart und Zukunft und der Fokussierung auf Vergangenheit bezieht sich daher auch niemals auf ihren privaten Kontext, der ja nicht existiert, sondern ausschließlich auf das, was sowohl ihre als auch seine Berufswelt bestimmt: die Nachkriegssituation im ehemaligen Jugoslawien.

Der Unterschied in der Perspektive auf die postjugoslawische Situation entsteht dabei vor allem dadurch, dass Hannah und Jonas unterschiedlichen Teilsystemen der Gesellschaft angehören. Er ist ein ranghoher Akteur auf dem Parkett der internationalen Politik. Sie ist Anklägerin an einem internationalen Strafgerichtshof. Hannah und Jonas werden im Film zu Idealtypen von internationaler Politik und Justiz, deren Handlungsperspektiven natürlicherweise unterschiedlich sind. Deutlich wird dies vor allem dort, wo es mit ihrer Beziehung zu Ende geht:

> Jonas: Du kannst damit nicht an die Öffentlichkeit gehen! Alic [der Beauftragte für die EU-Beitrittsgespräche der Republika Srpska, YF] ist kurz davor durchzudrehen wegen allem, was du da machst, mit Duric und diesem Hotel!
>
> Hannah: Vilina Kosa, wo man Dutzende Frauen vergewaltigt und ermordet hat! Du könntest dir zumindest mal den Namen merken!
>
> Jonas: Ich merke mir den Namen, weil auch diese Länder der EU beitreten werden, und mein Job ist es, dafür zu sorgen, dass das so schnell und reibungslos wie möglich passiert. Heiz die Stimmung im Pulverfass Balkan noch

weiter an und du ertrinkst in Fällen aus dem Krieg, den du dann zu verantworten hast.

Hannah: Seit wann bist du denn so furchtbar zynisch?

Jonas: Ihr fahrt da rein in gepanzerten Fahrzeugen mit kugelsicheren Westen an, als wärt ihr alle auf Safari. Aber was wisst ihr wirklich über die Länder dort unten? In Banja Luka leben Tausende junger Menschen, die auch was vom Kuchen abhaben wollen. Sie wollen einfach normal sein, verreisen, arbeiten, was vom Leben haben.

Hannah: Das ist es auch, was die Frauen in Vilina Kosa wollten!

Jonas: Denkst du, das ist so leicht für mich? Wenn es nach mir ginge, würde ich jeden einzelnen Totenschädel vor Alics Büro in Banja Luka legen.

Hannah: Aber du kannst nicht, stattdessen sorgst du dafür, dass die verrückte Kuh aus Den Haag keinen Ärger macht, bloß weil sie eine einzige Zeugin hören möchte. [...]

Jonas: Nur ein paar Tage noch und die Sache ist vorbei.

Hannah: Mit uns ist es vorbei.

Jonas: Meinst du, irgendwer kann deinen Ansprüchen genügen? Kannst du es selbst? Ich nicht.[16]

Hannah blickt auf die Vergangenheit, auf die Kriege im ehemaligen Jugoslawien der 90er Jahre, auf die ungesühnten Verbrechen, Jonas dagegen auf die gegenwärtigen Probleme der Region und auf deren möglichst rasche Lösung. Hannah will den zurückliegenden Krieg aufarbeiten, Jonas einen neuen Krieg vermeiden.

An dieser Stelle ist es möglich, im derart eskalierenden Konflikt von Vergangenheitsbewältigung und Zukunftsgestaltung einen Hinweis darauf zu sehen, dass die Wahl der Eigennamen der Hauptfiguren nicht gänzlich kontingent ist. Betrachtet man die Vor- und Nachnamen von Hannah Maynard und Mira Arendt, die im Verlauf des Filmes beide für die bedingungslose Aufarbeitung der Vergangenheit optieren und somit als wechselseitige Spiegelungen gesehen werden können, ergibt sich in einer Rekombination der Name der Philosophin und Theoretikerin Hannah Arendt. Die Figur Jonas Dahlberg, die sich gegen diese Aufarbeitung stellt, könnte in diesem Kontext auf den Philosophen Hans Jonas verweisen. Der Konflikt zwischen Vergangenheitsaufarbeitung und Zukunftsgestaltung im Film „Sturm“ würde somit auf der Ebene der Figurennamen auf das Zerwürfnis von Hannah Arendt und Hans Jonas anspielen, das sich 1961 als Folge von Arendts Berichterstattung über den Eichmann-Prozess in Jerusalem für das Magazin *The New Yorker* ereignete und zu einer schweren Belastung

---

16 S, 1:19:00-1:20:45.

für ihre langjährige Freundschaft wurde.[17] Für Jonas, der seit seiner Jugend Zionist war und sich 1936 in Palästina der jüdischen Selbstverteidigungsorganisation *Hagana* angeschlossen hatte[18], war dabei vor allem Arendts harsche Kritik am Zionismus schmerzhaft.[19] In ihren Eichmann-Texten, die sie 1964 unter dem Titel „Eichmann in Jerusalem – A Report on the Banality of Evil" auch als Buch publizierte[20], hatte Arendt den Zionisten vorgeworfen, mit den Nationalsozialisten in den ersten Jahren nach der Machtergreifung zusammengearbeitet zu haben:

> Den Zionisten aber erschien in den ersten Jahren Hitlers Machtergreifung hauptsächlich als ‚eine entscheidende Niederlage der Assimilation'. Deshalb konnten sie sich, zumindest eine Zeitlang, auf eine von ihrem Standpunkt aus ganz legitime Zusammenarbeit mit den Nazibehörden einlassen; sie glaubten ja wirklich, daß ‚Dissimilation', verbunden mit der Emigration junger Juden und, wie sie hofften, jüdischer Kapitalisten nach Palästina, eine für ‚beide Teile tragbare Lösung' sein werde.[21]

Solche und ähnliche Passagen verursachten unmittelbar nach der Veröffentlichung einen Skandal, der vor allem in jüdischen Kreisen für Verbitterung sorgte.[22] Ein Grund hierfür sei, so der Politologe Kurt Sontheimer, dass Arendts Eichmann-Texte unmittelbar auf das Selbstverständnis des noch jungen jüdischen Staates durchschlugen:

---

17 Cf. Jonas, Hans: *Erinnerungen. Nach Gesprächen mit Rachel Salamander*. Insel: Frankfurt am Main / Leipzig 2003, S. 287-293.

18 Cf. ibid., S. 54-78, 162f.

19 Cf. Wiese, Christian: *Hans Jonas. „Zusammen Philosoph und Jude"*. Jüdischer Verlag im Suhrkamp Verlag: Frankfurt am Main 2003, S. 98f. Arendt selbst war vor und während des Zweiten Weltkriegs in zionistischen Organisationen engagiert. Arendts spätere kritische Haltung zum Zionismus wertet Jonas als „Absage an den Zionismus". Jonas, Hans: *Erinnerungen*, S. 289f. Arendt selbst sah sich indes nie als Antizionistin: „Ich bin im Prinzip nicht gegen Israel, ich bin nur gegen einige wichtige politische Entscheidungen der Israelis. Ich weiß oder glaube zu wissen, daß, sollte diesen israelischen Staat, aus welchen Gründen auch immer (selbst solchen, die auf ihrer eigenen Dummheit beruhen), eine Katastrophe ereilen, dann wäre dies vielleicht die letzte Katastrophe für das ganze jüdische Volk, gleichgültig, welche Meinung jeder einzelne von uns in diesem Augenblick vertreten würde." Young-Bruehl, Elisabeth: *Hannah Arendt. Leben, Werk und Zeit*, aus dem Amerikanischen von Hans Günter Holl. Fischer: Frankfurt am Main 1986, S. 496.

20 Sontheimer, Kurt: *Hannah Arendt. Der Weg einer großen Denkerin*, Piper: München 2005, S. 195f.

21 Arendt, Hannah: *Eichmann in Jerusalem. Ein Bericht von der Banalität des Bösen*. Piper: München / Zürich ^{5}2010, S. 138f.

22 Cf. Young-Bruehl, Elisabeth: *Hannah Arendt*, S. 477-497.

> Das damals vorherrschende Denken der Juden in Israel und in aller Welt war […] darauf ausgerichtet, das verpflichtende Andenken an den Holocaust unbedingt zu bewahren und zu intensivieren, die Gründung des Staates Israel als das historische Ende des jüdischen Opferweges in der Geschichte zu betrachten und alles zu tun, um das künftige Überleben des jüdischen Staates mit allen Mitteln sicherzustellen. Da waren Relativierungen wie die von der Banalität des Bösen […] nicht erwünscht; sie wurden als Verrat an den Juden empfunden.[23]

Während Arendt also in ihrer Beschäftigung mit Eichmann und dem Holocaust schmerzhafte Erkenntnisse zu Tage förderte, waren große Teile ihrer Leserschaft, darunter auch enge Freunde wie Hans Jonas, weniger daran interessiert, die Vergangenheit kritisch zu beleuchten und aufzuarbeiten, sondern eher auf die Gestaltung der Zukunft des jüdischen Staates fokussiert. Die Parallelisierung des Konfliktes von Hannah Maynard und Jonas Dahlberg im Film „Sturm" mit dem historischen Zerwürfnis zwischen Hannah Arendt und Hans Jonas findet insofern sein *tertium comparationis* im Konflikt zwischen Vergangenheitsbewältigung und Zukunftsgestaltung, also in der divergierenden Fokussierung auf Vergangenheit einerseits und der Fokussierung auf Gegenwart und Zukunft andererseits.

Die Diskrepanzen in den Handlungsstrategien von Hannah Maynard und Jonas Dahlberg, die zum Ende ihrer Beziehung führen, sind allerdings nicht allein durch diese diametral entgegengesetzten Fokussierungen zu erklären. Im Gegensatz zu Mira und Jan Arendt geht es zwischen Hannah und Jonas nicht mehr allein um die perspektivische Dichotomie von Vergangenheit und Gegenwart bzw. Zukunft, sie transformiert sich vielmehr in eine neue Dichotomie zwischen uneingeschränktem Gerechtigkeitsstreben und Realpolitik, oder, um in foucaultschen Termini zu sprechen, zwischen Souveränitätsprinzip und Gouvernementalität.

4. Hannah Maynard und Jonas Dahlberg (Teil 2): Realpolitik vs. Gerechtigkeit, Souveränität vs. Gouvernementalität, der Einzelne vs. das große Ganze

Glaubt man Ludwig August von Rochau, der 1853 und 1869 die „Grundsätze der Realpolitik" veröffentlicht hat, dann zeichnet sich Realpolitik dadurch aus, dass „ihre Aufgabe nicht in der *Verwirklichung von Idealen*, sondern in *der Erreichung konkreter Zwecke*"[24] besteht. Allerdings, und das ist zu beachten,

23 Sontheimer, Kurt: *Hannah Arendt*, S. 211.

24 Rochau, Ludwig August von: *Grundsätze der Realpolitik. Angewendet auf die staatlichen Zustände Deutschlands*. Ullstein: Frankfurt am Main et al. 1972, S. 208.

> würde die Realpolitik mit sich selbst in Widerspruch geraten durch Verleugnung der Rechte des Geistes, der Idee, der Religion, oder irgendeiner der sittlichen Mächte, denen die Menschenseele huldigt. Nur wohlverstanden, daß der Geist und was ihm verwandt ist, zum Faktor der Realpolitik nur insofern wird, als ihm eine *Kraft* beiwohnt, die sich im öffentlichen Leben verwerten läßt.[25]

Was Rochau hier ausführt, bedeutet, dass cin Ideal an sich kein Ausgangspunkt realpolitischen Handelns sein kann, dass aber Menschen, die im politischen Machtgefüge welcher Art auch immer eine Rolle spielen, als Träger idealistischer Vorstellungen sehr wohl realpolitisch einzukalkulieren sind.[26] Für den Realpolitiker Rochau sind Ideale unwichtig, die Einflussnahme des Idealisten aber durchaus relevant. Oder: Die realpolitische Relevanz eines Ideals ist proportional zur Macht des Idealisten, der an dieses Ideal glaubt.

> In diesem Sinne kann aber auch das tollste Hirngespinst zu einem sehr ernsten realpolitischen Stoffe werden. So seiner Zeit das Hexenwesen, vermöge des allgemeinen Glaubens daran und der hinter diesem Glauben stehenden kirchlichen Gewalt. So heutzutage die Träumereien des Sozialismus, vermöge deren Tausende und aber Tausende von schwachen Köpfen, begehrlichen Herzen und rüstigen Armen im Dienste der Unvernunft stehen. Umgekehrt ist nicht selten das schönste Ideal, für welches edle Seelen schwärmen, eine politische Nichtigkeit ersten Ranges: der ewige Friede zum Beispiel, die „Brüderlichkeit" des bekannten demokratischen Wahlspruchs, die Gleichheit der Geschlechter, der Rassen, „alles dessen, was Menschenangesicht trägt". An solchen Phantasiebildern, die von keinem ernstlichen Glauben, keinem Willen, keiner Kraft getragen werden, geht die Realpolitik mit Achselzucken vorüber.[27]

Wendet man dies auf Jonas Dahlberg an, ergibt sich folgendes Bild: Jonas Dahlberg würde zwar gerne alle Verbrechen, die durch die bosnischen Serben begangen wurden, gesühnt sehen, er würde gerne „jeden einzelnen Totenschädel vor Alics Büro in Banja Luka legen".[28] Dieser Wunsch beschränkt sich aber auf den Privatmann Jonas Dahlberg. In seiner Funktion als EU-Sonderbeauftragter ist er gezwungen, sich auf dem Parkett internationaler Politik einer realpolitischen Logik zu unterwerfen. Dabei ist der „*konkrete*[] *Zweck*[]", auf den laut Rochau jede Realpolitik ausgerichtet sein muss[29], in Jonas Dahlbergs Fall, wie er selbst

---

25 Ibid., S. 208.

26 Cf. auch Stockinger, Ludwig: „Realpolitik, Realismus und das Ende des bürgerlichen Wahrheitsanspruchs. Überlegungen zur Funktion des programmatischen Realismus am Beispiel von Gustav Freytags Soll und Haben". In: *Bürgerlicher Realismus. Grundlagen und Interpretationen.* Athenäum: Königstein 1981, S. 174-202. Hier: S. 177. Cf. außerdem Rochau, Ludwig August von: *Grundsätze der Realpolitik*, S. 45f.

27 Ibid., S. 208f.

28 S, 1:20:00.

29 Rochau, Ludwig August von: *Grundsätze der Realpolitik*, S. 208.

im Streitgespräch mit Hannah angibt, der möglichst rasche und reibungslose EU-Beitritt der ehemaligen jugoslawischen Teilrepubliken.[30] Erst im Hinblick auf diesen realpolitischen „*Zweck*[]“ wird Dahlbergs Handeln plausibel: Immer wieder wird im Verlauf des Filmes darauf hingewiesen, welche politischen Verwicklungen der Prozess gegen Goran Duric mit sich bringt. Die Nationalisten der Republika Srpska stilisieren Duric zu einem Märtyrer. „Wenn Sie ihn weiter mit Schmutz bewerfen, wird uns das die nächste Wahl kosten“, erklärt Milorad Alic, Beauftragter für die EU-Beitrittsgespräche der Republika Srpska, an einer Stelle des Films und fragt: „Wie viele Unruheherde im ehemaligen Jugoslawien kann die EU sich leisten?“[31] Milorad Alic, so ist also anzunehmen, gehört einer gemäßigten Regierungspartei der Republika Srpska an, die sich in der Annäherung an die EU kooperativ zeigt. Sollte der Prozess gegen Goran Duric aber die nationalistischen Strömungen im Land weiter befeuern, würde dies in den kommenden Wahlen einen Regierungswechsel bedeuten, dadurch die Annäherung an die EU und damit die Stabilisierung der Region gefährden. Deshalb warnt Jonas Hannah davor, „die Stimmung im Pulverfass Balkan noch weiter an[zuheizen]“, deshalb warnt er vor einem neuen Krieg.[32] Zwar ist die Aufarbeitung von Kriegsverbrechen für Dahlberg und seinen realpolitischen „Zweck“ nicht gänzlich unerheblich, schließlich setzt er persönlich Milorad Alic unter Druck, um Hannah die Durchsuchung des Tatortes von Vilina Kosa zu ermöglichen.[33] Jedoch ist für Dahlberg bei dieser Abwägung politischer Interessen und Konsequenzen das Ideal der Gerechtigkeit, der Aufarbeitung vergangener Verbrechen, stets verhandelbar, da die Kooperation der Republika Srpska mit dem Haager Tribunal zwar durchaus Voraussetzung für die Aufnahme von Assoziierungsgesprächen ist[34], dies aber nur so lange Berücksichtigung findet, wie er den Gesamtzweck seines Agierens, den EU-Beitritt der ehemaligen jugoslawischen Teilrepubliken, nicht gefährdet sieht. Oder: Das Ideal der Gerechtigkeit und der Aufarbeitung vergangener Verbrechen erscheint Jonas zwar wünschenswert, in der gegenwärtigen Machtarithmetik aber nicht realisierbar. Diejenigen, die im rochauschen Sinne als Träger dieses Ideals gesehen werden können, die ICTY-Anklägerin Hannah Maynard und die Opfer der ungesühnten Verbrechen, sind schlicht mit zu wenig Macht ausgestattet, als dass sie ihr Gerechtigkeitsstreben entsprechend in die realpolitische Waagschale werfen könnten. Daher also wirkt Jonas Dahlberg auf jenen Deal hin, der Goran Duric zwar

30 Cf. S, 1:19:19.
31 S, 40:55.
32 S, 1:19:28.
33 Cf. S, 40:02-42:35.
34 Cf. S, 42:00.

seiner Verbrechen in Kasmaj, nicht aber seiner Verbrechen in Vilina Kosa schuldig spricht. Er weiß sich, um mit Rochau zu sprechen, „mit *halben* Resultaten, zu begnügen, wenn die *ganzen* nun einmal bis auf weiteres nicht zu haben sind." Denn „[e]s ist ihr [der Realpolitik, YF] eine Gewissenssache, die Menschen und die Dinge so zu sehen, wie sie sind, und demgemäß nur das zu wollen, was sie kann."[35] Hannah findet diese Weltsicht „zynisch"[36], sie möchte die Aufklärung vergangener Verbrechen nicht mit künftigen politischen Konsequenzen aufrechnen und an dieser Diskrepanz zerbricht letztlich auch ihre Beziehung mit Jonas Dahlberg.

Die dichotomisch ausgestalteten Handlungsstrategien von Hannah Maynard und Jonas Dahlberg lassen sich in gewisser Weise auch in den Termini von Souveränität und Gouvernementalität fassen, wie sie der Philosoph Michel Foucault in seinen diskurs- und machtanalytischen Arbeiten für jeweils unterschiedliche Organisationsformen von Macht verwendet hat. Laut Foucault ist die Souveränität eine Organisationsform von Macht, die ihren Ursprung im Feudalismus hat und sich durch den Dualismus „Souverän/Untertan" auszeichnet.[37] Die Souveränität fungiert dabei im Wesentlichen als Kreisschluss: Zwar bekommt der Souverän seine Macht nur deshalb verliehen, um dem Gemeinwohl zu dienen und es zu bewahren. Bei genauerer Betrachtung besteht das Gemeinwohl aber, wie es Foucault in seiner Lektüre historischer Texte belegen kann, in nichts anderem als im Gehorsam vor dem Gesetz. „Der Zweck der Souveränität ist somit zirkulär: Er verweist auf die tatsächliche Ausübung der Souveränität [...]."[38] Gesetz und Souveränität sind somit identisch, sie bilden „einen absolut einheitlichen Körper".[39] Die Machtorganisation der Gouvernementatlität dagegen kommt im 18. Jahrhundert auf[40] und besteht weniger aus einer kompromisslosen Durchsetzung von Recht und Gesetz, als vielmehr aus „Techniken des Regierens"[41], die „das Los der Bevölkerung [...] verbessern, ihre Reichtümer, ihre Lebensdauer und ihre Gesundheit [...] mehren" sollen.[42] Zwar ist es so, dass Foucault diese Organisationsformen von Macht in einer zeitlichen Abfolge be-

35 Rochau, Ludwig August von: *Grundsätze der Realpolitik*, S. 208.

36 S, 1:19:33.

37 Foucault, Michel: *In Verteidigung der Gesellschaft. Vorlesungen am Collège de France (1975-1976)*. Suhrkamp: Frankfurt am Main 2001, S. 51.

38 Foucault, Michel: „Die Gouvernementalität". In: Bröckling, Ulrich / Krasmann, Susanne / Lemke, Thomas (Hrsg.): *Gouvernementalität der Gegenwart. Studien zur Ökonomisierung des Sozialen*. Suhrkamp: Frankfurt am Main 2000, S. 41-67. Hier: S. 53.

39 Ibid., S. 54.

40 Cf. ibid., S. 62.

41 Ibid.

42 Ibid., S. 61.

schreibt, dennoch wird dabei das ältere Modell, das der Souveränität, nicht gänzlich verdrängt.[43] Obwohl es zu einer „rückläufigen Entwicklung des Gesetzes" kommt[44], überlebt es gewissermaßen dennoch im juridischen Diskurs, in der „Ideologie des Rechts".[45]

Diese Konkurrenzsituation von gouvernementaler Führung und juridischem Souveränitätsdenken ist deutlich im bereits zitierten Streitgespräch zwischen Hannah und Jonas zu beobachten. Während Jonas auf die Bevölkerung von Banja Luka verweist, „die auch was vom Kuchen abhaben", die „einfach normal sein, verreisen, arbeiten, was vom Leben haben" will und damit eine auf die Bevölkerung und die Optimierung ihrer Bedürfnisbefriedigung gerichtete Perspektive einnimmt, aus der sich der angestrebte EU-Beitritt als Imperativ erst ergibt, antwortet Hannah: „Das ist es auch, was die Frauen in Vilina Kosa wollten!"[46] Hannahs Blick richtet sich also allein auf die Opfer des Vergewaltigungscamps in Vilina Kosa, auf den dort begangenen Rechtsbruch und auf die Wiederherstellung der dadurch verletzten Rechtsordnung, also auf die Durchsetzung und Ausübung von Souveränität. Im hier verhandelten Fall ist die Situation des Rechts sogar noch prekärer als in der von Foucault beschriebenen generell existenten Konkurrenzsituation von Souveränitätsprinzip und Gouvernementalität. Da es sich bei den von Hannah Maynard verfolgten Verbrechen um Kriegsverbrechen handelt, die auf völkerrechtlichem Niveau geahndet werden, kommt eine wesentlich instabilere und schwächere Form von Recht ins Spiel. Wie bereits gezeigt wurde, ist das Gesetz nach Foucault nichts anderes als ein Nebenprodukt der selbstbezüglichen Logik des Souveränitätsprinzips: Die Souveränität benötigt schlicht ein Gesetz, um die Subjekte eines Territoriums darauf verpflichten und dadurch sich selbst konstituieren zu können. Betrachtet man das Völkerrecht in dieser Perspektive, scheint es, als fingiere es eine Souveränität, eine Weltsouveränität, die es dabei aber gar nicht gibt. Es existiert schlicht keine Weltregierung, deren Gesetz das Völkerrecht wäre und mit dessen Durchsetzung sie ihre eigene Souveränität konstituieren könnte. Der Rechtswissenschaftler Andreas von Arnauld bezeichnet das Völkerrecht daher auch als ein

> in besonderem Maße ‚politisches Recht'. Dies betrifft zunächst fließende Übergänge zwischen Völkerrecht und internationaler Politik. [...] Zusätzlich erschwert wird die

43 Cf. ibid., S. 64. Foucault spricht eigentlich von drei Organisationsformen von Macht, von denen zunächst die feudale Souveränität, im 15. und 16. Jahrhundert die der Disziplin und anschließend die der Gouvernementalität vorherrschend gewesen seien, ohne dass dabei die jeweils vorhergehende Machtstruktur gänzlich verschwunden sei. Cf. ibid., S. 66.

44 Ibid., S. 54.

45 Foucault, Michel: *In Verteidigung der Gesellschaft*, S. 52f.

46 S, 1:19:52.

> Grenzziehung dadurch, dass Staaten wiederholt gegen eine Regel verstoßen können, ohne dadurch die Geltung dieser Norm in Frage zu stellen. Politisch motiviert und nicht zuletzt durch das faktische Kräfteverhältnis bestimmt sind auch die Reaktionen auf Rechtsbrüche. Diese sind in das politische Ermessen der betroffenen Staaten bzw. der Völkerrechtsgemeinschaft gestellt und erschweren ebenfalls, politisches und rechtliches System voneinander zu trennen.[47]

Wenn das Gesetz bei Foucault schon allgemein durch das Aufkommen neuerer Machtorganisationsformen wie die der Gouvernementalität geschwächt ist, erscheint das Völkerrecht dessen labilste Gattung zu sein, ist es doch in seinem Kern, in seiner Anwendung und Durchsetzung nämlich, durch politische und damit gouvernementale Mechanismen unterwandert. Diese Hybridität des Völkerrechts wird im Film „Sturm" an zentraler Stelle verhandelt, denn der Konflikt zwischen Hannah Maynard und Jonas Dahlberg, der hier auf drei Ebenen beschrieben wurde – Vergangenheitsfokussierung vs. Fokussierung von Gegenwart und Zukunft, Gerechtigkeitsideal vs. Realpolitik, Souveränitätsprinzip vs. Gouvernementalität –, entsteht im Verlauf des Films keineswegs allein zwischen Vertretern der internationalen Politik und Vertretern der internationalen Justiz. Er durchsetzt vielmehr die Justiz selbst. Die Politik beschränkt sich im Film „Sturm" nämlich nicht auf diejenigen, die diese berufsmäßig auch ausüben sollten. Sie erstreckt sich bis ins Innere des Internationalen Strafgerichtshofes für das ehemalige Jugoslawien in Den Haag. Eine zentrale Stelle, in der dies verhandelt wird, versteckt sich in einer kunsthistorischen Betrachtung des Bildes „Die Malkunst" oder „Allegorie der Malerei" von Jan Vermeer, die der Gerichtspräsident des ICTY, Anthony Weber, anstellt.

> Vermeer, wissen Sie, lebte politisch in einer explosiven Epoche. Das ist nur wenigen bewusst. Das ist Clio, die Muse der Heldendichtung. Sie sitzt vor dem königlichen Hof in Den Haag. Die Posaune symbolisiert Ruhm. Das ist eine Hommage an das Haus Nassau-Oranien, Vermeers Gönner. Er wünscht ihnen Glück im Krieg gegen Frankreich. [...] Vermeer war ein Mann, der alles im richtigen politischen Kontext zu begreifen wusste. Studieren Sie seine Bilder![48]

In die Bildinterpretation, die Weber hier vornimmt und die sich weitgehend mit dem aktuellen Stand der Kunstgeschichte deckt[49], ist ein (hier nicht zitierter) Dialog eingebettet, in dem Weber Hannah und ihren Vorgesetzten Keith Haywood ermahnt, den Prozess gegen Goran Duric nicht durch die neuen Anschuldigun-

---

47 Arnauld, Andreas von: *Völkerrecht*. Müller: Heidelberg et al. 2012, S. 16.

48 S, 1:03:37.

49 Cf. Schneider, Norbert: *Jan Vermeer. 1632-1675. Verhüllung der Gefühle*. Taschen: Köln et al. 2010, S. 81f. Cf. auch Schneider, Norbert: *Vermeers „Atelier"-Bild in Wien. Versuch einer Neudeutung. Abschiedsvorlesung gehalten am 19. Mai 2010*. Universität Karlsruhe: Karlsruhe 2010.

gen von Vilina Kosa in die Länge zu ziehen. In welchem Zusammenhang dies mit der weberschen Vermeer-Interpretation steht, wird erst durch die anschließende Szene ersichtlich, in der Daliah Sofer, die Assistentin des Gerichtspräsidenten[50], Hannah und Keith weiter unter Druck setzt und Keith, wie es im Drehbuch heißt, „der Kragen platzt"[51]: „Kommen Sie, Daliah, wir alle wissen, worum es hier wirklich geht. Webers Job ist es, bei der UN Geld locker zu machen, aber er kriegt nichts, nur weil die meinen, Jugoslawien ist Schnee von gestern und wir sollen das jetzt ausbaden!"[52] Wenn der Gerichtspräsident des ICTY also den Chefankläger und die leitende Anklägerin im Fall Duric dazu ermuntert, wie Vermeer „alles im richtigen politischen Kontext zu begreifen"[53], bedeutet das nichts anderes, als die finanzpolitischen Implikationen, die von der UN bis in die Verhandlung gegen Goran Duric reichen, zu akzeptieren und ihnen gemäß zu handeln. Weil die UN ihre Finanzierung des ICTY zurückfährt, das ICTY daher gezwungen ist, die verbliebenen Fälle schneller zu Ende zu bringen und daher die Strategie der Anklage im Fall Duric dem Präsidenten „nicht hilfreich"[54] erscheint, da durch sie neue Anschuldigungen und daher eine längere Prozessdauer entstehen, appelliert Weber an Keith und Hannah, ihre Strategie zu überdenken. Und mehr noch: Weber schreckt nicht davor zurück, Einfluss auf den vorsitzenden Richter zu nehmen, der sich daraufhin tatsächlich gegen eine Aussage über Vilina Kosa stellt.[55] Wieder trifft die Vergangenheitsfokussierung der Justiz auf eine politische Fokussierung von Gegenwart und Zukunft. Wieder tritt das Ideal der Gerechtigkeit, durch das die Verbrechen Goran Durics in Vilina Kosa aufgeklärt und Duric zur Verantwortung gezogen werden müsste, hinter realpolitischen Erwägungen zurück. Das juridische Souveränitätsprinzip wird innerhalb seiner ureigensten Institution, dem Gericht, durch politische und mutmaßlich gouvernementale Mechanismen verdrängt. Am Ende steht, wie oben bereits beschrieben, ein Kompromiss, bei dem ein Teil der Verbrechen, der weitaus größere, vertuscht werden soll.

In diesem System juristisch-politischer, oder juristisch-realpolitischer Verflechtungen, wird Hannah erst am Ende zu derjenigen, die aufbegehrt. Die meiste Zeit funktioniert sie relativ reibungslos im System. Zwar äußert sie des Öfteren, sie interessiere sich nicht für Politik[56], es gehe ihr allein um ein gerechtes

---

50 Cf. Lange, Bernd / Schmid, Hans-Christian: *Sturm. Filmbuch*, S. 158.

51 Ibid., S. 91. Wortstellung verändert.

52 S, 1:04:25.

53 S, 1:03:30.

54 S, 1:03:22.

55 Cf. S, 1:05:07.

56 Cf. S, 40:57.

Urteil.[57] Ihre Taten konterkarieren diese Sätze aber zumeist genau in dem Moment, in dem sie sie ausspricht. In der Szene etwa, in der sie vorgibt, mit Politik nichts zu tun haben zu wollen, hat sie ausgerechnet Jonas Dahlberg für sich in Bewegung gesetzt, um Ermittlungen in Vilina Kosa gegen den Willen der bosnisch-serbischen Autoritäten durchzusetzen.[58] Sie bedient sich förmlich politischer Instrumente, um ihre Ziele durchzusetzen. Und als sie an der Bar eines luxuriösen Haager Hotels Durics Anwalt, Mladen Banovic, vorhält, es gehe ihr allein um ein gerechtes Urteil, sind die Verhandlungen um eben jenen Deal, der Duric die Vorwürfe von Vilina Kosa ersparen soll, in vollem Gange, an denen sie maßgeblich beteiligt ist.[59] Die Dynamik zwischen Hannah Maynard und Jonas Dahlberg verhält sich damit also exakt identisch wie die zwischen Mira und Jan Arendt. Hannah gibt die zuvor geteilte, realpolitisch zukunftsorientierte Position erst im Verlauf des Filmes auf zu Gunsten einer neuen, gerechtigkeits- und vergangenheitsorientierten Haltung, wodurch ein konflikthaftes Spannungsverhältnis entsteht. Im Unterschied zu Mira und Jan Arendt finden Hannah Maynard und Jonas Dahlberg aber keine Synthese, die sich über ihre divergierenden Handlungsstrategien legen könnte.

In der Dynamik der Figur Hannah Maynards scheint dafür etwas anderes auf: Wenn Hannah Maynard sich nämlich am Ende allein der Gerechtigkeit und einem einzelnen Opfer verpflichtet fühlt und damit tatsächlich, wie Keith ihr vorwirft, „den Blick für's große Ganze verloren“[60] hat, dann stellt dies eine weitere Differenz zum Fokus von (Real-)Politik und Gouvernementalität dar. Gleichzeitig inszeniert der Film in aller Ausführlichkeit, wie eine große, bürokratische Maschinerie, das ICTY, in der Herstellung von Gerechtigkeit zu scheitern droht. Der Film bezweifelt nun, dass eine Gerechtigkeitsmaschine dies aus sich heraus überhaupt leisten kann. An ihre Stelle wird der Einzelne gesetzt. Er allein kann Gerechtigkeit herstellen und zwar dadurch, dass er sich dem einzelnen Opfer verpflichtet fühlt. Während die große Gerechtigkeitsmaschine zunehmend das große Ganze in den Blick zu nehmen scheint, kann im Film „Sturm“ nur der Einzelne *für* den Einzelnen Gerechtigkeit herstellen. Oder, wie es die Drehbuchautoren formulieren: „Wie gut das internationale Strafrecht funktioniert, ist davon abhängig, wie sehr der Einzelne innerhalb dieses Systems für Wahrheit und Gerechtigkeit kämpft.“[61]

---

57 Cf. S, 1:09:43.

58 Cf. S, 39:50-42:35.

59 Cf. S, 1:07:00-1:09:47.

60 S, 1:21:56.

61 Vgl. Lange, Bernd / Schmid, Hans-Christian: *Sturm. Filmbuch*, S. 8.

5. Schlusswort: Nach dem Pseudokonflikt

Die hier zugrunde gelegte Analyse hat gezeigt, dass zwischen den Figurenpaaren Mira und Jan Arendt und Hannah Maynard und Jan Dahlberg ein Spannungsfeld aufgebaut wird, das Lösungsstrategien im Bezug auf die problematische Nachkriegssituation im ehemaligen Jugoslawien gegeneinander verhandelt. Diese zeichnen sich bei beiden Figurenpaaren zunächst durch unterschiedliche Blickrichtungen aus: Vergangenheitsfokussierung gegenüber Gegenwarts- und Zukunftsperspektive. Die divergierenden Handlungsstrategien von Hannah Maynard und Jonas Dahlberg lassen sich darüber hinaus als ein Konflikt von Gerechtigkeitsstreben und Realpolitik, oder von Souveränitätsprinzip und Gouvernementalität beschreiben, bei dem es zugleich um eine weitere perspektivische Diskrepanz geht, nämlich um den Blick auf den Einzelnen, der dem Blick auf das große Ganze gegenübergestellt wird. In der Summe inszeniert „Sturm", dass eine bürokratische Gerechtigkeitsmaschine nicht aus sich heraus Gerechtigkeit schaffen kann, sondern allein der Einzelne, der sich gegenüber dem Einzelnen verpflichtet fühlt. Dies muss als Kern des Films und letztlich als sein Plädoyer verstanden werden.

Enttäuschend ist dabei, dass die dramaturgisch effektvolle Steigerung der hier beschriebenen Spannungsfelder bis hin zur Klimax der Zeugenaussage von Mira Arendt vor Gericht, die zum Eklat führt, im Wesentlichen auf einem Pseudokonflikt basiert. Der Film suggeriert nämlich, dass, indem Mira Arendt im Haager Kriegsverbrechertribunal ausschließlich zu den Deportationen in Kasmaj und nicht auch zum Vergewaltigungscamp in Vilina Kosa aussagen darf, Durics Verbrechen in Vilina Kosa „unter den Teppich gekehrt"[62] würden. Durch Hannahs heldenhafte Missachtung des Gerichts am Ende des Filmes, durch die sie Mira Arendt doch noch zu einer Aussage über Vilina Kosa animiert, wird ja allein Folgendes erreicht: Durch die öffentliche Nennung der Verbrechen Durics in Vilina Kosa werden die Medien aufmerksam und ein bosnischer Gerichtshof erhebt wenig später Anklage auf Grund der neuen Vorwürfe.[63] Es stellt sich die Frage, warum die Ankläger des ICTY nicht von vornherein einsehen, dass Vilina Kosa in ihrem Gericht nicht mehr verhandelt werden kann und den Fall ganz offiziell nach Bosnien abgeben, oder, sollten sie die Fairness der bosnischen Gerichte anzweifeln, beim *International Criminal Court* (ICC), dem auf Dauer eingerichteten Internationalen Strafgerichtshof in Den Haag, eine entsprechende Anklage vorschlagen. Nur weil *ein* Gericht einen Fall nicht verhandeln kann, ist

62 S, 1:23:36.
63 Cf. S, 1:29:20-1:31:12.

nicht wirklich einzusehen, warum Duric deshalb „freikommen“[64] und seine Verbrechen für immer ungesühnt bleiben sollten.

In diesen Pseudokonflikt eingebettet ist ein weiterer Pseudokonflikt: Wie bereits beschrieben, verweigert der vorsitzende Richter, die Vorwürfe von Vilina Kosa im Prozess zu thematisieren. Dennoch ist Mira Arendt weiterhin als Zeugin zugelassen, um Durics Verbrechen in Kasmaj zu beweisen.[65] Damit befindet sich die Anklage exakt an dem Punkt, an dem sie am Anfang des Filmes war. Alle Beweise sind vorhanden, ein Zeuge, jetzt eben Mira statt Alen, beweist, dass Duric Befehlshaber der ‚ethnischen Säuberungen‘ von Kasmaj war. „Eigentlich ein Kinderspiel“, wie Keith selbst zu Beginn angibt.[66] Warum aber rät Keith dann später zu jenem Deal mit Duric? Eine Deutung wäre: Jetzt, wo man Vilina Kosa im Prozess nicht mehr verwenden kann, Duric aber noch nicht weiß, dass dies so ist[67], könnte man ihn zumindest noch damit unter Druck setzen, sodass er ein Geständnis ablegt und gegen ehemalige Kameraden aussagt.[68] Diese Deutung verträgt sich aber nicht mit dem, was Keith nach den ersten Verhandlungen mit Durics Anwalt sagt: „Das [der Deal] ist besser als gar nichts zu erreichen, heute Morgen hatten wir noch nicht mal einen Fall.“[69] Es wird suggeriert, der Deal sei für den Erfolg des laufenden Prozesses notwendig, was aber, wie oben gezeigt wurde, definitiv nicht der Fall ist. Dass die Anklage mit Duric kooperiert und einen Deal vorschlägt, ist somit schlicht gänzlich unplausibel. Es handelt sich hier um die größte Schwäche des Films, der anscheinend nicht in der Lage ist, seine Dramaturgie aus einem kohärenten Plot heraus zu entwickeln.

Dies könnte darauf hinweisen, dass es vielleicht gar nicht so sehr um Duric und den Prozess geht, denn abstrahiert man diese beiden ineinander verschachtelten Pseudokonflikte, bleibt eines übrig: Der Kampf der Anklägerin Hannah Maynard, Mira Arendts Aussage vor Gericht in vollem Umfang zu Gehör zu bringen. Und auch Mira sagt am Tag vor ihrer Aussage, es gehe ihr nicht um Duric, sondern darum, endlich über das zu sprechen, was sie all die Jahre verdrängt habe.[70] Am Ende dreht sich also alles darum, ein Opfer grausamer Verbrechen sprachfähig zu machen, fast so, als kehre der Film hier selbstreferentiell seinen eigenen Zweck nach außen. Der Film will die Stimme dieses Opfers für sein Publikum hörbar machen und inszeniert den Weg dorthin als ein schwieriges, von zahlreichen Hindernissen gesäumtes, mitunter gefährliches Unterfan-

64 S, 1:10:25. Wortstellung verändert.
65 Cf. S, 1:06:30.
66 S, 4:37.
67 Cf. S, 1:06:58.
68 Diese Elemente sind tatsächlich Gegenstand des Deals, cf. S, 1:10:35.
69 S, 1:10:34.
70 Cf. S, 1:17:22.

gen – als einen Thriller. Die gegenläufigen Handlungsstrategien innerhalb und außerhalb des ICTY werden zum Material einer Inszenierung der mehrfach gefährdeten Verbalisierung der Kriegsgeschehnisse. Dass der Film „Sturm" dabei aber die Kohärenz des Plots verfehlt, enttäuscht um so mehr, als dadurch letztendlich die ansonsten durchaus stichhaltige Problematisierung der Konfliktlinien – zwischen Vergangenheitsfokussierung und Gegenwarts- bzw. Zukunftsperspektive, zwischen Gerechtigkeitsideal und Realpolitik, zwischen Souveränitätsprinzip und Gouvernementalität, zwischen einem Blick auf den Einzelnen und einem Blick auf das große Ganze – entscheidend geschwächt wird.

Literatur

Arendt, Hannah: *Eichmann in Jerusalem. Ein Bericht von der Banalität des Bösen.* Piper: München / Zürich ^{5}2010.

Arnauld, Andreas von: *Völkerrecht.* Müller: Heidelberg et al. 2012.

Foucault, Michel: „Die Gouvernementalität". In: Bröckling, Ulrich / Krasmann, Susanne / Lemke, Thomas (Hrsg.): *Gouvernementalität der Gegenwart. Studien zur Ökonomisierung des Sozialen.* Suhrkamp: Frankfurt am Main 2000.

Foucault, Michel: *In Verteidigung der Gesellschaft. Vorlesungen am Collège de France (1975-1976).* Suhrkamp: Frankfurt am Main 2001.

Jonas, Hans: *Erinnerungen. Nach Gesprächen mit Rachel Salamander.* Insel: Frankfurt am Main / Leipzig 2003.

Lange, Bernd / Schmid, Hans-Christian: *Sturm. Filmbuch von Bernd Lange und Hans-Christian Schmid.* Verlag der Autoren: Frankfurt am Main 2009.

Rochau, Ludwig August von: *Grundsätze der Realpolitik. Angewendet auf die staatlichen Zustände Deutschlands.* Ullstein: Frankfurt am Main et al. 1972.

Schmid, Hans-Christian: *Sturm.* 23/5 Filmproduktion et al.: Berlin 2009.

Schneider, Norbert: *Jan Vermeer. 1632-1675. Verhüllung der Gefühle.* Taschen: Köln et al. 2010.

Schneider, Norbert: *Vermeers „Atelier"-Bild in Wien. Versuch einer Neudeutung. Abschiedsvorlesung gehalten am 19. Mai 2010.* Universität Karlsruhe: Karlsruhe 2010.

Sontheimer, Kurt: *Hannah Arendt. Der Weg einer großen Denkerin*, Piper: München 2005.

Stockinger, Ludwig: „Realpolitik, Realismus und das Ende des bürgerlichen Wahrheitsanspruchs. Überlegungen zur Funktion des programmatischen Realismus am Beispiel von Gustav Freytags Soll und Haben". In: Müller, Klaus-Detlef (Hrsg.): *Bürgerlicher Realismus. Grundlagen und Interpretationen.* Athenäum: Königstein 1981, S. 174-202.

Wiese, Christian: *Hans Jonas. „Zusammen Philosoph und Jude".* Jüdischer Verlag im Suhrkamp Verlag: Frankfurt am Main 2003.

Young-Bruehl, Elisabeth: *Hannah Arendt. Leben, Werk und Zeit*, aus dem Amerikanischen von Hans Günter Holl. Fischer: Frankfurt am Main 1986.

Merita Zeković

Haunted by the Past: The Representation of Victims and Perpetrators in the film "Snow" and the theatre play "Crying Game"

"The snow does not fall to cover the hill, but for every beast to leave its trail".[1]
Aida Begić, Elma Tatarić

In this paper, I am analysing the methods used to portray the victims and the perpetrators in post-war Bosnia in the film "Snow"[2] and the theatre play "The Crying Game".[3] Contrary to the political discourse which mainly concentrates on the public sphere, those two artworks focus on the private, intimate sphere in order to explore the complex relationship between the two sides involved in the conflict. On the one side, the victims live in a limbo, burdened by the war traumas and a sense of loss. They cannot satisfy the need for closure, like the widows in the film "Snow". On the other side, those who have committed war crimes live in a state of constant fear and paranoia; despite of their efforts to erase the past and acquire new identities, they desperately search for some form of liberation, like the main character He, in "The Crying Game". I refer to the writing of Stephen L. Esquith, a Professor of Philosophy and Dean of the Residential College in the Arts and Humanities at Michigan State University, whose areas of expertise are mass violence, democratic political education, and political ethics. In his writing, Esquith emphasises the role of what he calls "cultural re-enactments"[4] in the process of conflict transformation. Esquith's article is relevant to the analysis of the two works in the sense that he closely examines the significance of works of art in the process of conflict transformation and recognises that such forms play an important role in the lives of those directly affected

1 Begić, Aida: *Snow*, written by Aida Begić and Elma Tataragić. Mamafilm, Rohfilm and Les Films de L´Apres-Midi: Bosnia and Herzegovina 2008.

2 Begić, Aida: *Snow*.

3 Imsirević, Almir: *The Crying Game* (2007). http://www.cdobih.org/cdo/bs/node/108 (22.11.2013). The drama has not been published in English. The title „The Crying Game" as well as all quotations have been translated by the author of this paper. The original title is „Igra Plakanja".

4 Esquith, Stephen L.: "Re-Enacting Mass Violence". In: *Palgrave Macmillan Journals* 35(4), 2003, pp. 513-534. Here: pp. 513f.

by war and war traumas. Cultural re-enactments is the term he uses for non-institutional cultural forms such as films, literature, and theatre plays that offer an alternative to institutional representations of war crimes, war perpetrators, and war victims. These forms are significant, because they aim at helping all the participating groups to understand the conflict and try to work on the problems that appear once the war ends:

> They neither exonerate nor convict, neither reproach nor forgive. Instead these cultural re-enactments co-implicate and entwine citizens' understanding of their relationship to mass violence. It is in this sense that they strive to function as a form of democratic political education.[5]

First of all, I discuss various perspectives the authors use to approach the issues of trauma and guilt in relation to war crimes. Secondly, I concentrate on the style of the narration, and the stylistic techniques used to portray the aftermaths of war in the post-war context of Bosnia and Herzegovina. Finally, I explore the role of the narrators in the dynamics of the story telling and in what way they deal with the past, focusing on personal confrontations as opposed to the official judicial trial of war criminals. In conclusion, I readdress the importance of alternative representations of war and its participants in artistic forms not only on the national but also on the international level.

"Snow", directed by a young Bosnian director, Aida Begić and co-written by Aida Begić and Elma Tataragić, premiered at the Cannes Film Festival in 2008, where it received the Grand Prix Semaine de la critique. The film is set in a Bosnian village, Slavno, in 1997, after the war in Bosnia. The only survivors of the war are a few women, an old man, and a boy. They are trying to go back to the normal daily routines and although preoccupied with existential problems, they are constantly haunted by the past. They know that all the village men were murdered, but they still do not know where their bodies are hidden and they cannot achieve closure.

"The Crying Game", a theatre play by a renowned Bosnian playwright, Almir Imsirević, was written in 2007. It premiered at the National Theatre in Sarajevo in 2007. The play was directed by Gorcin Stojanović, a theatre and film director. It was performed at the major festivals in former Yugoslavia and received numerous local awards. The play revolves around a married couple which is suddenly haunted by the ghosts of the past. Although it is not certain if the murder they refer to ever actually happened, they are shocked and disturbed by the arrival of the person who should allegedly revenge the murder committed.

5 Ibid., pp. 513f.

In both works, the authors change between different perspectives; they alternate between the war victims and war perpetrators as the protagonists, thereby achieving a complex view of the war narrative. However, both authors remain on the national level; they both choose to concentrate on the relationship between the two sides of the conflict – the victims and the perpetrators. In his book "On Cosmopolitan and Forgiveness", Jacques Derrida states that "if anyone had the right to forgive, it is only the victim and not a tertiary institution".[6] The actual process of reconciliation in the aftermath of the war has to be achieved on the national level, between the direct protagonists of the war and in that sense the literary and film representations also choose to concentrate on the dialogue between the war survivors and the oppressors. Such a choice allows the audience to explore the views different groups have in relation to the past, the present, and consequently the future. What the victims and the perpetrators share is the experience of war, but in completely different and sometimes conflicting aspects. Whereas the actual crime committed is central to the memory of the perpetrator, for the victims it is the trauma and loss that play the crucial role. Nonetheless, for both sides, the past has left the scars visible in the present and these old wounds have not healed. In the film "Snow", the protagonists choose a different way to deal with that burden. Alma, a young, entrepreneurial woman tries to engage the other women in the production and sale of homemade products so that they can secure some income. Others dream of leaving the village behind, hoping that in that way they could also leave their traumatic past and get a fresh start somewhere else. There is also a constant reminder of the painful past through the political discourse on the national and the international level; the media coverage of the trial at the International Criminal Tribunal for the former Yugoslavia stirs the memories of the war and often raises heated debates about the issues of guilt and adequate punishment. In "The Crying Game", Imsirević employs symbolic representation of the various political and legal institutions in the form of characters named by their professions. All the characters that visit the couple are brought together in a surreal web of accusations and uncertainties; these Beckett-like characters act as messengers that announce the arrival of the avenger who in fact never appears. The Professor, the Director, the Journalist, the Policeman, and the Tradesman are microcosmic representations of various social groups who put pressure onto the main character and remind him of the inevitability to confront the past. In most cases, both sides feel like they have been depraved of justice and disagree with the decision of the Tribunal. Such debates that originate in the media coverage spread even further

6 Derrida, Jacques: *On Cosmopolitanism and Forgiveness*, translated by Mark Dooley and Michael Hughes. Routledge: London 2001, p. 62.

through social networks and cause the once conflicting communities to verbally defend their causes. Such moments emphasise to what degree the shared future of these groups is that of uncertainty and fear despite of the efforts of co-existence and tolerance. These debates are reflected in the film "Snow" and in the play "The Crying Game" on the personal, intimate level in the direct confrontation of the protagonists. The war perpetrators constantly struggle to forget, hide and disguise themselves; they build new lives based on lies and denial. The conversation between the main protagonists in the play, He and She, revolves around his efforts to dismiss the past as irrelevant and her efforts to remind him that the burden of the past is an inseparable part of their present:

> He: But, it was the war… I had nothing against him personally. I hardly knew him.
>
> She: That is irrelevant now.
>
> He: It is relevant indeed. It makes no sense, it has been almost fifteen years…
>
> She: Why are we hiding then?
>
> He: Because of human stupidity! Because of the idiots who cannot forget. Why are the people doing it to themselves? Here, I… I… I have forgotten… everything… there is… nothing […][7]

The discourse has moved from the official political discourse into the private sphere, where the individual protagonists struggle to come to terms with the turbulent past. And in that struggle, for those who have committed the crimes, it is relevant to negate the gravity of their deeds so that they can live more peacefully. For the victims, on the contrary, the effort is to expose and reveal the crimes and the criminals so that truth is finally acknowledged and the survivors can achieve some sense of closure. The contested space between the victims and the perpetrators is filled with tension and their dialogue is that of conflicting demands. While the perpetrators ask for the atrocities to be forgotten, not to be spoken about, the victims are demanding for the war tragedies to be remembered and commemorated. In both works, the perpetrators are confronted with their deeds inside the home, in the sphere of privacy and domestic intimacy, as the authors attempt to portray the perpetrators, to humanize them, and approach them as characters who are also troubled by the war crimes committed. The choice to remain on the personal level, that of everyman, is relevant, because the process of reconciliation between the conflicting communities is achieved exactly on this level, that of former neighbours and friends who have to come to terms with the past in order to be able to co-exist peacefully. While the Tribunal performs the judicial role, the cultural narratives move the political discourse

7 Imsirević, Almir: *The Crying Game*, p. 15.

onto the personal level where the communities can identify with the protagonists and themselves analyse to what extent the fictional narratives relate to their own personal narratives. As Esquith suggests:

> Rather than act as judges of guilt, innocence, or sincerity, through cultural re-enactments they may become self-critical participants in a dialogue over what they are responsible for that may lie beyond the reach of legal indictment and outside the realm of moral forgiveness. By rephrasing the indictments of war crimes tribunals and the amnesties of truth commissions, cultural re-enactments can become vehicles for democratic political education.[8]

The strong poetic symbolism reoccurs in both texts with the most imposing motif being the snow. As the old Bosnian proverb says, the main purpose of the snow is not to cover the hills; it allows the beasts to leave their trail, so that they can be tracked and found. The snow symbolises the transparency of the crime, and the inability to hide the crimes committed. It also emphasises that each murder, each crime leaves traces which can lead back to the person who committed the crime. As She articulates in "The Crying Game": "I saw footsteps in the snow."[9]

This motif has strong resonance in the fate of those families who have been waiting for the remnants of their loved ones to be found so that they could give them proper burial and bid them farewell, as the women in the village do in the end of the film "Snow". However, the symbolism of snow is complex. Snow is both revealing and concealing. While expecting the first snow and the beginning of the winter, people are both dreading it and anticipating it. They are aware of the existential struggle during the harsh winter times, but they also look forward to the first snow and talk about it for days. The villagers have a strong sense of natural cycle and they dread and anticipate the closure in the same way they fear and wait for the first snow. The film ends with the snow falling after the women finally find the remnants of their beloved family members. The much dreaded closure coincides with the natural cycle giving the sense of a new beginning, of their lives finally harmonising with the natural cycle after a long period of disturbance. Imsirević's protagonists, on the contrary, only dread the coming of the snow, because it implies the past crimes are coming to haunt them in the form of the man who wants to revenge his dead father. Hidden inside their home, they await his arrival and turn against each other as they have conflicting views of the past. While the wife is constantly urging the husband to admit his guilt and in that way, repent his crimes, the husband is in the state of complete self-denial. He has even deliberately changed his own name and claims he has forgotten his

8 Esquith, Stephen L.: „Re-Enacting Mass Violence", p. 519.

9 Imsirević, Almir: *The Crying Game*, p. 4.

real name. Though vague and symbolic, these implications refer to the frequent practice of war criminals to conceal their true identities and become a new persona despite all the burden of the past. Though distant from the contested political debate and fairly anonymous, both works operate on a subtle and complex symbolic level in which the references are frequently ambiguous and open to interpretation. In terms of their aesthetics, the film and the play differ considerably. The poetic symbolism of the film is in contrast to the barren, solitary stage of the play which resembles the plays of Samuel Beckett and Harold Pinter. The dynamics of the film are that of a slow and refined change between different overlays – between the beautiful natural scenery, the dialogues, and the solitary moments of the main protagonist Alma in her daily routine. The blue colour prevails in the film, both visually and symbolically. Alma's blue scarf is often seen wavering in the wind, the remnants of the war victims are found in The Blue Cave[10], and there is the interplay between blue and white, both of which allow the film to acquire a certain poetic atmosphere of serenity despite of the gravity of the film topic, so that the calm, cold colours create a sort of symbolic veil that covers the narrative.

The power of Imsirević's play, on the contrary, lies in the language and the discourse. He manages to create a web of references that is ambiguous and highly complex. His multi-layered dialogues deal with the issues of crime and guilt on the literary and philosophical level. The nameless protagonists, the vague references and the high level of obscurity all contribute to the creation of a theatre play that borders on the theatre of the absurd. Consequently, the play can be interpreted as both local and universal; it can be appropriated by different groups and applied to different contexts where the committed crime haunts the present of the criminals. This play presents a contrast to frequent representations of the war atrocities and war tribunals with precise and concrete references. Instead, this play is stripped of any identity, just like its protagonists. It allows the author to operate on a meta-level of philosophical implications of a crime onto the lives of people affected by the criminal act. Wavering between dread and hope, the main protagonists are frozen in the present state; they are unable to act, unable to escape the reality. Furthermore, they are invaded in their own home by sudden visitors, all of which are representatives of certain aspects of public life, such as law, media, or economics. All these characters represent a symbolic pressure onto the main protagonist, He, to acknowledge the truth and talk openly about the past. Torn between the long exercised denial and the pressure from the

10 "The Blue Cave" is the name of a cave near the village Slavno in the film "Snow". It is revealed later on in the film that the Serbs hid the remnants of the killed men from the village there.

outside world, He does not find any way to escape. Instead, He is condemned to play his crying game while waiting for the revenger to come.

Instead of the usual stereotypical portrayal of helpless, hopeless victims and remorseless, atrocious perpetrators, both these works offer a fresh new perspective onto the possibilities as to how the war victims and war criminals can be portrayed. Both authors make a bold decision to try and present a more humane portrayal of those who have committed crimes during the war, even allowing them to show remorse for the crimes committed. Such a step is significant in the process of conflict transformation because it opens a new perspective to all conflicting parties to see the opposing groups not only as public persons but also as private individuals capable of remorse and having a sense of guilt, or as in the case of He, as someone to whom the crimes committed were the natural consequence of the state of war though he himself does not understand the reasons behind it. In the case the audience finds it difficult to identify with the oppressor, the works leave enough space for open interpretation so that the spectators do not need to appropriate the narrative as their own. They can, instead, observe it as a fictional story vague enough to remain within the realm of creative imagination.

Another striking motif is that of crying, especially when related to the perpetrators. It is the act of confession and true remorse that is crucial in the process of reconciliation and it is often doubted to what extent the war criminals are able to repent for their crimes. Because they usually live in self-denial, they are unable to recognise their own deeds as serious crimes; therefore they are unable to cry, to shed that tear of remorse with which they would acknowledge their guilt, as the Serb Miro in "Snow" does as he finally tells the widows what really happened to their men: "People, I haven't done anything. I was telling them to let them go. It has been haunting me for years now. I haven't killed anyone. You've seen it yourself."[11]

Whereas the public discourse concentrates on the facts and proofs, the private discourse deals with the emotional and moral aspect of the war crimes. It is on this level that the characters commence to discuss the actual implications of the committed crimes in the everyday life together with the survivors. Whether the past haunts in the form of the real survivors as in the film "Snow", or the fictional, referred to survivor as in the play "The Crying Game", those who have tried to hide and ignore the guilt are forcibly confronted with it:

He: But, it was wartime. I had nothing against him personally. I don't even know him well. […] Should I hide inside literature? […]

He: Why couldn't he simply forget … forgive? […]

11 Begić, Aida: *Snow*.

He: I wanted to disappear.

She: You wanted to hide … that is the difference. […] You've been pretending that you have forgotten your whole life. But you haven't. You remember everything. He only wanted revenge. He was right. You had ruined his life. Killed his father …[12]

In both works, the characters are created without any direct reference, instead, they are left in partial anonymity, allowing for wider identification and reference. Such representations that remain in a vague, almost surreal zone, bear a greater power of influence as they can be easily applied in various contexts. Begić and Tataragić told the story of a village that could be any village in Bosnia and the fate of the survivors that applies to many actual survivors of the war. Imsirević even refrained from naming his main characters, so that they could be any couple haunted and torn apart by the vision of the war crime that was committed long ago. In that sense, they both address the fate of the villagers and communities for whom it is extremely difficult not only to go back to normal everyday routine, but also to go back to their homes and continue to live in the areas which bear tremendously painful memories for them. As Aida Begić explains in an interview:

> Unfortunately, most of these villagers are not returning to their homelands in eastern Bosnia. The politics are still to keep them out and to keep a "clean" territory. The idea of people returning to their homes has not been completely successful, especially in these eastern territories. In other parts of Bosnia, some nationalities are returning to their homes; but, in the eastern part, it is still a big problem.[13]

The war atrocities committed during the war in Bosnia and Herzegovina have left the country and its citizens with unspeakable trauma and tremendous damage. The effort to prosecute all the war criminals and try them at the Tribunal for the crimes committed is only one aspect of the process of conflict transformation. Contrary to this large scale endeavour, the endeavours to rebuild the torn communities and unite them in an effort of peaceful co-existence are usually done on a completely different local scale involving a small number of participants. The cultural representations of the war victims and war criminals address particularly these small scale efforts of the locals and in that sense provide them with an alternative narrative as to how the future of Bosnia and Herzegovina can be transformed to allow for more tolerance and understanding. As Esquith argues:

12 Imsirević, Almir: *The Crying Game*, pp. 14-25.

13 Guillen, Michael: *Snijeg (Snow) – Q&A With Aida Begić.* (20.09.2008). http://theeveningclass.blogspot.com/2008/09/tiff08-snijeg-snow-q-with-aida-begi.html (03.09.2009).

> The same can be said of the international criminal tribunals for Rwanda and the Former Yugoslavia. They should not be seen as final chapters or closing scenes in a Sophoclean or longer Thucydidean tragedy. Democracy depends upon our ability to re-enact these high political dramas on a smaller scale and in a local dialect in which ambiguity and uncertainty can be acknowledged without political paralysis.[14]

It is frequent the case that war victims and war perpetrators perceive justice differently in relation to the work of the Tribunal. They often disregard the punishment as inappropriate arguing that it is unfair in relation to the committed crimes. However, they disagree when it comes to the kind of justice they would like to see for those who were involved in the war. The perpetrators see themselves as unjustly accused, while the victims see the punishment as too mild for the scope of the war crimes. In the public political discourse, which usually revolves around the names of the most notorious war criminals and the devastating war statistics when it comes to the number of victims, the individual perpetrators and victims often remain unrepresented. It even increases their sense of injustice and neglect, and it is exactly this vacuum between the public and the private discourse that can be filled with the cultural representations. They act as a symbolic bridge between the public and the private sphere and allow all participants to discuss the past on a more acceptable, symbolic level which allows all participants to remain within their safety zone. Esquith stresses the importance of democratic political education through cultural re-enactments as they do not require the audience to actively participate and defend their stand. Instead, it offers them an alternative to be active spectators who are presented with fictional, symbolic representations that should help them to process their own trauma:

> But, coming to terms with today's official political violence – the systematic torture of prisoners the extermination of civilians and the rape of women as a strategy for ethnic cleansing – requires more than trials and truth commissions. These institutions and practices alone leave too many questions unanswered and too many layers of complicity undisturbed.[15]

"Snow" and "The Crying Game" represent an alternative to the political discourse and their language and narrative differ significantly from the discourse of the Tribunal in many ways. While the work of the Tribunal operates in the public realm, the artworks operate on the private level. Instead of the political narrative, they concentrate on the personal narratives and try to explore the implications of guilt and punishment within the realm of family and community. In contrary to the written, official accounts of the war, the authors retrieve into the family sphere where they analyse the characters as family and community mem-

14 Esquith, Stephen L.: „Re-Enacting Mass Violence", p. 533.

15 Ibid., p. 515.

bers disregarding their public roles. For the Tribunal, the most significant is the pursuit of justice in light of evidence. For the cultural representations discussed, the most important are the themes of truth, remorse, and trauma. Finally and most significantly, the Tribunal deals with the Bosnian past, whereas the cultural representations pose the question as to what the future could look like. The authors do not strive to blind the audience with bright, optimistic visions of the shared future. On the contrary, they try to acknowledge the fear and anxiety of every Bosnian as to what the future might bring. What they do, however, is transport the present day Bosnia into the imaginary realm in order to explore the possibilites of co-existence. They do strive to emphasise the importance of confession and remorse, not only in the political discourse but also on the personal level, so that former neighbours and friends could approach each other and try to reconcile the conflict ingrained in their everyday life. Imsirević concentrates the problematic of co-existence in the aftermath of the war in two statements of the main protagonists. She exclaimes: "Why wouldn't you admit it. You've lost. You've finally lost." And He answers: "No. I've never lost and you've never won. Nobody has ever won! Ever!"[16]

Only after the war is over, do both sides realise to what extent the normality has been disturbed and how difficult it is to go back to an every day routine. The past lingers and prevents them from continuing their lives. Instead, they are in the constant act of waiting, an indefinite and uncertain process of not being able to confront the dreaded future. The dynamics of the narration in both works reinforces the contested relationship between the past and the present, with the narrators constantly going back and forth, moving from the present into the past and back. Their present is burdened with trauma, fear, guilt, and pain. He and She, entrapped in their own home waiting for the past to come after them, play the crying game that He invented many years ago. The one who cries first loses the game, which symbolically can stand for the actual act of remorse and confession. Even after the war, the opposing sides are still involved in the game of war, they are still wavering between the victory and the defeat, and none of the sides is willing to admit to its own defeat, so that the tension continues. The dialogues that He and She lead with their visitors are constructed like interrogations, cross-examinations, and vague accusations that He is trying hard to resist. In "Snow", the narrative is more subtle, everything happens at a very slow pace with characters drifting into the memories in search for the clues. One night during the storm, the foreign representative Marc and the Serb Miro are forced to remain in the village, where Miro confesses to having witnessed the murder and disposal of villagers, although he did not want to murder them. He is also broken

16 Imsirević, Almir: *The Crying Game*, p. 3.

by the strong sense of guilt that has constantly tortured him. He reveals that all the bodies were buried in The Blue Cave, and the women can finally bury their loved ones. It is only after Miro's confession that both the villagers who survived the war and Miro, who fought for the Serbian army in their village during the war, achieve a sense of closure. The very act of Miro's confession represents a turning point in the narrative; it symbolically sets free not only the truth about the past but also the future of the war survivors so that they are finally able to go on living their lives.

The war means loss to all involved, both to the perpetrators and the victims, which is especially true of the war in Bosnia and Herzegovina. No conflicting party perceives itself as the winning party, but the sense of loss is much deeper. Even in the wars where there is a victorious party and a defeated party, all parties have to deal with tremendous losses, as war itself is doomed to be a defeat to all involved. War is a degrading and devastating form of destruction on all levels. It leaves scars in the lives of the people, it scars the cities, and finally, it scars the nation. Both in "Snow" and "The Crying Game", it is the acknowledgements of loss on both sides that brings catharsis; the realisation that the war has made irrepairable damage to all aspects of life and that in spite of that, people need to come to terms with the past loss and try to struggle for a future void of conflict and war. In that sense, both cultural forms act as gentle and careful reminders as to how important the direct communication between the opposing sides in the aftermath of the war is; the dialogue about the shared past provides a platform for discussion, clarification, and confession that functions alongside the conventional judicial and political system. Only a joint effort that involves both the public and the private discourse aids the war participants and war victims understand better the complexity of post-war struggle to co-exist and come to terms with the past.

Literatur:

Begić, Aida: *Snow*, written by Aida Begić and Elma Tataragić. Mamafilm, Rohfilm and Les Films de L´Apres-Midi: Bosnia and Herzegovina 2008.

Derrida, Jacques: *On Cosmopolitanism and Forgiveness*, translated by Mark Dooley and Michael Hughes. Routledge: London 2001.

Esquith, Stephen L.: "Re-Enacting Mass Violence". In: *Palgrave Macmillan Journals* 35(4), 2003, pp. 513-534.

Guillen, Michael: *Snijeg (Snow) – Q&A With Aida Begić.* (20.09.2008). http://theeveningclass.blogspot.com/2008/09/tiff08-snijeg-snow-q-with-aida-begi.html (03.09.2009).

Imsirević, Almir: *The Crying Game* (2007). http://www.cdobih.org/cdo/bs/node/108 (22.11.2013).

Ivana Drmić

Die amerikanische Berichterstattung über die Kriege im ehemaligen Jugoslawien am Beispiel der „New York Times“ und der „Washington Post“

Die ehemalige ‚Sozialistische Föderative Republik Jugoslawien‘ (SFRJ) wurde zwischen 1943 und 1945 gegründet und bestand aus sechs Republiken, fünf Völkern, vier Sprachen, drei Religionen und einer Partei. Der auf Lebzeiten gewählte Präsident Josip Broz Tito führte die kommunistische Staatspartei und den gesamten jugoslawischen Staat zentralistisch. Seine Präsidentschaft war durch einen starken Personenkult gekennzeichnet. Titos Parole *Brüderlichkeit und Einheit* sollte den Charakter des Vielvölkerstaates unterstreichen und die südslawischen Völker vereinen. Nachdem Tito im Jahr 1980 gestorben war, der Kalte Krieg an sein Ende gelangte und Jugoslawien eine Periode wirtschaftlicher Stagnation erlebte, geriet die jugoslawische *Brüderlichkeit und Einheit* ins Wanken. Die ökonomische und politische Krise im sozialistischen Jugoslawien, welche sich bereits in Titos Todesjahr entwickelte, spitzte sich in den 1980er Jahren zu und eskalierte Anfang der 1990er Jahre in einem Krieg, der den Zerfall des Vielvölkerstaates Jugoslawien besiegeln sollte. Der Krieg begann zunächst mit dem so genannten 10-Tage-Krieg in Slowenien im Frühjahr 1991, verschob sich dann nach Kroatien und erreichte im Frühjahr 1992 Bosnien-Herzegowina. Der Jugoslawienzerfall im Jahre 1991 schien zunächst außenpolitisch eine europäische Angelegenheit zu sein, rückte jedoch im Laufe der 1990er Jahre und vor allem nach dem Regierungswechsel in Washington D.C. auf die außenpolitische Agenda der USA. War die Außenpolitik der Vereinigten Staaten von Amerika zu Beginn des Konflikts im ehemaligen Jugoslawien noch von einer Nichteinmischungspolitik geprägt, wandelte sich diese im Laufe der Kriege stark, bis die USA unter der Clinton Administration schließlich die tonangebende Rolle beim Abkommen von Dayton einnahm.

Die militärischen Auseinandersetzungen im zerfallenden Jugoslawien wurden von den amerikanischen und europäischen Medien begleitet. In diesem Aufsatz soll die amerikanische Berichterstattung in den Printmedien genauer untersucht werden. Ziel ist es, festzustellen, ob die beiden amerikanischen Tageszeitungen „The New York Times“ und „The Washington Post“ unterschiedlich über den Zerfall der ‚Sozialistischen Föderativen Republik Jugoslawien‘ berichteten und die darauf folgenden Kriege und die zunächst zurückhaltende Außenpolitik der US-Regierung inhaltlich verschieden bewerteten. Unlängst ist diskutiert worden, inwiefern dieser Politikwechsel mit einem korrespondierenden Umschwung der öffentlichen Meinung verbunden ist. Um so wichtiger erscheint eine nähere Untersuchung der Medienberichterstattung über die Kriege im ehemaligen Jugoslawien, ist sie doch als ein wesentlicher Einfluss auf die öffentliche Meinung zu werten und könnte somit zum Umschwung in der US-amerikanischen Außenpolitik beigetragen haben.

1. Die Außenpolitik der Vereinigten Staaten von Amerika

Die Jugoslawienpolitik des republikanischen Präsidenten Bush im Jahr 1991 stand deutlich im Gegensatz zu den außenpolitischen Bestrebungen des demokratischen Präsidenten Clinton im Zuge der Bosnienpolitik von 1995. Noch im Mai 1992 betonte die Pressesprecherin des State Department, Margaret D. Tutwiler, die außenpolitische Position der Bush-Administration: „Where is it written that the United States government is the military policeman of the world? As tragic as the situation in Yugoslavia was [...] the United States had no ‚national security interests‘ at stake there.“[1] Während die westlichen Medien die Öffentlichkeit täglich mit Bildern und Berichten aus den Konfliktregionen konfrontierten, etwa mit der Belagerung der Donaustadt Vukovar, der Bombardierung der Altstadt von Dubrovnik oder Massenvertreibungen, blieben die politischen Maßnahmen der US-Regierung zunächst zurückhaltend, denn „der Jugoslawienkonflikt schien […] ‚out of area‘ zu liegen“.[2] „We don't have a dog in that fight,“[3] erklärte Außenminister James Baker zu dem eskalierenden Krieg im zerfallenden Jugoslawien und drückte damit eine klare Politik der Zurückhaltung aus.

Diese politische Linie der Passivität prägte die letzte Phase des amtierenden Präsidenten George Bush. Die USA verblieben nach dem Ende des Kalten Krieges als einzige „Supermacht“ und mussten ihre Rolle international neu definie-

1 Friedman, Thomas L.: *The World: It's Harder Now to Figure Out Compelling National Interests.* (31.05.1992). http://www.nytimes.com/1992/05/31/weekinreview/the-world-it-s-harder-now-to-figure-out-compelling-national-interests.html?pagewanted=2&src=pm (12.08.2013).

2 Schwabe, Klaus: *Weltmacht und Weltordnung. Amerikanische Außenpolitik von 1898 bis zur Gegenwart. Eine Jahrhundertgeschichte.* Ferdinand Schöningh: Paderborn 2006, S. 427.

3 Keller, Patrick: *Neokonservatismus und amerikanische Außenpolitik. Ideen, Krieg und Strategie von Ronald Reagan bis George W. Bush.* Ferdinand Schöningh: Paderborn 2008, S. 142.

ren. Der Jugoslawienzerfall war für die US-Regierung von untergeordnetem Interesse, da sich zeitgleich auf der internationalen Bühne mehrere Krisen abspielten. Im Vordergrund stand der Zerfall der Sowjetunion in fünfzehn Staaten, der amerikanische Sieg in Kuwait und die Wiedervereinigung Deutschlands. „Zum ersten Mal überließ Washington den Europäern in einer Angelegenheit der europäischen Sicherheitspolitik die Führung.“[4] Ein Eingreifen in die militärischen Auseinandersetzungen im ehemaligen Jugoslawien hätte zudem vor der amerikanischen Bevölkerung gerechtfertigt werden müssen. So wäre ein Engagement vor Ort mit einem hohen Truppenaufgebot verbunden gewesen, was finanziell zu diesem Zeitpunkt nicht tragbar zu sein schien. Darüber hinaus sahen sich die USA sicherheitspolitisch nicht in einer bedrohten Lage. Die einzige durchgeführte Maßnahme war ein durch die UN verhängtes Waffenembargo über ganz Jugoslawien und zusätzliche massive Wirtschaftssanktionen für Serbien.[5] Der Erhalt des Status Quo in Jugoslawien war primäres Ziel der Bush Administration, gerade im Hinblick auf die Vermeidung weiterer Eskalationen. Der Historiker Klaus Schwabe folgert daher:

> Sein [Bushs, ID] Verhalten im Jugoslawienkonflikt hatte bestätigt, daß er nur in den Regionen bereit war, eine neue Weltordnung durchzusetzen, in denen amerikanische Interessen von wirklich weltpolitischem Rang auf dem Spiel standen, nicht aber in aus amerikanischer Sicht mehr oder weniger abgelegenen, lokal begrenzten Grauzonen, in denen das Recht und Unrecht ohnehin nicht deutlich von einander zu unterscheiden war.[6]

Bill Clinton kritisierte schon während seiner Präsidentschaftskandidatur die Außenpolitik der Regierung Bush und beschrieb diese als „moralisches Versagen“, weil die bosnischen Muslime schutzlos ihrem Schicksal überlassen wurden.[7] Er betonte: „Ich bin genauso wie jeder andere auf dieser Welt um die Moslems im Herzen von Bosnien besorgt, und ich würde alles tun, um diese ‚ethnische Säuberung‘ zu beenden.“[8] Der Kurswechsel der US-Außenpolitik gegenüber Bosnien-Herzegowina fand dann im Sommer 1993 statt, nachdem Bill Clinton zum 42. Präsidenten der Vereinigten Staaten von Amerika gewählt worden war. Hauptmerkmal dieses Politikwechsels war die so genannte Clinton-Doktrin, welche die Verbreitung der Demokratie auch mit militärischen Mitteln beinhaltete: „[T]he United States and its allies will intervene where necessary to prevent

---

4 Holbrooke, Richard: *Meine Mission. Vom Krieg zum Frieden in Bosnien.* Piper: München 1998, S. 48.

5 Cf. Schwabe, Klaus: *Weltmacht und Weltordnung*, S. 427.

6 Ibid., S. 428.

7 Cf. Hacke, Christian: *Zur Weltmacht verdammt. Die amerikanische Außenpolitik von J.F. Kennedy bis G.W. Bush.* Ullstein: München 2002, S. 509.

8 Ibid., S. 532.

genocide and other humanitarian catastrophes."[9] Ausschlaggebend waren dabei allerdings weniger außenpolitische als innenpolitische Erwägungen, denn für Clinton hatte die „Außenpolitik zunächst innenpolitische Bedeutung."[10] So entwickelte Richard Holbrooke, später Sonderbeauftragter der US-Regierung in Bosnien, als Teil des Wahlkampfteams eine zielgerichtete PR-Strategie, bei welcher Clinton als fähiger, verantwortungsbewusster Außenpolitiker mit mehr Weitblick als Bush dargestellt werden sollte. Die Krise im ehemaligen Jugoslawien bot dazu den passenden Rahmen.[11] Der Konflikt im ehemaligen Jugoslawien wurde zudem auch für den darauf folgenden Wahlkampf 1996 instrumentalisiert, denn die außenpolitischen Erfolge in Bosnien-Herzegowina waren von enormer Bedeutung. So sollte Clintons republikanischer Gegner Robert Dole als „schwach" und „unentschlossen" attackiert werden.[12] Vom heutigen Standpunkt aus gilt die Intervention der Clinton-Administration dennoch als der Wendepunkt im Bosnienkrieg. 1995 wurden die Friedensverhandlungen auf einem Militärstützpunkt in Dayton (Ohio) in den USA geführt. Der Friedensvertrag trägt trotz der Unterzeichnung in Paris den Namen „Dayton-Abkommen", was die amerikanische Führungsrolle in dem Konflikt hervorhebt.

2. Printmedien in den USA: „The New York Times" und „The Washington Post"

Vor diesem politischen Hintergrund ist ein Blick auf die Rolle der Medien und deren Berichterstattung aufschlussreich. Die Wahl der beiden Printmedien „New York Times" (nachfolgend NYT) und „Washington Post" (nachfolgend WP) beruht auf ihrer hohen Auflagenstärke und ihres damit verbundenen meinungsbildenden Einflusses auf die amerikanische Gesellschaft. Die Leserschaft der beiden Printmedien weist laut Studien einen hohen Bildungsstatus auf und ist tendenziell den oberen gesellschaftlichen Schichten zuzuordnen.[13] Beide Print-

---

9 Foreign Policy: „Clinton's Foreign Policy". In: *Foreign Policy* (121), 2000, S. 18-29. Hier: S. 20.

10 Cf., Hacke, Christian: *Zur Weltmacht verdammt*, S. 513.

11 Cf., Holbrooke, Richard: *Meine Mission*, S. 68.

12 Cf. Almond, Mark: „Dayton und die Neugestaltung Bosnien-Herzegowinas". In: Melcic, Dunja (Hrsg.): *Der Jugoslawien-Krieg. Handbuch zu Vorgeschichte, Verlauf und Konsequenzen*. Verlag für Sozialwissenschaften: Opladen / Wiesbaden 2007, S. 439-451. Hier: S. 440.

13 Cf. The New York Times-Company: *New York Times Media Kit*. (kein Veröffentlichungsdatum). http://nytmarketing.whsites.net/mediakit/newspaper/ (05.08.2013); The Washington Post: *Audience*. (kein Veröffentlichungsdatum). http://www.washingtonpostads.com/audience (05.08.2013).

medien standen vor der verantwortungsvollen Aufgabe, ihrer Leserschaft einen Krieg näher zu bringen, der nicht nur weit entfernt lag, sondern zudem durch die Beteiligung mehrerer Parteien äußerst komplex war. Hier gilt es zu untersuchen, welcher Mittel sie sich dabei bedient haben.

In Anbetracht der Berichte über ‚ethnische Säuberungen' und Bilder von Kriegsschauplätzen, welche die Weltöffentlichkeit schockierten, scheint es schwierig für die Beteiligten des öffentlichen Diskurses gewesen zu sein, bei einem derart komplexen Thema eine kontinuierliche Objektivität zu bewahren. So bedienten sich auch die Medien zwangsläufig Schwarz-Weiß-Schemata, einer Stereotypisierung von Tätern und Opfern, sowie einer politischen Bewertung der Debatte um mögliche militärische Interventionen. Die wesentlichen Unterschiede der beiden Printmedien werden in dieser Analyse sowohl anhand ihrer politischen Bewertung untersucht, als auch anhand der sprachlichen Mittel, die in ihrer Berichterstattung zur Anwendung kamen.

Da die unterschiedliche Art der Berichterstattung der beiden Tageszeitungen mit der sich wandelnden US-Außenpolitik im Zusammenhang zu sehen ist, werden der folgenden Analyse zwei Analysezeiträume zu Grunde gelegt. Der erste Analysezeitraum vom 16. bis 23. Dezember 1991 fällt somit in die Amtszeit von George H.W. Bush, während der zweite Analysezeitraum vom 1. bis 7. November und vom 22. bis 23. November 1995 in der Amtszeit von William J. Clinton liegt. Beide Analysezeiträume wurden vor dem Hintergrund bedeutender Wendepunkte in den Kriegen im ehemaligen Jugoslawien und den damit verbundenen amerikanischen Reaktionen ausgewählt. Aus diesem Grund liegt der erste Analysezeitraum in der Woche der deutschen Anerkennungspolitik gegenüber den sich unabhängig erklärenden Teilrepubliken Kroatien und Slowenien, welche international auf heftige Kritik gestoßen war und auch in den USA eine breite Reaktion in den Medien hervorrief. Der Analysekorpus von 1995 wurde hingegen dem Zeitraum entnommen, in dem die Friedensverhandlungen über das Abkommen von Dayton unter US-amerikanischer Führung in Dayton (Ohio) stattfanden und als Triumph der amerikanischen Außenpolitik interpretiert werden können.

2.1 Die deutsche Anerkennungspolitik und die Bush-Administration: Der Analysezeitraum 1991

Vor dem Hintergrund der Unabhängigkeitsproklamation Sloweniens und Kroatiens und ihrem Austritt aus dem Vielvölkerstaat im Jahr 1991 betonen beide Printmedien, dass es das primäre Ziel der US-Regierung sei, jegliche blutige Auseinandersetzung zu vermeiden und einen Jugoslawienzerfall zu verhindern. Doch während die WP in ihrer Berichterstattung unkritisch gegenüber der US-

Regierung bleibt und die Neutralität der Vereinigten Staaten betont, positioniert sich die NYT deutlich stärker. Sie nimmt für die angegriffenen Republiken Slowenien und Kroatien[14] Partei, indem sie der US-Regierung und den EG-Staaten eine Mitschuld an den bisherigen blutigen Auseinandersetzungen gibt. In dem Artikel „Abroad at Home; The Killing goes On" heißt es: „What happened in Yugoslavia has been a tragedy for its people and a monumental failure for the United States and the European Community."[15] In demselben Artikel wird die Administration als „detached"[16] (als unparteiisch) kritisiert:

> For months now Serbian forces have been shelling, bombing and invading parts of Croatia. They have leveled one major city, Vukovar, and are destroying others. They have occupied a third of Croatian territory, and are settling Serbians there. [...] What has been lacking is a political framework that put pressure on the Serbian hard-liners to stop the aggression. The U.S. and the Community took a detached position. They refused to recognize the declarations of independence by Croatia and Slovenia. They did nothing to help Croatia against the Serbian-led federal army, which had most of the munitions. The reason given for the detached posture in the face of military aggression was the principle of non-involvement in "domestic" conflicts. It is generally a wise principle. But to term this conflict "domestic" was to beg the real question – and ignore the reality that Yugoslavia had disintegrated. [...] The unhappy truth is that only force or its prospect is likely to move the Serbian irreconcilables.[17]

In diesem Abschnitt positioniert sich die NYT deutlich, indem sie Kritik an der Politik der US-Regierung und der westlichen Gemeinschaft übt. Die Zeitung appelliert für eine Intervention, eine Anerkennung der beiden Teilrepubliken und unterstreicht dies, indem sie die serbische Aggression genau beschreibt und das Feindbild mit Anaphern hervorhebt: „They have leveled [...]" und „They

---

14 Die jugoslawischen Teilrepubliken Slowenien und Kroatien erklärten nach den ‚Volksabstimmungen' im Juni 1991 ihre Unabhängigkeit. Im Laufe des Jahres 1991 kam es immer häufiger zu bewaffneten Zusammenstößen zwischen serbischen Freischärlern und der kroatischen Polizei. Der Sicherheitsrat der Vereinten Nation verhängte über Jugoslawien am 25.09.1991 ein vollständiges Waffenembargo. Der kroatische Präsident Tuđman reagierte Anfang Oktober 1991 auf die jugoslawische Teilmobilisierung mit einer Aufrüstung in Kroatien. In Anbetracht der Eskalation der Kämpfe beschloss Deutschland unter der Regierung Kohl im Alleingang, die beiden Staaten anzuerkennen, obwohl sich die westliche Staatengemeinschaft für einen Erhalt der jugoslawischen Föderation aussprach. Cf. Woyke, Wichard: *Handwörterbuch Internationale Politik*. Bundeszentrale für politische Bildung: Bonn 2008, S. 13f.

15 Lewis, Anthony: *Abroad at Home; The Killing Goes on.* (20.12.1991). http://www.nytimes.com/1991/12/20/opinion/abroad-at-home-the-killing-goes-on.html (13.08.2013).

16 Ibid.

17 Ibid.

have occupied [...]". Ähnlich verhält es sich mit ihrer Kritik an der westlichen Gemeinschaft: „They refused to recognize [...]", „They did nothing to help [...]". In dem Artikel wird hervorgehoben, dass ein Erhalt des Vielvölkerstaates unmöglich zu sein scheint. Die NYT wagt hier, eine klare Position einzunehmen und konstruiert ein Täter-Opfer-Bild. Die Serben werden als die Hauptagressoren deklariert und die westliche Gemeinschaft, mit der US-Regierung an der Spitze, werden aufgrund ihrer unparteiischen Haltung als Mittäter beschuldigt. Trotz dieser klaren Positionierung, ist die NYT in der Lage, ihre Argumentation zu differenzieren und relativiert das Schwarz-Weiß-Muster wieder, indem sie im gleichen Artikel die rechtsextremen Züge des kroatischen Präsidenten Tuđman herausstellt:

> The Croatian President, Franjo Tudjman, an extreme rightist, has been an apologist for racism. […] But again, military aggression cannot be the right answer. To take Croatian land and incorporate it in a Greater Serbia can only build more hatred.[18]

Noch deutlicher lässt sich der Unterschied in der Berichterstattung angesichts der deutschen Anerkennungspolitik gegenüber den beiden Teilrepubliken Slowenien und Kroatien erkennen. Die Regierung Kohl nahm im Zuge der ersten Kriegsmonate im Jahre 1991 eine immer deutlicher pro-slowenische und prokroatische Haltung an, bis sie schließlich als einer der ersten Staaten beide Teilrepubliken international anerkannte. Dieser politische Akt wird in beiden Printmedien thematisiert und kontrovers diskutiert. Die Reaktionen der US-amerikanischen Medien auf die deutsche Anerkennungspolitik sind aufschlussreich, da im Zuge der Berichterstattung verschiedene Stereotype und Stigmatisierungen auftauchen, welche die sachliche Auseinandersetzung mit dem Thema beeinträchtigen. Darüber hinaus lassen sich im Falle einer rechtfertigenden Berichterstattung über den deutschen Alleingang oder einer Kritik desselben Rückschlüsse auf die politische Positionierung der Zeitung gegenüber der US-Regierung machen. Sowohl die NYT als auch die WP erinnerten ihre Leserschaft an das deutsch-kroatische Bündnis aus dem Zweiten Weltkrieg, als Hitler 1941 in Kroatien ein Marionettenregime errichtet hatten.[19] Dieser historische Rekurs lässt die Unabhängigkeitsproklamation Kroatiens und die deutsche Anerkennungspolitik in einem anderen Licht erscheinen. So schreibt die WP, Deutschland teile mit Kroatien eine gemeinsame „antipathy toward Serbia's

---

18 Ibid.

19 Im Zweiten Weltkrieg entstand auf kroatischem Terrtorium der Unabhängige Staat Kroatien, der durch die extrem nationalistische und mit den Achsenmächten verbündete Ustaša-Bewegung 1941 gegründet wurde. Cf. Zakošek, Tomislav / Maršić, Nenad: „Das politische System Kroatiens". In: Ismayr, Wolfgang (Hrsg.): *Die politischen Systeme Osteuropas*, S. 773-835. Hier: S. 774f.

Marxist leadership".[20] Zudem geht sie auf die serbischen Reaktionen ein, Deutschlands Außenpolitik erinnere an das „Nazi sponzorship of an Croatian puppet regime during World War II".[21] Die NYT skizziert in ihrer Berichterstattung die historische Beziehung zwischen dem gesamten deutschsprachigen Raum zu den katholisch geprägten westlichen Republiken Slowenien und Kroatien. Dadurch entsteht der Eindruck einer kulturellen Ost-West-Grenze, denn die NYT argumentiert, die pro-slowenische und pro-kroatische Haltung seitens Deutschlands und Österreichs sei unter anderem bedingt durch die jahrhundertelange Herrschaft der Habsburgermonarchie in der Region. Auch die zahlreichen kroatischen Gastarbeiter in Deutschland und die vielen deutschen Touristen an der kroatischen Adriaküste tragen zu dieser Haltung bei:

> By sweeping away British and French objections, reunited Germany did for the first time what rump West Germany never dared, forcefully elbowing through an unpopular move it perceived as crucial to its own interests. Reminders of World War II. [...] Germans, [...] that are strongly anti-Serbian, are on the side of the dissident republics, which are cast regularly as victims of Serbian aggression. For centuries, they were linked to the German world, forming part of Austria-Hungary and coming under Nazi control in World War II. Before the latest fighting started, tens of thousands of German tourists streamed each year to the beaches of Croatia, and of the 600,000 or so Yugoslav migrant workers who live and toil in Germany, roughly two-thirds are Croatian.[22]

Die NYT fügt hinzu, die Regierung Kohl habe mitunter eine begründete Angst vor einem Waffenhandel in Deutschland seitens kroatischer Extremisten. Darüber hinaus sei es dem vereinten Deutschland wichtig, in Mitteleuropa für Sicherheit und Stabilität zu sorgen, da ein Flüchtlingsstrom vermieden werden sollte. In dem Artikel nimmt die NYT Bezug auf die politischen Stellungnahmen der Regierung Kohl, wonach ein weiteres Zögern der EG-Gemeinschaft die serbischen Führer nur noch weiter ermutigen würde, militärisch gegen die sich abspaltenden Republiken vorzugehen: „In the German view, further dawdling will only encourage the leaders of Serbia, the largest and most powerful of the six Yugoslav republics, to press on militarily."[23] Im Gegensatz dazu betont die WP

---

20 Drozdiak, William: „EC Envoys Agree on Recognition of Croatia, Slovenia next month; Compromise on Yugoslav Republic Follows 10-Hour Deadlock". In: *The Washington Post* 17.12.1991, S. 15.

21 Vogel, Steve: „Germany Recognizes New States; Slovenia, Croatia Must Accept Terms". In: *The Washington Post* 20.12.1991, S. 39.

22 Tagliabue, John: *Bold New Germany: No Longer Political 'Dwarf'*. (16.12.1991). http://www.nytimes.com/1991/12/16/world/bold-new-germany-no-longer-a-political-dwarf.html (13.08.2013).

23 Ibid.

die US-Position: „U.S. sources said that the Bush administration shares the annoyance here at Germany's insistence on going its own way, […].“[24] Die Autoren der WP bewerten den deutschen außenpolitischen Alleingang also negativer als die der NYT, was schon anhand einzelner Artikelüberschriften ablesbar ist, etwa „Germany's Europe“[25] und „Europeans' Balkan Stance Attests to Rising German Influencc“.[26]

Zusammenfassend lässt sich sagen, dass die NYT deutlich mehr Argumente für das deutsche Eingreifen anführt als die WP. Sie thematisiert den wachsenden deutschen Einfluss ebenso wie die WP, doch skizziert sie die historischen Beziehungen der Länder etwas fundierter. Beide Zeitungen zitieren deutsche Stellungnahmen, doch reduziert sich die WP in ihrer Argumentation auf die abstrakte politische Ebene. Das Interesse an der Thematik ist bei der NYT deutlich höher als bei der WP. Im Vergleich veröffentlicht die NYT in der genannten Woche quantitativ eine deutlich höhere Anzahl an Artikeln als die WP zum Jugoslawienzerfall. Die WP thematisiert den Konflikt ausschließlich im Rahmen der Debatte um die deutsche Anerkennungspolitik. Im Gegensatz dazu thematisiert die NYT den Konflikt umfassender und veröffentlicht sowohl Berichte über die politische Situation und Deutschlands Alleingang in der Anerkennungsfrage, als auch Berichte über individuelle Opfer aus dem Krisengebiet.

Daher versucht sie in ausführlicheren Spezialbeiträgen ihrer Leserschaft umfangreichere Hintergrundinformationen zu bieten. Im Rahmen dieser Beiträge bezieht sie teilweise klar Stellung und dämonisiert die Serben deutlich. Sie hebt die Unterschiede der beiden Völker hervor, indem sie Kroatien und Serbien erneut als eine kulturelle Ost-West- Grenze beschreibt:

> The border between Serbia and Croatia had been the dividing line between East and West for centuries. Serbs lived under the Turkish ottoman empire, practiced Orthodox religion and wrote in Cyrillic while Croats were primarily Catholic and rendered their common language in the Roman alphabet.[27]

In diesem Beitrag werden auch politische Experten zitiert, die die Serben als eine Volksgruppe beschreiben, welche man im Westen nicht verstehen würde:

---

24 Goshko, John M: „U.N. to Send Observers to Yugoslavia; Small Advance Team Could Prepare Way For Large Peace Force“. In: *The Washington Post* 16.12.1991, S. 1.

25 Evans, Rowland / Novak, Robert: „Germany's Europe“. In: *The Washington Post* 20.12.1991, S. 27.

26 Drozdiak, William: „European's Balkan Stance Attests to Rising German Influence“. In: *The Washington Post* 18.12.1991, S. 25.

27 Engelberg, Stephen: *Brutal Impasse: The Yugoslav War a Special Report; Yugoslav Ethnic Hatreds Raise Fears of a War Without an End.* (23.12.1991). http://www.nytimes.com/1991/12/23/world/brutal-impasse-yugoslav-war-special-report-yugoslav-ethnic-hatreds-raise-fears.html?pagewanted=all&src=pm (13.08.2013).

„No one in the West understands the Serbs [...] they have in their collective psyche certain characteristics, such as defiance, and an attitude that, if necessary we will take on the entire world.“[28] Solch eine Positionierung ist in der WP nicht zu finden, da diese nicht auf die einzelnen Akteure eingeht, sondern ihre Berichterstattung vielmehr nach der internationalen Diskussion um den Jugoslawienkonflikt ausrichtet, wodurch sich keine genauere Stellungnahme gegenüber den einzelnen innerstaatlichen Akteuren erkennen lässt. Die Redaktion der NYT hingegen eröffnet eine emotionale Ebene und macht ihrer Leserschaft den Krieg zugänglicher, indem sie durch Berichte von menschlichen Opfern und der genauen Beschreibung der militärischen Zerstörung eine plakative Berichterstattung produziert. Die Charakterisierung von Serben als böse ist fortlaufend zu finden, so beispielsweise durch Beschreibungen wie „drunken men in uniform“ oder „Serbian occupiers“, welche kroatische Dörfer plündern und die zivile Bevölkerung ermorden.[29] Die plakative Sprache könnte bei der Leserschaft dazu führen, sich leichter Meinung zu bilden und Emotionen und Empathie für die kroatische Seite zu stärken. Mit diesem Argument hätte auch eine mögliche US-Militärintervention gerechtfertigt werden können. Darüber hinaus wird der Konflikt zusätzlich auf amerikanischen Boden verlagert, indem die in den Vereinigten Staaten von Amerika lebenden kroatischen und serbischen Minderheiten in die Berichterstattung einbezogen werden. Es wird beschrieben, welche Formen der Konflikt in Chicago unter den dort lebenden beiden Minderheiten annimmt und auf welche Weise er ausgetragen wird. Auch gebürtige Amerikaner mit südosteuropäischen Wurzeln, welche nie „the passions that dominated earlier generations“[30] verstanden hätten, seien nun zusätzlich beeinflusst von den ethnischen Unterschieden, die von starken Hassgefühlen begleitet werden. Die Betonung der „two million Americans with origins in the warring Yugoslav republics“[31] baut die Distanz des Lesers zu dem Krieg ab, denn die ‚Betroffenen‘ sind somit Teil der amerikanischen Gesellschaft. Dies wird verstärkt durch Beschreibungen von Vandalismus an orthodoxen Kirchen mit kroatischer rechtsextremer Symbolik, zerstörtem Eigentum und Überfällen in öffentlichen Verkehrsmitteln, welche von beiden Seiten berichtet werden. In diesem Kontext

28 Ibid.

29 Engelberg, Stephen: *Villagers in Croatia Recount Massacre by Serbian Forces.* (19.12.1991). http://www.nytimes.com/1991/12/19/world/villagers-in-croatia-recount-massacre-by-serbian-forces.html (13.08.2013).

30 Burns, John F.: *Tumult Tearing Yugoslavia is echoed in Serbs and Croats of Chicago Area.* (17.12.1991). http://www.nytimes.com/1991/12/17/us/tumult-tearing-yugoslavia-is-echoed-in-serbs-and-croats-of-chicago-area.html?pagewanted=all&src=pm (13.08.2013).

31 Ibid.

thematisierte die NYT die kroatische Kritik an der amerikanischen Außenpolitik, denn Washington weigere sich, den Staat anzuerkennen: „Croatian Americans accuse Washington of a double standard for its readiness to recognize Ukraine and other breakaway republics, but not Croatia.“[32] Im Gegensatz dazu, kritisieren Serben die Medienberichterstattung: „pro-Croatian bias in the news media“.[33] Motiv für diese Form der Berichterstattung mithilfe von Interviews mit Betroffenen aus den USA, könnte der Versuch sein, den Konflikt inmitten der amerikanischen Gesellschaft stattfinden zu lassen, um indirekt für eine Intervention zu appellieren:

> Convinced that the United States can decisively affect the outcome, both sides have produced a blizzard of glossy pamphlets and impassioned statements aimed at persuading Washington to tilt one way or the other in the dispute.[34]

Der Vergleich der beiden Tageszeitungen zeigt das deutlich stärkere Interesse der NYT an der Krisenregion. In der NYT wird der Kriegsverlauf veranschaulicht und dessen Akteure deutlich in ‚Gut‘ und ‚Böse‘ eingeteilt, indem der Leserschaft unterbreitet wird, wer ‚Täter‘ und wer ‚Opfer‘ ist. Zusätzlich wird der Krieg dem Leser durch Opferberichte greifbarer gemacht: In Interviews schildern Betroffene, die entweder vor Ort oder in den USA leben, ihre individuellen Geschichten. Zusammenfassend lässt sich für den untersuchten Zeitraum Anfang Dezember 1991 sagen, dass die WP kontinuierlich auf der abstrakten politischen Ebene bleibt und dem Konflikt verhältnismäßig wenige Artikel widmet. Die genauen Motive für eine solche Berichterstattung in der WP können hier nicht abschließend bewertet werden. Ein Grund könnte aber darin gesehen werden, dass obwohl beide Printmedien ein hohes Interesse an internationaler Politik aufweisen, sich die Berichterstattung der WP vielmehr nach dem politischen Tagesgeschäft in Washington D.C. richtet und daher eher lokalen Charakter hat. Im Gegensatz dazu hat die NYT ein tendenziell höheres Interesse an internationalen, außenpolitischen Themen. Letztendlich äußerte sich die WP sachlich zum Zerfall Jugoslawiens, wohingegen die NYT für eine Parteinahme der US-Regierung appellierte.

2.2 Die Dayton-Friedensverhandlungen und die Clinton-Administration: Der Analysezeitraum 1995

Im Laufe der Kriegsjahre intensiviert sich die weltweite Berichterstattung insbesondere über den Krieg in Bosnien-Herzegowina. So weisen auch die beiden

32 Ibid.

33 Ibid.

34 Ibid.

hier zu analysierenden Tageszeitungen einen Anstieg in der Anzahl der Artikel auf. Dies begründet sich nicht zuletzt auch durch die tonangebende Rolle der US-Regierung unter Bill Clinton, welche in den Verhandlungen um den Bosnienkrieg die führende Rolle übernahm. Der zweite Analysezeitraum liegt in der Periode der Dayton-Friedensverhandlungen zwischen Kroatien, Bosnien-Herzegowina und Serbien in Ohio, USA. Die Debatte um den amerikanischen Truppenaufwand zur Friedenssicherung in Bosnien-Herzegowina mit dem Abschluss der Verhandlungen am 21. November 1995 nimmt einen großen Raum in der Berichterstattung beider Zeitungen ein.

In der NYT bleibt das durchgehend positive Bild über den Erfolg des Abkommens von Dayton konstant bestehen. Der Friedensvertrag wird als Erfolg der Vereinigten Staaten von Amerika gelobt. Die NYT betont, dass alle erfolgreichen diplomatischen Bemühungen von den USA ausgehen und diese als Hauptakteur in der Schlichtung des Bosnienkrieges bewertet werden können. So stellt die Zeitung am ersten Tag der Verhandlungen eine chronologische Gesamtanalyse des Konfliktes dar und erläutert die Zusammenhänge. Die USA, welche die Friedensverhandlungen erst vorangebracht haben, stehen laut NYT vor einem historischen Friedensvertrag.

> After four years of war that followed the disintegration of Communist Yugoslavia – and added „ethnic cleansing“ to the world's vocabulary of shame – the leaders of Bosnia, Serbia and Croatia are meeting at an Air Force base in Ohio today to begin hammering out a peace settlement.[35]
>
> […] the last three years have demonstrated that only the power of the United States commands the respect of all three sides in the war.[36]

Die WP stellt dagegen die Vor- und Nachteile des Abkommens von Dayton heraus und zeichnet ein kritischeres Bild unter der Artikelüberschrift: „Plan Legitimizes Years of 'Ethnic cleansing'; Accord Legitimizes Forced Relocation of Millions“.[37] Das Abkommen steht in der Kritik, da die Bosniaken, die faktisch die meisten Opfer beklagen und das größte Territorium verloren haben, gezwungen sind, 49 Prozent ihres Landes an die bosnischen Serben abzugeben. Damit seien alle ‚ethnischen Säuberungen‘ gerechtfertigt, sogar „belohnt“ und

---

35 The New York Times: *Conflict in the Balkans; The Search for Peace in the Balkans: A Primer.* (01.11.1995). http://www.nytimes.com/1995/11/01/world/conflict-in-the-balkans-the-search-for-peace-in-the-balkans-a-primer.html?pagewanted=all&src=pm (15.08.2013).

36 Cohen, Roger: *Balkan Accord: The Implications; An Imperfect Peace.* (22.11.1995). http://www.nytimes.com/1995/11/22/world/balkan-accord-the-implications-an-imperfect-peace.html (14.08.2013).

37 Pomfret, John: „Plan Legitimizes Years of 'Ethnic Cleansing'; Accord Legitimizes Forced Relocation of Millions“. In: *The Washington Post* 22.11.1995, S. 1.

legitimiert worden.[38] Die de-facto Teilung Bosnien-Herzegowinas würde Miloševićs Traum von einem Großserbien nur hinauszögern und langfristig dennoch ermöglichen, schreibt die WP. Damit kritisiert sie die Aussage eines US-Regierungsbeamten, welcher den Vertrag trotz der erzwungenen Landabgabe ironischerweise als „great deal" für die muslimische Bevölkerung in Bosnien bezeichnet.[39] Trotz dieser Kritik gesteht die WP dem Friedensabkommen von Dayton dennoch zu, es sei letztendlich „the only game in town".[40] Schließlich sei, laut WP, nicht das Abkommen für die ‚ethnischen Säuberungen' und die Teilung Bosniens verantwortlich, sondern der vier Jahre lang geführte Krieg.

Zwar werden auch in der NYT teils die Schwierigkeiten und potentiellen Gefahren eines ethnisch aufgeteilten Bosnien-Herzegowinas in zwei Entitäten, wie es das Abkommen vorsah, dargestellt[41], doch werden die Vor- und Nachteile zweier Entitäten, zweier Armeen und dreier Administrationen gegeneinander abgewogen und durch ein Zitat des US-amerikanischen Außenminister Warren Christopher deutlich die Vorteile hervorgehoben: „The agreement is a victory for all those who believe in a multi-ethnic democracy in Bosnia-Herzegowina."[42]

Die Berichterstattung über die Friedensverhandlungen wird in beiden Printmedien von der Diskussion über die Stationierung amerikanischer Truppen auf dem Territorium Bosnien-Herzegowinas dominiert. Bill Clinton setzte sich, auf Rat seines Sondergesandten Richard Holbrooke, für eine Stationierung von einer 20.000 Mann starken Truppe in Bosnien ein, mit dem Ziel, den Frieden im Land langfristig zu gewährleisten. Diese Debatte wird in beiden Zeitungen kontrovers diskutiert, nicht zuletzt aufgrund des hohen Kostenaufwandes, welcher der Zustimmung des Kongresses bedurfte. Daraus resultierend wird der Bosnienkrieg in der NYT so zu einem zentralen amerikanischen Anliegen gemacht, unterstützt durch Auszüge aus US-Präsident Clintons Rede und der redaktionellen Interpretation seiner Politik:

---

38 Hoagland, Jim: „The Only Game in Town". In: *The Washington Post* 23. November 1995, S. 23.

39 Die „bosnischen Muslime" werden in der jugoslawischen Verfassung erst ab dem Jahr 1963 als Volksgruppe anerkannt. Seit 1993 ist die offizielle Bezeichnung Bosniake (Bošnjak). Der Begriff Bosnier (Bosanac) steht für die geographische Herkunft aller Staatsbürger Bosnien-Herzegowinas. Cf. Richter, Solveig / Gavrić, Saša: „Das politische System Bosnien und Hercegovinas". In: Ismayr, Wolfgang (Hrsg.): *Die politischen Systeme Osteuropas*. Verlag für Sozialwissenschaften: Wiesbaden 2010, S. 837-895. Hier: S. 839.

40 Hoagland, Jim: „Only Game in Town".

41 Cohen, Roger: *Balkan Accord*.

42 Ibid.

> The central fact for us as Americans is this [...] Our values, our interests and our leadership all over the world are at stake. May God bless the peace and the United States."[43]

> Americans can take justified pride in Washington's role in bringing about a settlement. [...] It is up to Mr. Clinton to be as persuasive to the American people as his diplomats proved to be with the Balkan leaders.[44]

Im Gegensatz fällt die Debatte differenzierter in der WP aus, da hier Meinungsäußerungen der Bevölkerung und einiger Kongressabgeordneter berücksichtigt werden:

> We should keep out of it, [...]. These people have been fighting over there for a thousand years, and they are likely to go on fighting. Our troops would be under U.N. command, which is a bunch of garbage.[45]

> When I think about Bosnia, what sticks in my mind is what they used to say about Nazi Germany: Never again, [...]. Well, it is happening all over again, and nobody is doing anything about it. I think we have a duty to help stop this war, if it is in our power to do so.[46]

Die NYT unterstreicht die Bemühungen des Präsidenten, den Kongress davon zu überzeugen, dass eine Truppenstationierung unvermeidbar sei, um einen langfristigen Frieden in Bosnien zu gewährleisten. Dabei bezieht sie sich auf den grausamen Krieg und verwendet dafür häufig unterschiedliche Beschreibungen, wie beispielsweise „ethnic cleansing"[47] und „worst conflict in Europe since World War II"[48]. Die Gefahr besteht, dass bei der Leserschaft hierdurch starke Emotionen hervorgerufen und Assoziationen an die nationalsozialistischen Gräueltaten provoziert werden, wodurch indirekt für eine Parteinahme appelliert wird. Eine häufige Verwendung dieser Begriffe lässt die Vermutung zu, dass auf diese Weise die Akzeptanz für den Einsatz amerikanischer Bodentruppen im Rahmen der Nato in Bosnien-Herzegowina gesteigert werden soll.

Auch die innerstaatlichen Akteure, die Kroaten, Bosniaken und Serben, werden im Rahmen der Diskussion um die Stationierung amerikanischer Trup-

---

43 The New York Times: *Balkan Accord; Clinton's Words: 'The Promise of Peace'.* (22.11.1995). http://www.nytimes.com/1995/11/22/world/balkan-accord-clinton-s-words-the-promise-of-peace.html (14.08.2013).

44 The New York Times: „Peace in Bosnia". In: *The New York Times* 22. November 1995.

45 Dobbs, Michael: „Dayton, Like the Nation, Is Split Over Sending Troops to Bosnia". In: *The Washington Post* 3. November 1995, S. 27.

46 Ibid.

47 Engelberg, Stephen: *Panel Seeks U.S. Pledge on Bosnia War Criminals.* (03.11.1995). http://www.nytimes.com/1995/11/03/world/panel-seeks-us-pledge-on-bosnia-war-criminals.html (22.11.2013).

48 The New York Times: *Balkan Accord.*

pen und den Erfolg des Friedensabkommens kontrovers diskutiert. So werden für alle Gruppierungen gewisse Stereotype konstruiert. Beide Tageszeitungen halten fast kontinuierlich das Bild der serbischen ‚Täter' und der bosniakischen ‚Opfer' aufrecht. Die WP wagt es an einer einzigen Stelle, Menschenrechtsverletzungen, die von bosniakischer Seite ausgeführt wurden, zu thematisieren, und rührt so an die Unantastbarkeit der Bosniaken.

> But even the Muslims have not escaped criticism. Human rights groups have documented cases of the mistreatment of detainees and beating of prisoners, as well as some summary executions, by Bosnian government commando units. The Bosnian government has been skillful at preserving and exploiting its „victim" image.[49]

Bei der NYT war in dem untersuchten Analysezeitraum keine Kritik an den Bosniaken zu finden. Grund für die starke Viktimisierung des bosniakischen Volkes sind die vielen grausamen Verbrechen, die ihm angetan wurden, zumal die Bosniaken die meisten Opfer zu beklagen haben und auch die Friedensgespräche in Dayton von Berichten über Massaker an der muslimischen Bevölkerung überschattet wurden. Deshalb bleibt für die Printmedien in diesem Krieg Milošević der Hauptagressor. In der WP heißt es dazu: „Milošević was the architect of war."[50] Auch die NYT schreibt: „[Milošević, ID] […] has been blamed more than anyone else for the violence that has wracked the Balkans."[51] Im Gegensatz dazu wandelt sich die Rolle der Kroaten vom ‚Opfer' zum ‚Täter'. Kroaten fluktuieren im Laufe des Krieges insbesondere immer dann zu der Kategorie der ‚Täter', wenn sie in militärischen Auseinandersetzungen mit Bosniaken standen.

Die Viktimisierung von bestimmten Volksgruppen vereinfacht das Verständnis für den Konflikt und fördert letztendlich die Akzeptanz der außenpolitischen Weichenstellungen der eigenen Regierung. Sowohl die NYT, als auch die WP haben notwendigerweise aus Platzmangel den Krieg vereinfacht dargestellt und Stereotype entwickelt. Es kann abschließend festgehalten werden, dass die WP, im zweiten Analysezeitraum 1995, zwar intensiv über den Konflikt berichtet hat, doch nach wie vor die Berichterstattung verstärkt auf die amerikanische Innenpolitik ausgerichtet hat. Die WP beschäftigt sich als Presseorgan der amerikanischen Hauptstadt primär mit dem politischen Tagesgeschäft in Washington D.C. Deshalb fokussiert sich ihre Berichterstattung so beispielsweise im Jahre 1995 auf den Einsatz amerikanischer Truppen in Bosnien-Herzegowina und geht

49 Dobbs, Michael: „New Talks on an Old Agenda: Bosnia's Future; Leaders of Serbia, Croatia Meet Today With President of Land They Covet". In: *The Washington Post* 01.11.1995, S. 1.

50 Ibid.

51 The New York Times: *Conflict in the Balkans.*

stärker auf das innenpolitische Verhältnis zwischen Weißem Haus und amerikanischem Kongress ein, da Präsident Clinton die hohen Kosten des Truppenaufgebotes in Bosnien-Herzegowina vor dem amerikanischen Kongress rechtfertigen musste. Zwar diskutiert dies auch die NYT, doch bezieht sie sich immer wieder auf weitere Massaker in Bosnien-Herzegowina und die Verbrechen während der Belagerung von Sarajevo. Die innenpolitische Debatte über den Kostenaufwand einer Truppenstationierung in Bosnien-Herzegowina unterstreicht die NYT mittels emotionalisierender Berichte über Kriegsopfer, in denen sie alltägliche Situationen aus dem zerbombten Sarajevo schildert. Es kann die Vermutung aufgestellt werden, dass die häufige Darstellung von Flüchtlingen und Kriegsbetroffenen vorrangig der Legitimation der amerikanischen Intervention dient. Folglich kann die Erschaffung von ‚Opferrollen' und diverser Stereotype durchaus als eine unterstützende Berichterstattung der Regierung gesehen werden. Sie dienen der Regierung als Legitimation einer humanitären Intervention oder einer Truppenstationierung, wie in diesem Fall geschildert. Wenn in der Bevölkerung ein Mitgefühl geschaffen wird, folgt auch die Akzeptanz für eine Intervention und die damit verbundenen Kosten. Beide Printmedien verdeutlichen gerade durch ihre Bewertung des Friedensabkommens von Dayton, welche Position sie zu der aktuellen Regierung haben. So kann diesbezüglich festgehalten werden, dass die NYT den Dayton-Vertrag in einer positiveren Weise darstellt als die WP.

3. Fazit

Ziel der vorliegenden Analyse war es, die Berichterstattung über die Kriege im ehemaligen Jugoslawien anhand zweier großer amerikanischer Printmedien zu durchleuchten. Medien tragen eine große Verantwortung, da die Leser aufgrund der Distanz zu vielen Ereignissen auf die Informationen aus den Medien stark angewiesen sind. Der Einfluss der beiden hier untersuchten Printmedien ist auch auf politischer Ebene unbestritten: „[M]ost members of Congress (and their staff) rely on a few specialized and prestige media, espescially the Washington Post and the New York Times, for most of their information about the state of the world."[52] Die NYT und WP waren für politische Entscheidungsträger und die Bevölkerung in den Vereinigten Staaten wichtige Informationsquellen.

Es lässt sich für beide Analysezeiträume (1991/1995) die Vermutung aufstellen, dass der Krieg im ehemaligen Jugoslawien für die innenpolitischen

---

52 Elfenbein, Stefan: *Die veränderte Rolle der New York Times, Einfluß in Politik, Wirtschaft und Gesellschaft seit Veröffentlichung der Pentagon Papers*. Peter Lang: Frankfurt am Main 1996, S. 148.

Kräftekonstellationen der konkurierenden Parteien der Demokraten und der Republikaner instrumentalisiert wurde. Eine offene politische Stellungnahme der Medien gegenüber der Politik ist in der Berichterstattung klar erkennbar, es finden sich sowohl unterstützende als auch kritische Positionen zu den Handlungen der jeweiligen Regierung. Dennoch ist der hier untersuchte Analysezeitraum zu kurz, um eindeutig zu bewerten, wie stark der Einfluss der Medien auf den strategischen außenpolitischen Wechsel der Clinton Administration einzuschätzen ist.

Darüber hinaus lässt sich festhalten, dass die Positionen der US-Regierung zu Krisenregionen durch die Konstruierung von klaren Opfer-Täter-Bildern, verständlicher und zugänglicher gemacht werden. Auf diese Weise fällt es dem Leser leichter, für eine Seite Partei zu ergreifen. Sprache wird bewusst eingesetzt, um diese Stereotype zu erzeugen. In beiden Tageszeitungen werden vor allem aussagekräftige Stereotype und Schwarz-Weiß-Muster von innerstaatlichen Akteuren (Bosniaken, Kroaten, Serben) konstruiert. Doch während die WP in beiden untersuchten Analysezeiträumen ihre Berichterstattung sachlicher ausrichtet und den Konflikt und die damit verbundenen Kriegsverbrechen im Rahmen von internationaler Politik thematisiert, nimmt die Redaktion der NYT deutlich stärkeren Bezug auf die einzelnen Opfer des Krieges. Die Gesamtanalyse zeigt, dass dies nicht bedeutet, dass die NYT ausschließlich plakativ und emotional über Opfer von Kriegsverbrechen berichtet hat, denn auch in der NYT sind diplomatische Friedensbemühungen kontrovers diskutiert worden. Doch ist auffällig, dass die WP im Vergleich quantitativ weniger über die Kriege im ehemaligen Jugoslawien berichtet und sich in ihrer Berichterstattung fast ausschließlich auf das politische Geschehen in beiden Analysezeiträumen konzentriert – auf die Opfer geht sie dabei kaum oder gar nicht ein.

Letztendlich soll dies nicht bedeuten, dass sich Medien ausschließlich auf die sachliche Wiedergabe von Informationen beschränken müssen. Sie dürfen und können Verbrechen und deren Urheber beim Namen nennen und Opfern eine Stimme geben. Dennoch zeigt sich, dass die verantwortungsvolle Aufgabe der Medienberichterstattung, politisch hoch brisante Informationen zu vermitteln, die Gefahr bergen kann, Schwarzweißmuster zu produzieren, zu perpetuieren und ganze Volksgruppen zu stigmatisieren.

Literatur

Almond, Mark: „Dayton und die Neugestaltung Bosnien-Herzegowinas". In: Melcic, Dunja (Hrsg.): *Der Jugoslawien-Krieg. Handbuch zu Vorgeschichte, Verlauf und Konsequenzen.* Verlag für Sozialwissenschaften: Opladen / Wiesbaden 2007, S. 439-451.

Burns, John F.: *Tumult Tearing Yugoslavia is echoed in Serbs and Croats of Chicago Area.* (17.12.1991). http://www.nytimes.com/1991/12/17/us/tumult-tearing-yugoslavia-is-echoed-in-serbs-and-croats-of-chicago-area.html?pagewanted=all&src=pm (14.08.2013).

Cohen, Roger: *Balkan Accord: The Implications; An Imperfect Peace.* (22.11.1995). http://www.nytimes.com/1995/11/22/world/balkan-accord-the-implications-an-imperfect-peace.html (14.08.2013).

Dobbs, Michael: „Dayton, Like the Nation, Is Split Over Sending Troops to Bosnia". In: *The Washington Post* 03.11.1995, S. 27.

Dobbs, Michael: „New Talks on an Old Agenda: Bosnia's Future; Leaders of Serbia, Croatia Meet Today With President of Land They Covet". In: *The Washington Post* 01.11.1995, S. 1.

Drozdiak, William: „EC Envoys Agree on Recognition Of Croatia, Slovenia Next Month; Compromise on Yugoslav Republics Follows 10-Hour-Deadlock". In: *The Washington Post* 17.12.1991, S. 15.

Drozdiak, William: „European's Balkan Stance Attests to Rising German Influence". In: *The Washington Post* 18.12.1991, S. 25.

Elfenbein, Stefan: *Die veränderte Rolle der New York Times. Einfluß in Politik, Wirtschaft und Gesellschaft seit Veröffentlichung der Pentagon Papers.* Peter Lang: Frankfurt am Main 1996.

Engelberg, Stephen: *Brutal Impasse: The Yugoslav War a Special Report; Yugoslav Ethnic Hatreds Raise Fears of a War Without an End.* (23.12.1991). http://www.nytimes.com/1991/12/23/world/brutal-impasse-yugoslav-war-special-report-yugoslav-ethnic-hatreds-raise-fears.html?pagewanted=all&src=pm (13.08.2013).

Engelberg, Stephen: *Panel Seeks U.S. Pledge on Bosnia War Criminals.* (03.11.1995). http://www.nytimes.com/1995/11/03/world/panel-seeks-us-pledge-on-bosnia-war-criminals.html (22.11.2013).

Engelberg, Stephen: *Villagers in Croatia Recount Massacre by Serbian Forces.* (19.12.1991). http://www.nytimes.com/1991/12/19/world/villagers-in-croatia-recount-massacre-by-serbian-forces.html (13.08.2013).

Evans, Rowland / Novak, Robert: „Germany's Europe". In: *The Washington Post* 20.12.1991, S. 27.

Foreign Policy: „Clinton's Foreign Policy". In: *Foreign Policy* (121), 2000, S. 18-29.

Friedman, Thomas L.: *The World: It's Harder Now to Figure Out Compelling National Interests.* (31.05.1992). http://www.nytimes.com/1992/05/31/weekinreview/the-world-it-s-harder-now-to-figure-out-compelling-national-interests.html (12.08.2013).

Goshko, John M.: „U.N. to Send Observers to Yugoslavia; Small Advance Team Could Prepare Way For Large Peace Force". In: *The Washington Post* 16.12.1991, S.1.

Hacke, Christian: *Zur Weltmacht verdammt. Die amerikanische Außenpolitik von J.F. Kennedy bis G.W. Bush.* Ullstein: München 2002.

Hoagland, Jim: „The Only Game in Town". In: *The Washington Post* 23. November 1995, S. 23.

Holbrooke, Richard: *Meine Mission. Vom Krieg zum Frieden in Bosnien.* Piper: München 1998.

Keller, Patrick: *Neokonservatismus und amerikanische Außenpolitik. Ideen, Krieg und Strategie von Ronald Reagan bis George W. Bush.* Ferdinand Schöningh: Paderborn 2008.

Lewis, Anthony: *Abroad at Home; The Killing Goes on.* (20.12.1991). http://www.nytimes.com/1991/12/20/opinion/abroad-at-home-the-killing-goes-on.html (13.08.2013).

Pomfret, John: „Plan Legitimizes Years of 'Ethnic Cleansing'; Accord Legitimizes Forced Relocation of Millions". In: *The Washington Post* 22.11.1995, S. 1.

Richter, Solveig / Gavrić, Saša: „Das politische System Bosnien und Hercegovinas". In: Ismayr, Wolfgang (Hrsg.): *Die politischen Systeme Osteuropas*. Verlag für Sozialwissenschaften: Wiesbaden 2010, S. 837-895.

Schwabe, Klaus: *Weltmacht und Weltordnung. Amerikanische Außenpolitik von 1898 bis zur Gegenwart. Eine Jahrhundertgeschichte*. Ferdinand Schöningh: Paderborn 2006.

Tagliabue, John: *Bold New Germany: No Longer Political 'Dwarf'.* (16.12.1991). http://www.nytimes.com/1991/12/16/world/bold-new-germany-no-longer-a-political-dwarf.html (13.08.2013).

The New York Times: *Conflict in the Balkans; The Search for Peace in the Balkans: A Primer.* (01.11.1995). http://www.nytimes.com/1995/11/01/world/conflict-in-the-balkans-the-search-for-peace-in-the-balkans-a-primer.html?pagewanted=all&src=pm (15.08.2013).

The New York Times: *Balkan Accord; Clinton's Words: ‚The Promise of Peace'.* (22.11.1995). http://www.nytimes.com/1995/11/22/world/balkan-accord-clinton-s-words-the-promise-of-peace.html (14.08.2013).

The New York Times: „Peace in Bosnia". *The New York Times* 22. November 1995.

The New York Times-Company: *New York Times Media Kit.* (kein Veröffentlichungsdatum). http://nytmarketing.whsites.net/mediakit/newspaper/ (05.08.2013).

The Washington Post: *Audience.* (kein Veröffentlichungsdatum). http://www.washingtonpostads.com/audience. (05.08.2013).

Vogel, Steve: „Germany Recognizes New States; Slovenia, Croatia Must Accept Terms". In: *The Washington Post* 20.12.1991, S. 39.

Woyke, Wichard: *Handwörterbuch Internationale Politik.* Bundeszentrale für politische Bildung: Bonn 2008.

Zakošek, Tomislav / Maršić, Nenad: „Das politische System Kroatiens". In: Ismayr, Wolfgang (Hrsg.): *Die politischen Systeme Osteuropas*, S. 773-835.

Ivana Drmić / Grischka Grauert

„Meine Sache ist es, zu verstehen." Interview mit Dževad Karahasan

Dževad Karahasan (1953 in Duvno, Bosnien-Herzegowina, geboren) ist Schriftsteller, Dramatiker und Essayist. Nachdem er in Duvno das Gymnasium absolviert hatte, studierte er in Sarajevo Literatur- und Theaterwissenschaften. Die Promotion erfolgte an der Philosophischen Fakultät in Zagreb. Mit seinen Romanen *Tagebuch der Aussiedlung* und *Sara und Serafina,* in welchen die Belagerung Sarajevos eine zentrale Rolle spielt, feierte Karahasan erste literarische Erfolge. 2003 erhielt er den Leipziger Buchpreis zur Europäischen Verständigung. Weitere Auszeichnungen, wie die Goethe-Medaille und die Ehrengabe der Heinrich-Heine-Gesellschaft, folgten. Dževad Karahasan lebt in Graz und Sarajevo.

Drmić / Grauert: *Was fällt Ihnen zunächst zu dem Stichwort „Den Haag" ein? Kann man Den Haag und den dortigen Internationalen Strafgerichtshof für das ehemalige Jugoslawien als einen Erinnerungsort bezeichnen? Ist das Tribunal eine symbolische Bühne für die jugoslawischen Nachfolgestaaten?*

Karahasan: Das ist eine gute Frage. In der Aischylos-Trilogie „Orestie" spielt ein Tribunal, ein Gerichtshof, zum ersten Mal in der europäischen Geschichte eine wichtige kulturelle Rolle. Im dritten Teil dieser Trilogie, *Eumeniden*, wird eine Gerichtsverhandlung dargestellt. Der Prozess um Orestes Rachemord handelt von der Verwandlung der Erinien (Rächerinnen) in Eumeniden (die Milden), welche das Milde und das Versöhnende schaffen und einsetzen wollen. Insofern könnte man auch das Tribunal in Den Haag als einen kulturellen Topos betrachten und das in vielerlei Hinsicht. Den Haag ist die einzige Stadt, der einzige Ort der Erde, wo es noch ein bisschen Jugoslawien gibt. In Den Haag funktioniert Jugoslawien bestens. Beschuldigte aus Serbien, Kroatien und Bosnien verstehen sich dort glänzend. Beispielsweise bewirten sie sich gegenseitig. Der einzige Ort der Welt, in dem die Sprache der Südslawen als BKS, als Bosno-Kroato-Serbisch, bezeichnet wird, ist Den Haag. Vor ein paar Jahren nannte ich bei einer öffentlichen Veranstaltung meine Sprache BKS und eine junge Dame sagte mit einem kleinen Vorwurf in der Stimme: „Sie haben Ihre Sprache sehr merkwürdig benannt." Ich habe geantwortet: „So wird diese Sprache in der Hauptstadt Jugoslawiens, nämlich in Den Haag, genannt." Den Haag könnte man als einen wichtigen kulturellen Topos auch in einer weiteren Hinsicht sehen: Nur in dieser Stadt und an diesem Ort bemüht man sich relativ neutral und vernünftig darum, alle Gräueltaten zu benennen, zu behandeln und zu thematisieren. In Bosnien schweigt man am liebsten über den Krieg. Man will ihn vergessen. Man will, soweit es überhaupt geht, das Verpasste vom Leben nachholen. In Kroatien und Serbien wird der Krieg entweder mit einem gewissen Unbehagen oder mit Rachelust oder wie auch immer beschrieben. Und so wird der Krieg entweder voreingenommen erwähnt oder am liebsten verschwiegen, totgeschwiegen. Nur in Den Haag ist offensichtlich die Mühe vorhanden, den Krieg, soweit es geht, neutral, objektiv und sachlich zu thematisieren. Insoweit könnte man Den Haag quasi als einen symbolischen Ort, als einen kulturellen Topos betrachten.

Drmić / Grauert: *Sie spielen auf die unterschiedliche öffentliche Wahrnehmung des Kriegsverbrechertribunals in Serbien, Bosnien und Kroatien an.*

Karahasan: Ja. Es kommt immer auf das konkrete Urteil an. Wenn kroatische Generäle freigesprochen werden, wird in Kroatien das Haager Tribunal als objektiv dargestellt, in Serbien wird es am schärfsten verurteilt. Wenn serbische Generäle verurteilt werden, dann sowieso. Wenn serbische Generäle freigesprochen werden, wird sowohl in Bosnien als auch in Kroatien das Kriegsverbrechertribunal verurteilt. Das versteht sich von selbst.

Drmić / Grauert: *Fördert diese Diskussion über die Arbeit des Kriegsverbrechertribunals dennoch die Auseinandersetzung mit den Gräueltaten und die Vergangenheitsbewältigung?*

Karahasan: Schauen Sie, die bosnischen Franziskaner haben eine sehr gute Formulierung zu Stande gebracht: Was nur im Gedächtnis vorhanden ist, verschwindet. Nur was aufgeschrieben wird, bleibt. Für mich als Schriftsteller ist das Haager Tribunal sehr wichtig, weil ich an das Wort glaube. Ich glaube wirklich an das Wort. Für mich steht fest, dass das Wort eine ungeheure Kraft besitzt und eine extreme Bedeutung hat. Das Tribunal ist wichtig, weil dort alle Gräueltaten benannt werden, alles Geschehene wird dort formuliert. Selbstverständlich hat das Wort eine langsame Wirkung, so wie die Literatur, wie Bücher. Das Wort braucht Jahre, Jahrzehnte, aber Hauptsache, es wird formuliert, ausgesprochen und notiert. Insofern ist die Frage, ob es dieses Tribunal geben soll oder nicht, für mich absolut unsinnig. Es muss ein Tribunal geben. Selbstverständlich kann das Tribunal weder völlig gerecht, noch sonst wie vollkommen sein. Nichts Menschliches ist vollkommen, aber es besteht für mich kein Zweifel, dass es so etwas geben muss.

Drmić / Grauert: *Sie sprechen von der Macht des Wortes. Inwieweit ist das Wort denn nicht immer auch dehnbar, relativierbar? Haben Sie beispielsweise den Eindruck, dass die Medien, die bosnischen, kroatischen oder serbischen Zeitungen, das in Den Haag gesprochene Wort auch verdrehen?*

Karahasan: Ja, selbstverständlich. Aber alles Wichtige, alles Bedeutende kann man missbrauchen. Auch den lieben Gott kann man in Frage stellen, ihm sogar die Existenz absprechen. Auch mit der Wahrheit könnte man das tun. Aber die Möglichkeit, das Wort zu missbrauchen, zu verdrehen, beweist nur seine Wichtigkeit, seine Bedeutung. Alles, was sich in der Geschichte abgespielt hat, wurde zunächst formuliert. Alles geschieht zuerst einmal in der Sprache und erst danach in der Wirklichkeit. Auch die Kriege auf dem Balkan sind zuerst aufgeschrieben worden. Die haben sich zuerst in der Sprache abgespielt. Selbstverständlich ist das Wort, ich würde behaupten, das wichtigste Mittel für die Erschaffung kriegsähnlicher Zustände, die sich danach sozusagen von selbst zum Krieg entwickeln. Das steht außer Frage.

Drmić / Grauert: *Die Schriftstellerin Slavenka Drakulić hat das Tribunal auch literarisch thematisiert. Würden Sie das Tribunal in Ihren Werken oder in einem Theaterstück darstellen wollen?*

Karahasan: Das Thema passt in meine Poetik nicht hinein. Allerdings sind Gerichtsverhandlungen im europäischen Drama eine sehr beliebte Form, es gibt auch „Prozessstück" als Terminus, was besagt, wie oft die Gerichtsverhandlung als dramatische bzw. theatralische Form vorkommt. Zum ersten Mal finden wir diese Form im schon erwähnten Stück „Orestie" von Aischylos. Auch im Büchner'schen Stück „Dantons Tod" vermischen sich Parlament und Gericht als para-theatralische Formen, denn die parlamentarische Sitzung, und noch offensichtlicher die Gerichtsverhandlung, ist schon an sich eine theatralische Form, eine dramatische Form. Für mich persönlich käme so etwas nicht in Frage, weil meine Poetik um eine Balance zwischen der inneren und der äußeren Perspektive bemüht ist. Für mich ist es extrem wichtig, eine Figur auch in der intimen Sphäre des Lebens, von innen heraus, zu bestimmen und darzustellen. Ein Gericht muss sich auf das Äußere beschränken. Insofern ist für mich die Gerichtsverhandlung keine passende Form. Aber ich zweifle überhaupt nicht daran, dass demnächst mehrere solcher Stücke, vielleicht auch Filme, entstehen werden.

Drmić / Grauert: *Eine Frage zur inneren und äußeren Perspektive bei Ihren Romanfiguren: Ich habe den Eindruck, dass die Diskussion um diesen Krieg immer sehr schwierig ist, denn es gibt die innere Perspektive von Beteiligten und die äußere Perspektive von Menschen, die an diesen Diskussionen teilhaben* *möchten. Das beschreiben Sie in einigen Ihrer Bücher auch sehr gut, wenn ausländische Journalisten beispielsweise nach Sarajevo kommen und dann einen ganz anderen Blick auf diesen Konflikt haben. Sie sehen die Dinge gerne schwarz-weiß und haben ein eindeutiges Opfer-Täter-Bild. Herr Karahasan, wurde Ihrer Meinung nach in den ausländischen Medien zu einseitig berichtet? Wie würden Sie das Problem der Perspektivierung im Hinblick auf die Medien beschreiben?*

Karahasan: Gute Frage. Medien vereinfachen die Sache notwendigerweise. Eine Zeitung, ein Radiosender, ein Fernsehsender hat zwei Minuten oder eine halbe Seite. Da kann man nicht wirklich nuancieren, sich um Genauigkeit bemühen. Man braucht eine klare Verteilung von Rollen, man braucht einfache Formen. Man vereinfacht. Ich habe schon damals im Krieg meine Probleme mit der Rhetorik der westlichen Kultur gehabt. Im Westen wird Neutralität nämlich als objektiv bezeichnet. Objektivität sei ausschließlich eine Außensicht der Dinge. Das stimmt nicht! Die Außensicht der Dinge bleibt die Außensicht der Dinge. Das ist die Sicht aus der äußeren Perspektive. Objektivität wäre eine gut balancierte Kombination aus der äußeren *und* der inneren Perspektive. Objektivität muss auch die innere Sicht der Dinge einschließen. Für Westler ist Objektivität gleich Neutralität. Nur was von Außen gesehen wird, wird objektiv dargestellt. Das ist doch Quatsch! Die Polizei hat über mich viel mehr Informationen als meine Frau und ich schwöre, dass mich meine Frau wesentlich besser kennt als die Polizei. Literatur, so wie ich die Literatur verstehe, muss diese beiden Sichtweisen immer kombinieren. Das war mein eigentliches Problem mit den Medien und ihrer Darstellung der Ereignisse auf dem Balkan. Zum einen dieses Bestehen auf der äußeren Perspektive und zum anderen diese Vereinfachungen. Für mich ist die Vereinfachung an sich ein großes Problem. Es gibt eine schöne Passage im Essay „Sommer" von Albert Camus. Ein Mann fragt eine Frau: „Haben Sie dieses Kind zur Welt gebracht?" Und die Frau antwortet: „Ja, habe ich." „Sie sind also seine Mutter?" „Ja, aber es ist nicht so einfach, mein Lieber!" Nichts ist so einfach wie wir es gerne hätten. Ich will kein schlechtes Wort über Journalisten, Medien etc. gesagt haben, eine Zeitung oder ein Fernsehsender muss in einem 2-Minuten-Bericht vereinfachen. Aber *ich* habe ein Problem damit.

Drmić / Grauert: *Kann man sagen, dass der Unterschied zwischen Ihnen als Schriftsteller und einem Journalisten darin liegt, dass Sie die Möglichkeit haben, die Ambivalenzen der Figuren und auch der Welt offenzulegen?*

Karahasan: Ganz genau. Das ist der wesentliche Unterschied zwischen Journalismus und Literatur. Der Schriftsteller, so wie ich ihn verstehe, ist ein Zuhörer, ein Zeuge, weder Richter noch Staatsanwalt, noch irgendeine andere gerichtsmäßige Figur. Ich versuche auch den schlimmsten Verbrecher zu Wort kommen zu lassen. Seine Sicht der Dinge darzustellen. So war es auch im Theater im klassischen Zeitalter. Der große Stanislawski lehrte seine Schauspieler immer: „Wenn du einen Verbrecher darstellen musst, suche die Stelle, wo er gut ist!" Nur durch Kontraste, nur durch Schattierungen, gewinnt die Figur ihre Genauigkeit. Keiner von uns ist nur Engel oder nur Teufel. Damit wir uns bitte richtig verstehen: Ich will keine Verbrecher rechtfertigen! Ich will nicht relativieren! Ich will nicht, Gott behüte, Massaker gutheißen. Nein, ich will nur Genauigkeit! Ich will die Komplexität unserer Welt, unserer Wirklichkeit bewahren. Die Dinge sind nun mal komplex. Schwarz-weiß ist unsere Welt nicht. Und wenn wir dem schlimmsten Mörder menschliche Dimension zugestehen, haben wir ihn nicht freigesprochen, haben wir ihn nicht von seinen Verbrechen losgesagt, haben wir nicht seine Verbrechen relativiert. Aber wir haben als Zuseher, Zeuge, Zuhörer möglich gemacht, ein klein wenig auch seine Sicht der Dinge zu erahnen, zu verstehen. Er bleibt ein Verbrecher, er bleibt ein Mörder. Aber es geht darum, dass auch wir etwas verstehen. Denn der wesentliche Unterschied zwischen einem Richter und einem Schriftsteller ist, dass der Schriftsteller sich um das Verstehen bemüht. Meine Sache ist es, zu verstehen. Die Aufgabe eines Richters ist es, zu verurteilen. Mag er es tun! Aber ich muss verstehen!

Drmić / Grauert: *Wenn Sie sich mit einer Figur auseinandersetzen, die wirklich böse ist, beispielsweise im Falle eines Kriegsverbrechers, der ein Massenmörder ist, inwiefern bemerken Sie als Schriftsteller die Lust in sich, diesen Jemand doch zu verurteilen und ihn nicht ambivalent zu betrachten?*

Karahasan: Die Antwort auf Ihre Frage ist zugleich die Antwort auf eine andere mögliche Frage: Warum habe ich elf Jahre lang am Roman „Der nächtliche Rat" gearbeitet? Die ersten Notizen für dieses Buch sind im Oktober 1994 entstanden. Das Manuskript habe ich Ende Februar 2005 meiner Übersetzerin gegeben. Elf Jahre lang habe ich mich mit meinen Figuren, mit den Geschehnissen abgemüht, weil ich meine Lust, meinen Wunsch, etwas zu tun, mein Bedürfnis, zu schreien, abwürgen musste. Denn ästhetische Emotion ist eben objektiv, eine Mischung aus persönlichen, inneren und äußeren ... Ein Buch darf nicht von meinen Emotionen, von meinen Gefühlen leben. Es müssen Gefühle, Emotionen der einzelnen Figuren sein. Oder eben eine objektive Emotion, die auch meine Leser ansprechen kann. Und ob ich diese Lust empfinde und ob ich gelegentlich schreien würde, gehört nicht zu meiner Arbeit, zu meinen Aufgaben, wie ich diese Aufgaben verstehe.

Drmić / Grauert: *In Ihrem Essayband „Die Schatten der Städte" erzählen Sie von Ihrer Mutter, die Ihnen ein ganz besonderes Konzept vom Hausputz mit auf den Lebensweg gegeben hat: Es sei besonders wichtig, hinter den Schränken und unter dem Teppich sauberzumachen, die oberflächliche Ordnung könne dagegen getrost vernachlässigt werden. Lässt sich dieses Prinzip auch auf Ihr Arbeiten als Schriftsteller übertragen? Anders gefragt, inwiefern interessieren Sie sich als ein Architekt virtueller Räume, Orte und Häuser für die verborgenen Ecken und Winkel, die Stellen unter dem Teppich?*

Karahasan: Darin erkenne ich zwei, wenn nicht drei Fragen. Die erste betrifft den Zusammenhang von Literatur und Architektur. Der Roman, die klassische Erzählung ist immer Komposition und Architektur. Für dieses Thema würde ich Ihnen gern den wunderbaren russischen Theoretiker und Kulturphilosophen Michail Bachtin empfehlen. Einen Roman muss man auch architektonisch betrachten, denn wie jeder Text ist er eine Komposition. Die metatextuelle Ebene eines Romans muss architektonisch behandelt werden. Wie beim Bau eines Hauses muss die Masse gleichmäßig angeordnet werden, man muss Räume schaffen, wie Sie sagten, virtuelle, aber sichtbare, mit etwas Phantasie sehr wohl darstellbare Räume. Man muss Ambiente schaffen: Wenn Sie Ihre Figuren etwa auf einer Straße oder über einen Marktplatz spazieren lassen, wo sie sehr intim über Liebe sprechen, erzeugen Sie damit eine bestimmte Bedeutung. Sie müssen dem Leser irgendwie klarmachen, wieso die Figuren ausgerechnet auf einem belebten Marktplatz so intim über Liebe reden. Ambiente und Räume charakterisieren Figuren und Handlung. Insofern ist ein Roman unzertrennlich mit der Architektur verbunden. Die zweite Frage, die ich in Ihrer Frage erkannt habe, ist die Frage nach dem Empfinden *einzelner* Räume. Für mich ist Kunst die aufgehaltene, um nicht zu sagen, die aufgefangene Zeit: Das in einem Kunstwerk Dargestellte soll man nicht auf den ersten Blick, lieber auf den zweiten, noch lieber auf den dritten Blick verstehen, begreifen – deshalb ist für mich die Putz-Philosophie meiner Mutter so wichtig. Was auf den ersten Blick hin sichtbar und verständlich ist, das ist nicht der Mühe wert. Die Lektüre eines Buches oder das Betrachten eines Bildes, das muss eine Freude sein, das muss man genießen, und auf den zweiten, dritten, fünften Blick, immer wieder etwas Neues entdecken. Kunst genießen heißt: sich und einem Kunstwerk Zeit zu schenken. Deshalb ist es wichtig, ich bitte um Verzeihung für die blöde Formulierung, auch ein wenig Versteckspiel zu treiben.

Drmić / Grauert: *Sarajevo, die Stadt in der Sie leben und arbeiten, hat sich durch die Kriege im ehemaligen Jugoslawien, vor allem durch die fast vier Jahre dauernde serbische Belagerung, stark verändert. Tausende von Menschen sind damals geflohen oder getötet worden, aber auch nach dem Krieg* *hinzugezogen. Ist die Stadt für Sie noch immer „ein Jerusalem", wie Sie es einmal genannt haben?*

Karahasan: Wenn ich heute in Sarajevo unter Freunden sein will, dann muss ich zu einem Friedhof gehen. Nur auf dem Friedhof finde ich recht viele Freunde. In Sarajevo, in der lebenden Stadt, habe ich eigentlich keine Freunde mehr. Ich habe einen einzigen, der noch lebt. Es stimmt, Sarajevo hat sich tiefgreifend verändert, weniger durch den Krieg als durch die Migration. Eine relativ kleine Stadt wie Sarajevo hat über hunderttausend Einwohner verloren. Sehr viele sind damals in dem Glauben weggegangen, es würde ein paar Monate dauern, schlimmstenfalls ein Jahr. Es dauerte aber vier Jahre. Inzwischen hat man anderswo ein neues Leben begonnen, vor allem junge Leute, die Kinder bekommen haben. Die Kinder gehen inzwischen zur Schule, also bleibt man dort. Die Stadt hat wie gesagt über hunderttausend Einwohner verloren, aber zweihunderttausend sind dazu gekommen: Die Vertriebenen aus Podrinje in Ostbosnien, aus Bosanska Krajina, auch aus Südwestbosnien. Im Grunde sind alle Vertriebenen nach Sarajevo gekommen. Dadurch sind die so genannten kulturellen Mikrostrukturen nicht so klar definiert wie vor dem Krieg und die Grenzen zwischen ihnen weitestgehend verwischt.

Drmić / Grauert: *In Ihrem Buch „Sarajevo, Exodus of a City" schreiben Sie, wie die Carsija, eine Fußgängerzone im orientalischen Teil der Stadt, und die einzelnen Mahalas, also Stadtviertel, aufgebaut sind.*

Karahasan: Das ist alles so geblieben. Doch früher wusste man, wer in das Kamerni Teatar und wer in das Nationaltheater ging. Die beiden Schauspielhäuser waren klar definiert. Heute nicht mehr. Es gibt nicht mehr das Publikum des Kamerni Teatar und das Publikum des Nationaltheaters. Damals wusste man ganz genau, wer welche Zeitung liest. Man wusste, in welchen Stadtvierteln die Fans des FC Sarajevo und in welchen die des FC Željezničar wohnten. Heute ist dem nicht mehr so. Aber ich glaube, dass Sarajevo auf dem besten Weg ist, sich wiederzufinden. Um auf Ihre Frage zurückzukommen: Darf ich behaupten, dass Sarajevo auch heute noch das europäische Jerusalem, das Jerusalem von Europa ist? In Sarajevo bin ich heute noch mit einem Franziskaner befreundet. Im Dezember 2011 besuchte ich die Franziskanerkirche des heiligen Antonius am Bistrik zum Weihnachtsgottesdienst und stieg hinauf in den Chor. Von oben schaute ich in den Saal und habe siebzehn Bekannte entdeckt, lauter Muslime, die einfach gekommen waren, um die Freude eines großen Feiertages mit ihren Nachbarn zu teilen. Ein jeder für sich, anonym, persönlich. Freude muss man teilen! *So etwas* ist nur in Sarajevo vollkommen normal. Solche Erfahrungen bringen mich sozusagen zu dem tiefen Glauben, zur tiefen Überzeugung, dass die Stadt auf dem besten Wege ist, sich wiederzufinden.

Drmić / Grauert: *Gibt es in Sarajevo auch eine Art von ‚Dark Tourism' wie in Berlin etwa an der Mauer? Werden von Besuchern etwa gezielt der Fluchttunnel unter dem Flughafengelände oder der Marktplatz besucht, wo 1994 und 1995 die Markale-Massaker stattgefunden haben? Besuchen Menschen die Stadt gerade deshalb, weil dort der Krieg getobt hat?*

Karahasan: Der wesentliche Unterschied zwischen einem Dorf und einer Stadt liegt darin, dass das Dorf im Einklang mit der Natur einigermaßen ahistorisch lebt. Die Stadt hingegen sammelt die Zeit. Eine Stadt lebt historisch und bewahrt die Zeit. Geschichte ist nun mal einerseits wunderschön und andererseits dunkel und schrecklich. Immer mehr Kulturtouristen kommen nach Sarajevo, weil sie die Stadt kennenlernen möchten, die so viel Wunderbares und Schönes – und so viel Schreckliches – erlebt und in sich bewahrt hat. Eine Stadt lebt immer auch von ihrer Schattenseite. Aus mir unerklärlichen Gründen sind ausgerechnet Berlin und Sarajevo die Städte, an denen sich die Geschichte auszutoben versucht hat. Sarajevo – so viel Geschichte und eine so kleine Stadt, verdammt noch mal!

Drmić / Grauert: *Wenn Sie durch Sarajevo gehen, mit welchem Blick betrachten Sie die Denkmäler der Stadt?*

Karahasan: Ich muss gestehen, für mich waren Denkmäler schon immer ziemlich uninteressant. Denkmäler sind stets ein Ausdruck von den Machtverhältnissen in einer Gesellschaft. Wenn in einer Gesellschaft Kommunisten an der Macht sind, sprechen die Denkmäler von dem glorreichen Weg der Arbeiterklasse zur Freiheit. Wenn in einer Gesellschaft Serben an der Macht sind, sprechen die Denkmäler von dem glorreichen Weg der serbischen Armee. Wenn in einer Gesellschaft Sänger an der Macht sind, sprechen die Denkmäler von dem glorreichen Weg Enrico Carusos auf alle Opernbühnen dieser Welt. Wenn morgen ich an der Macht bin, werden selbstverständlich die Denkmäler von Georg Büchner, Anton Tschechov und Aristophanes da stehen. Was mich an einer Stadt interessiert ist ihre Art und Weise, Zeit zu bewahren, sich mit der Natur irgendwie zurecht zu finden und sich in das alltägliche Leben von Menschen zu integrieren. An Sarajevo hat mich seit jeher interessiert, dass die Stadt verschiedene Kulturen, verschiedene Teile sehr klar voneinander trennt und doch gleichzeitig verbindet. Unzählige Städte sind schöner als Sarajevo, aber keine orientalische Stadt hat ihren mitteleuropäischen Teil. Es gibt sehr viele schöne mitteleuropäische Städte, aber keine hat ihren orientalischen Teil. Dazu kommen in Sarajevo recht viele Gebäude, die zwischen den beiden Weltkriegen in einem schrecklichen pseudoklassizistischen Stil erbaut worden sind. Auch die haben sich in die Stadt integriert. Und dabei ist die Stadt, Gott sei Dank, vor dem Barock entstanden – zu einer Zeit also, als Architekten und Städteplaner versuchten, sich mit der Natur, mit dem Vorhandenen zu arrangieren. Die Stadt hat sich noch dem Terrain angepasst. Dagegen hat die europäische Kultur im Barock damit angefangen, das Terrain dem Konzept anzupassen: „Da steht ein Berg, schafft den Berg weg!" Sarajevo gehört wie Venedig und Triest zu den Städten, die sich dem Terrain angepasst haben. Dieses Spiel, Natur und Zeit, Gedächtnis und Erinnerung miteinander zu verbinden, das begeistert mich an Sarajevo.

Drmić / Grauert: *In „Berichte aus einer dunklen Welt" geht es zu Beginn darum, wie der Protagonist Emiliano Montecchi nach Piacenza kommt und ihm dort irgendetwas fehlt.*

Karahasan: Eben, eben, Emiliano fehlt diese für Sarajevo extrem charakteristische Mischung aus Humor und Traurigkeit. Sie haben Städte, die von ihren Bewohnern geliebt werden, wie Prag. Ich habe noch nie einen Prager getroffen, der nicht in seine Stadt verliebt gewesen wäre. Sie alle sprechen vom ‚Goldenen Prag', alles ist dort wunderbar und schön. Sarajevo wird von seinen Bewohnern geliebt, doch gleichzeitig auch gehasst. Wenn die Einwohner von Sarajevo etwas lieben, dann müssen sie zugleich etwas finden, das sie daran aussetzen können. Oder aber sie bringen ihre Liebe durch eine scheinbare Beleidigung zum Ausdruck. Nur Lieben, nur Schönreden, das kommt uns irgendwie pleonastisch vor. Wir mögen es, ein wenig zu spielen, in der Liebe auch ein wenig Widerstand, Abneigung mitsingen zu lassen und das vermisst Emiliano in Italien.

Drmić / Grauert: *In Ihrem Roman „Der nächtliche Rat" spricht der Protagonist über das ebenso seltene wie besondere Gefühl, ‚in sich selbst zu Hause zu sein'. Was brauchen Sie und was braucht der Mensch Ihrer Meinung nach, um in dieser schnelllebigen, sozusagen ‚aus dem Häuschen geratenen' Zeit wieder mehr in sich zu Hause zu sein?*

Karahasan: Allem, was Sie gesagt haben, stimme ich zu. Und eigentlich ist Ihre Frage in einem gewissen Sinne schon eine Antwort. Zeit, Zeit, Zeit! Sich Zeit nehmen, nicht nur für die Kunst, auch für die Menschen. Wann haben Sie zuletzt mit einem lieben Menschen einfach so, ohne irgendeinen Grund, ohne Ziel, ohne Zweck, gesprochen? Erinnern Sie sich überhaupt?

Drmić / Grauert: *...*

Karahasan: Ich bin ein krankhaft aufmerksamer Zuhörer. Und wenn ich mit jemandem rede, starre ich ihn an, um auch den Gesichtsausdruck, die Mimik und Gestikulation wahrzunehmen, und immer häufiger bekomme ich zu hören: „Starren Sie mich bitte nicht so an! Ich habe keine bedeutende Idee zu offenbaren." Dann muss ich den Menschen erklären, dass ich selbst ohnehin zu viele Ideen habe – mich interessieren *Sie,* nicht Ihre Ideen. Was brauchen wir, um wieder mehr in uns zu wohnen? Erstens: Wir brauchen Zeit für uns. Wir brauchen Mut, um zu leben, und nicht, um zu funktionieren. Ich will nicht funktionieren. Ich will leben. Wir brauchen Mut, um dieses Leben mit all seinen Unsicherheiten, Ungewissheiten und Risiken zu akzeptieren. Wir müssen die Sicherheitsillusionen verlieren. Wir müssen uns damit abfinden, dass der einzige Zweck des Lebens das Leben selbst ist. Wie sprechen wir heutzutage miteinander? Immer um eine Information zu geben oder zu erhalten, um andere Menschen zu etwas zu überreden, von seinen *Ideen* zu überzeugen. Ich will Euch nicht überreden, ich will etwas Wunderbares erreichen: dass wir uns mit all unseren Unterschieden und Missverständnissen verstehen! Denn inwieweit kennen wir uns überhaupt? Eine Seite Ihres Wesens öffnet sich Ihrem Redaktionskollegen gegenüber. Eine andere mir gegenüber. Wieder eine andere Ihrem Vater gegenüber. Wieder eine andere Ihrem Freund gegenüber und Sie müssen mit uns allen so viel Zeit verbringen ohne besonderes Ziel, einfach so, um sich alle diese Seiten bewusst zu machen und damit Sie sich wirklich kennenlernen. Verstehen Sie? Nicht funktionieren! Das tun Maschinen, verdammt nochmal! Wieder leben, darum geht es. Aber damit man wieder leben kann, muss man die Ungewissheiten, Unsicherheiten und Risiken des Lebens akzeptieren. Das wunderbar funktionierende System der westlichen Gesellschaft, das funktioniert wirklich spitze. Ich bewundere, wie dieses System funktioniert, aber in einem funktionierenden System verschwinden wir als einzelne Wesen. Damit das System funktionieren kann, muss ich mich zu einem Element des Systems machen. Cogito ergo sum. Das starke Subjekt, das durch sein Erkennen alles außer sich zu einem Objekt macht. Mir geht es aber gerade darum, dass ich alles, was ich untersuche, als ein Subjekt behandle. Was man als ein Objekt erkennen kann, ist nicht der Mühe wert. Es geht darum, den anderen als Subjekt wahrzunehmen, zu erkennen, anzuerkennen.

Drmić / Grauert: *Ist Ihr Arbeitsplatz ‚zu Hause'? Brauchen Sie Ruhe und Abgeschiedenheit oder können Sie auch an einem öffentlichen Ort wie einem Café arbeiten?*

Karahasan: Es kommt darauf an, was man unter ‚Arbeiten' versteht.

Drmić / Grauert: *Vielleicht ‚zu leben'?*

Karahasan: Eben! *Schreiben* kann ich eigentlich nur in meinem Zimmer. Erst vor kurzem habe ich gemerkt, dass ich immer in ein und demselben Zimmer schreibe und schlafe. Es wäre für mich undenkbar, in einem Zimmer zu schreiben, in dem ich nicht auch schlafe. Alles muss irgendwie da sein. Aber *denken* tue ich am liebsten im Gehen. Und Figuren sammeln und kennenlernen, das tue ich zum Beispiel in einem Café. Arbeiten heißt für mich wirklich, wie Sie gesagt haben, zu leben. Meine Figuren sind im Grunde genommen, entschuldigen Sie die Formulierung, geklaute Menschen. Man kann keine gute literarische Figur erfinden, ich jedenfalls nicht. All meine Figuren sind zugleich Menschen, die ich im Leben gekannt habe. Von dem Einen nimmt man einen Teil und von einem Anderen etwas anderes. Und verschiedene Arbeitsphasen brauchen jeweils ihr eigenes Ambiente, ihre eigene Form. Wenn ich beim Schreiben ins Stocken gerate, wenn es nicht weiter geht, dann muss ich *gehen,* denn ich denke im Gehen. Das Denken ist für mich sowohl ein emotionaler wie auch ein körperlicher Prozess. Künstlerisches Denken ist untrennbar mit einer Form verbunden. Die Computertechnik hat uns die merkwürdige Überzeugungen aufgedrängt, ja aufgezwungen, dass Information gleich Wissen wäre, aber das stimmt so überhaupt nicht. Wahres Wissen ist immer eine Form. Und Form muss man immer auch mit dem Körper denken. Körperlose Form ist unmöglich. Sie können hunderte von Handbüchern über das Schwimmen gelesen haben, aber Schwimmen können Sie nur, wenn Sie die Erfahrung mit dem Wasser gemacht haben. Man kann nicht ohne Körper literarisch, künstlerisch, ja menschlich denken. Der Körper ist immer mit dabei. Wenn man so schreibt, wie ich es versuche, muss man viel Zeit mit anderen Menschen verbringen. Jeder von uns spricht auf seine ganz eigene originelle Art und Weise. Jeder von uns hat seinen eigenen Rhythmus beim Sprechen, seine eigene Stimmfarbe, Syntaktik, Epitheta. Um schreiben zu können, muss ich jede Figur mit dem geistigen Ohr sprechen hören. Ich schreibe hauptsächlich nachts, wenn die Welt nicht still, aber leise genug ist, damit man die Stimmen seiner Figuren hören kann. Und selbstverständlich schreibe ich mit der Hand. Ich habe es nicht gelernt, irgendetwas zu besitzen. Ich will auch nichts besitzen. Aber bei zwei Dingen ist meine Gier unersättlich: Füllfederhalter und Bücher! Ich würde am liebsten alle Füllfederhalter und Bücher dieser Welt besitzen, und selbst das wäre mir zu wenig.

Drmić / Grauert: *Glauben Sie an die heilende Kraft von Literatur, daran, dass sie dem Leser dabei helfen kann, Krisen und traumatische Erfahrungen zu verarbeiten?*

Karahasan: Für mich hat die Literatur eigentlich keine Bedeutung, für mich ist die Literatur Leben. Ohne Literatur könnte ich mir mein Leben nicht vorstellen. Und selbst wenn, so wäre dieses Leben nicht des Lebens wert. Literatur macht es möglich, sich von der einen und einzigen uns aufgedrängten Existenz vorübergehend zu befreien. Literatur macht es möglich, auch dann mit Menschen zu sprechen, wenn man allein ist, denn Literatur ist immer ein Gespräch mit einem abwesenden Gesprächspartner. Literatur ist, *leider* würde ich fast sagen, die einzige menschliche Tätigkeit, die uns als Menschen betrachtet. Nur als Leser sind Sie kein Konsument – stellen Sie sich vor, Sie kommen nach Hause, schalten den Fernseher ein und gucken sich etwas an, weniger lebendig als die Kommode, auf der Ihr Fernseher steht. Sie *konsumieren!* Als Leser können Sie kein Konsument sein. Als Leser sind Sie eigentlich Co-Autor, Mitschreiber – wirklich lesen tun Sie nur, wenn Sie Ihre eigenen Emotionen, Fragen, Erfahrungen und Ahnungen in das Buch hineinprojizieren. Nur dann sind Sie wirklich Leser! Philosophisch gesprochen ist ein Roman eine Potentialität. Diese Potentialität verwirklicht sich im Akt des Lesens. Nur Sie und ich gemeinsam machen einen Roman wirklich. Alle Welt will aus uns funktionierende Wesen machen. Nur die Literatur bewahrt uns als Lebendige, als lebende Wesen. Um uns herum sind lauter Spezialisten: Ehe-Experten, Sex-Experten, Nahrungs-Experten, Liebes-Experten, Literatur-Experten, Film-Experten, Schuhwerk-Experten, Verkehrs-Experten – um Himmels Willen! Nur die Literatur verzichtet auf alle Expertisen und Experten, will den einfachen, normalen Menschen thematisieren. Nur die Literatur hilft uns, dieses eine Leben zu empfinden, bewusst zu machen, zu leben. Im Ernst, wenn etwas unsere Welt noch retten kann, so eine gute Literatur.

Drmić / Grauert: *Die Literatur hat ja auch buchstäblich das Leben Ihrer Frau gerettet, als ein Granatensplitter im Bücherregal ihres Arbeitszimmers einschlug. Sie haben genau beschrieben, welche Bücher getroffen wurden und an welcher Stelle der Granatensplitter stecken blieb.*

Karahasan: „Der grüne Heinrich", „Furcht und Hoffnung" von Nadeschda Mandelstam, und Faulkner: Das ist wieder typisch Sarajevo! Meine Frau ging in das Zimmer, um uns etwas zu Essen zu holen, kam zurück und fragte: „Was hälst du von Faulkner?" Und ich sagte: „Eigentlich nichts. Einiges kann man lesen." Darauf sie: „Also, wenn man einiges lesen kann, so musst du mir einen Neuen schenken." Und sie zeigte mir das Buch von Faulkner, das von einem Granatensplitter wie mit einer Schere durchschnitten worden war. Das Traurige, das Schreckliche mit etwas Humor zu kombinieren, das ist sehr typisch für Sarajevo.

Drmić / Grauert: *Was wären denn am Himmel der, wie Sie sagten, ‚guten Literatur' Ihre persönlichen ein, zwei, drei Hauptgestirne?*

Karahasan: Aber warum denn so bescheiden? Ich habe ein paar Krankheiten und eine Unzahl von Autoren, die ich *sehr* mag. Manche Autoren lese ich wirklich so oft und so leidenschaftlich – das ist schon keine Liebe mehr, das ist schon eine Krankheit. Zum Beispiel Büchner, Tschechow, Aristophanes – ich glaube, auch Kleist gehört dazu. Und dann kommt eine Vielzahl von Autoren, die ich wahnsinnig gern lese, wie etwa Goethe – ich bitte um Verzeihung, denn jedes Mal, wenn ich mit einem deutschsprachigen Menschen spreche, muss ich mich entschuldigen, dass ich Goethe so sehr mag, denn Ihr habt ihn als Pflichtlektüre gehabt, und Pflichtlektüre mag man nicht … Auch Lessing mag ich sehr. Schiller dagegen kann ich nicht ausstehen.

Drmić / Grauert: *Warum nicht?*

Karahasan: So viel Raum für Ideen und so wenig für Menschen! Stellen Sie sich Franz Moor vor und daneben steht Karl. Das sind Ideen, das sind keine Menschen. Bei Goethe lebt alles! Oh, ich mag Faust so wahnsinnig gern, Dostojevski, Lessing, Rabelais, oh mamma mia!, wie gerne ich Rabelais habe, Sterne, Boccaccios „Decamerone" ist wunderbar: Um das Erzählen herum herrscht die Pest, Gefahr – und trotzdem so viel Humor …

Drmić / Grauert: *In „Die Schatten der Städte" schildern Sie, wie sich die Bewohner von Sarajevo ausgerechnet während der Belagerung Witze erzählten …*

Karahasan: Ganz genau, und ich schwöre, uns hat gerade der Humor gerettet. Es gibt einen wunderbaren Eintrag in Schopenhauers Tagebuch. Wir Menschen seien lächerliche Wesen, weil wir uns so verdammt ernst in unserer jeweiligen Aktualität nehmen. Es gebe eine einzige Möglichkeit, sich davor zu retten, nämlich durch Humor, durch Distanz. Dann wären wir zwar weiterhin lächerliche Wesen, aber lächerliche Wesen, die lachen. Und das ist schon viel mehr, als einfach lächerlich zu sein. Darum geht es! Wenn Sie mit etwas Humor eine kleine Distanz zu sich schaffen, wenn es Ihnen gelingen sollte, sich gleichzeitig von innen und von außen zu betrachten, dann wird auch das Leben besser, erträglicher.

Autorinnen und Autoren

INSA BRAUN, B.A., geb. 1988, hat Germanistik, Anglistik und Theaterwissenschaft in Bochum und Cork studiert und schließt momentan ihr Master-Studium im Fach Germanistik in Bonn ab. Sie forscht zu ästhetischen Theorien, insbesondere bei Schiller und Adorno.

IVANA DRMIĆ, M.A., geb. 1986, hat Amerikanistik, Neuere Geschichte und Philosophie in Bonn studiert. Sie promoviert zurzeit in Bonn zum Thema „Darstellungen des ‚Balkans' im Film".

YANNIC FEDERER, M.St., geb. 1986, hat Deutsch-Italienische Studien in Bonn und Florenz sowie Germanistik in Oxford und Bonn studiert und schließt derzeit sein Master-Studium in Bonn ab. Seine Arbeitsschwerpunkte sind Machttheorie und Gegenwartsliteratur.

FABIENNE GILBERTZ, M.A., geb. 1988, hat Germanistik und Geschichtswissenschaft in Luxemburg und Bonn studiert. Ihre Forschungsinteressen umfassen u.a. die Literaturen Luxemburgs, sowie zeitgenössische Literatur und Interkulturalität.

CAROLINE HAUPT, B.A., geb. 1989, hat Germanistik und Kunstgeschichte in Trier studiert und schließt zurzeit ihr Master-Studium im Fach Germanistik in Bonn ab. Zu ihren Forschungsinteressen gehören Literatur und Wissen, die Wiener Moderne, Novellentheorie sowie Arthur Schnitzler.

MADLEN KAZMIERCZAK, M.A., geb. 1986, hat Germanistik und Medienwissenschaften in Düsseldorf studiert. Sie promoviert zurzeit in Düsseldorf zum Thema „Die Figur der Migrantin aus (post-)sozialistischen Ländern in der deutschsprachigen Gegenwartsliteratur". Sie lehrt und arbeitet am Germanistischen Institut der Heinrich-Heine-Universität in Düsseldorf, u.a. als Projektmitarbeiterin des Max-Herrmann-Neisse-Instituts.

DANIEL WARWEL, B.A., geb. 1988, studierte Komparatistik, Germanistik und Romanistik in Bonn und Littérature Comparée in Paris und studiert derzeit im Master Komparatistik in Bonn. Er arbeitet zu Lipogrammen, Oulipo, experimenteller Literatur und Literaturtheorie.

MERITA ZEKOVIĆ, M.A., geb. 1975, hat English Language and Literature in Niš (Serbien) und British Studies in Berlin studiert. Sie war von 2008 bis 2011 Projektmitarbeiterin der „The Belfast Sarajevo Initiative“ an der Queen's University in Belfast und promoviert dort zum Thema „Post-conflict cultural exchange between Belfast and Sarajevo, focusing on site specific interventions“.